U0651382

YUWEN SHIYEZHONG DE GANEN JIAOYU

语文视野中的感恩教育

◎ 倪静川 著

ZHEJIANG UNIVERSITY PRESS
浙江大学出版社

图书在版编目(CIP)数据

语文视野中的感恩教育/倪静川著.—杭州:浙江大学出版社,2013.3

ISBN 978-7-308-11261-1

Ⅰ.①语…　Ⅱ.①倪…　Ⅲ.①小学语文课—教学研究　Ⅳ.①G623.202

中国版本图书馆 CIP 数据核字(2013)第 042625 号

语文视野中的感恩教育

倪静川　著

责任编辑　叶　抒

封面设计　刘依群

出版发行　浙江大学出版社

(杭州市天目山路 148 号　邮政编码 310007)

(网址:http://www.zjupress.com)

排　　版　杭州金旭广告有限公司

印　　刷　杭州杭新印务有限公司

开　　本　710mm×1000mm　1/16

印　　张　20.5

字　　数　357 千

版 印 次　2013 年 3 月第 1 版　2013 年 3 月第 1 次印刷

书　　号　ISBN 978-7-308-11261-1

定　　价　38.00 元

序　一

关于感恩教育，国内外已有众多的研究成果可资借鉴，但是浙江省永康市实验学校科研处主任倪静川老师的《语文视野中的感恩教育》意义非凡，不仅是研究内容，不只是研究结果，最主要的是其研究的思维方法与众不同，具有新意，富有特色。

一是"整体观照"的思维方法。

已有的关于感恩教育的实践和研究，更多的是以感恩的具体内容为研究对象，探讨感恩教育的实施策略和操作方法，大都就事论事，思路比较狭窄。而倪静川的《语文视野中的感恩教育》，把感恩教育放在小学语文教育的背景下思考，呈现出"整体观照"的大视野。

1.观照民族文化。中国的母语教育是以汉语文为标志的，汉语文不仅是一种语音、符号系统，在其中也积淀了民族的智慧和文化，是中国古今文化的结晶，融汇着各个不同历史时期、各个民族文化的精华。中华民族的思维、意识、心理、风俗等自然表露在语言之中。所以，母语教育，既包括语言知识的传授和语言能力的培养，又包括民族情感、民族思想及特有的思维方式的教育。今天我们研究感恩，就是在弘扬民族文化。《语文视野中的感恩教育》就是立足于"优良传统的有效传承"展开阐述的。

2.观照"人文"语文。人文语文由人文知识、人文精神和人文观念三个方面组成。感恩既是一种人文知识，也是一种人文精神和人文观念。可以说，感恩是人形成一切人文素养基础中的基础。缺乏感恩之心，也就缺失了人生的基本精神支柱和价值追求。所以，《语文视野中的感恩教育》把主线确定为"学会感恩"，其定位准确，中心明了，符合语文教学"人文性"的基本特点。

3.观照语言文字。语言不仅仅是工具，而且还是人的生命活动，心灵活动。人在语言中生活，在语言中思考，在语言中沟通，在语言中提升。特别是汉语，它是一种意会性的语言，呈现一种以形示意的文化形态，要在语言的积累和感悟中领会课文的人文底蕴和内涵。倪静川把感恩教育与语言学习联系起来，就是很智慧而恰当的了。

可见，感恩教育是小学语文教育中的重要内容之一。从这个意义说，倪静川的专著《语文视野中的感恩教育》具有理论价值和实践指导作用，值得大家阅读、学习和借鉴。

二是"细节落实"的思维方法。

感恩教育归属于人文教育的范畴，在实施中容易出现"高、大、空"的现象。对此，倪静川静心思索，进行了较多的"细节"处理，力图把语文视野中的感恩教育落到实处。

1. 落实于文本解读。语文教材中的篇篇课文都蕴含着丰富多彩的文化内容，无不富于人文精神，包括人类的恩情、人性的激情、人品的精华、人情的意蕴、人世的沧桑、人生的价值等。语文教材中的课文，反映了作者的生命，搏动着作者的心灵，蕴含着丰富的人类文化精髓。语文教育的文本解读就要关注人文教育的内容和目标。《语文视野中的感恩教育》第二章"感恩类课文的主题分类"对小学语文文本的"感恩"主题和因素进行了较系统的分类和较全面的探讨。这在国内小语研究界尚不多见，难能可贵。

2. 落实于教学设计。在语文教学设计中，教师往往以知识掌握为基点，以能力培养为目标，在学生获取知识的同时培养学生的能力。这固然是必要的，但不能因此忽视人文渗透，包括感恩等的人文思想。实质上，这种思想是潜移默化的。因为，语言文字的熏陶和浸润，不仅让学生获得知识，形成能力，还有一种心灵的抚摸和触动，是一种人格的净化和升华。本书第三章第四节"语文体验式感恩教育案例"，作者对7篇(类)课文进行了体现感恩教育的教学设计，这些设计大气、生气、灵气，有思想、有特色，也有所突破，为我们提供了学习和研讨的好案例。

3. 落实于课堂执行。语文课堂是生生之间、师生之间共时的一段生命的历程。语文课堂的执行不能满足于完成教案规定的教学内容，要对文、史、哲等各种文化进行渗透和聚合。倪静川曾数次参加浙江省的"百人千场"课堂教学展示活动和其他大型教研活动，笔者也曾多次观摩倪静川的课堂风采，特别是《最后一分钟》、《除三害》的课堂教学给我留下了深刻的印象，对此我还作了详细的点评。2012 年 10 月浙江省教育厅选派倪静川前往青海省进行支教，她以感恩之心，回报社会之情，精心设计的

“生本课堂：素读与研读”精彩纷呈，给人留下了美好的回忆，受到省厅领导和青海教师的高度赞赏。她的课堂活动、生动、灵动，形成了风格，粗具教学特色。

4. 落实于教育资源。感恩教育只是课堂实施是不够的，还要大量开发和利用其他的教育途径和资源。《语文视野中的感恩教育》，对感恩教育的课外资源进行了较系统的梳理和分析，还精心编制了附录二“小学语文感恩教育主题课文汇编”和附录三“小学生课外感恩教育资源（代表性文本）”，把感恩教育引向了更为宽阔的远方……

“整体观照”“细节落实”，我这样反复思忖着。倪静川是我主办的“小语高端培训班”的学员和教学助理，我目睹了她近几年的教学专业成长和学术上的逐渐成熟。读着她的书稿，我感到字里行间流淌着她勤奋精神和创新思维的浪花。她仿佛像一条静静的小川，静静地述说着她静静的思想。此时，我想说的一句话是：“仰望静静的星空，脚踏实地静静走”。这是对倪静川说的，也是对我自己说的，还想对广大读者说。这是一个宁静的世界。“元芳”，你怎么看？

汪　潮
2013年2月20日于杭州

（作者系著名小学语文教育研究专家，浙江外国语学院教育系教授，浙江省中小学名师名校长工作站小学语文工作室首席导师、主持导师）

序　二

人之初，性本善。每一个人心底本存善根，小学生更是如此。基础教育所有学科都不是专业教学，而只是给儿童的人生涂抹做人做事和继续学习的底色。小学语文是人文学科，在唤醒和培育儿童的善良和本真，呵护儿童心灵的健康成长具有特别重要和特别有效的功能。当下的中国，现代社会的不少疾病正在发酵，独生子女的特殊身份，让很多孩子把处在爱的滋润中当作一种自然，常常会在心中滋生出唯我独尊、以我为中心，不知感恩为何物的问题来。正如许多专家所言"现在我们面临一种新的、由心理富裕导致病态的可能。病的起因是由于患者得到无微不至的爱护、关怀、被宠爱"。

马克思说："恩情是连结人与人之间的一个良好的纽带，更是连结大到国与国、地区与地区，小到家庭与家庭、人与人，进而支撑起一个社会。"（马克思，恩格斯. 马克思恩格斯全集[M]. 北京：人民出版社，1971：196.）

基于这样的认识，倪静川指出："教育首先是培养人。在成人的过程中逐渐成才。感恩是人从自由人变成社会人的重要标志。""感恩之心，是人类心灵中最真、最善、最美的种子。感恩，是一种认同；感恩，是一种回报。感恩是一种美好情感；感恩是一种处世哲学。感恩无私的父母，感恩孜孜不倦的老师，感恩身边的亲人，感恩伟大的祖国，感恩和谐的自然，感恩美好的生活，感恩朝夕相处的伙伴，感恩所有曾经帮助过你的认识和不认识的人"，只有"播下感恩的种子，开出爱心之花，结出智慧之果"，我们才会拥有美好的人生。

倪静川是浙江省首届小学语文名师班的学员，是一位外秀内慧，低调勤奋的小学语文教师。2011 年底我欣喜地得知她和老师们一起实践研究的《文以载道，以情唤情，导之以行——基于语文情感体验式教学的儿童感恩教育的实践研究》的课题获得了浙江省人民政府基础教育成果一等奖。作为一线的教师能够夺得这个含金量极高的大奖，个中的艰辛和付出，流淌的汗水和泪水都是可以感受的。我为她和她的团队额手相庆，好好地乐呵着。2012年底我又收到了倪静川第一本专著的书稿《语文视野中的感恩教育》。尽管这不是理论权威们的新作，只是初涉理论世界的她，学习理论家们真知灼见结合自己的实践课题融成的稚嫩集子；尽管倪静川几年课题实践研究中开发和创立的语文学科感恩教育的课程体系、梳理的课内外教育资源，远没有成为规范意义上的教材，但是她们的探索勇气和研究成果，依然让我肃然起敬，毕竟这都是老师们在信息的汪洋大海中独具慧眼，精心选择开发形成；尽管书里呈现的语文学科感恩教育的课例并非是名师大家的经典之作，但却都是一线教师在几年课题实践研究中摸爬滚打，在语文教育教学过程中最鲜活最真实、可以仿效、可以超越、可以继续研究的生动案例。

我饶有兴味地将书稿阅读浏览了两遍。我在读，倪静川还在一遍遍地修改，为了对课题负责，对一线的老师们负责，对孩子们的成长负责。她没有停步，努力地吸收理论营养，不断地提炼实践智慧的精华，争取把成功的语文教学实践概括成一种成功的教学模式，把老师们课题研究中零碎散落的珍珠用理性穿成一条闪亮的珍珠项链。这书稿不是作者临时起议的读书感悟，也不是作者在教育教学世界的假想式旅行，而是依托几年的课题实验研究提炼的一本专著：有虚有实，条理分明，逻辑严谨，论述系统，材料翔实，观点鲜明，案例精彩纷呈。无论是语文教材中《最后一分钟》、《慈母情深》这样的单篇，还是“亲情无价”大单元综合性主题教学，抑或是“特殊节日”大型情感体验式教育教学活动。我读着常常生出羡慕之心，时时会有借用或比试的冲动。

先哲们告诉我们，一切教育都具教学性，同样一切教学都具教育性。这就是语文学科视野中进行感恩教育的基础。在课题研究的实践中，倪静川明白，思想是形象的先导，道德是情感的归宿。语文视野中的感恩教育是一种以德报德的道德教育，更是一种以情动情的情感教育，一种以人性唤起人性的人性教育。感恩教育不是一种清谈，完全可以在课堂校园操作实施，甚至能够寻找到成功的教学模式。但是它不会模式化。感恩教育的过程就是教化的过程，最重要的不是教而是化，要将感恩的道德认知化为儿童自己的道德情感，并转化为道德行为。这种效果既有立竿见影的显性效果，又有隐性效果，但最终都指向青少年思想品德的发展。语文教育视野中的感恩教育需要学生去实践运用，但又一定反对说教和立竿见影。

我很高兴,倪静川成熟了,没有因为课题得了一等奖,就无限地夸大感恩教育在语文学科中的地位。她认为:“感恩教育是语文人文主义的一个部分,不是语文教育性的主要功能,更不是语文教学的全部目标。避免把语文课上成品德课,把语言实践活动为主题的练习变成一种单纯的道德修炼的活动。”“对于语文教学来说,传递一定的语言知识,培养一定的言语能力和文字能力,形成学生较好的语文素养是语文教育的基本目标,而在语文教学中实施感恩教育则是语文教学的一种伴生性目标,是语文教学在培养人的道路上向纵深发展的一种显著性标志。如果说语文教学的基本目标通过旧有的、传统的、以讲授式为标志的教学模式也能够实现的话,那么要实现语文教学的伴生性目标,则必须要改革原有的教育教学模式,特别是要注重体验式教学的运用。由此,打造语文情感体验式感恩教育模式成为一种必然的选择。”知恩、感恩常常可以是小学语文情景性教学所能达成的任务,而报恩常常不是课堂教学所能解决的目标。常常依赖课后的综合性实践活动,口语交际和习作实践运用,依赖于积以时日的长效教学行为,而不能毕一功于一域。基于这些科学的判断,她始终坚持不单独设立感恩教育的课程。教育是综合的,提出一个教育想法,就要成立一个独立的教育课程,这样的思维方式一定有问题。小学语文学科的教育是开放的、包容的。人文教育不是简单的主题相加。不然语文学科就会异化成零碎的、分割的、相互打架的大杂烩。

倪静川是清醒的。在课题研究获得重大成果的情景下,她敏锐地意识到在语文视野中的感恩教育要十分重视教育的庸俗化倾向、简单化倾向和感恩教育的复古化倾向。在第六章专门有一节“语文体验式感恩教育研究之反思”。研究永无止境,她认为“研究应兼顾现实性与前瞻性”,“改革应兼顾外来性和本土性”,“模式应兼顾理论性和实践性”,“成果应兼顾个适性和推广性”。只有一个研究的清醒者,才可能有把成绩归零,从当下基点出发潜行研究的气魄。只有这样,认识才更接近真理,课题才更贴近实际,作为才能更造福学生!

两次阅读倪静川的书稿,有一点至今没有想明白。我以为感恩是自己对别人说的,好人是不要求别人感恩的。教育是唤醒儿童的善心,善根。感恩就是其中最重要、最朴素的一种情感。我觉得书中提的“施恩”,可能不妥。封建社会常讲皇恩浩荡,讲上者施恩。今天我们讲“施恩”,是不是把自己的位置放错了？在“施恩”的意念中，双方的关系可能平等吗？

我以为语文视野中的感恩教育的最高境界是把爱的薪火传承，在别人危困之际、关键时刻，能给予别人救援、帮助，用爱心善举去回报。孩子们做得自然，一定不会有“施恩于人”的念头。只有这样，爱才是无私的给予，赠人玫瑰、手留余香；而不至于异化为交易的双方，等候对方的回报。不知我这样想有道理否？权当一种苛求，仅供静川老师参考。

明日即为春节，我已经听到花儿在静静积攥力量，准备绽放的声音。闭眼冥想，春光明媚，花朵烂漫，好一个春天！

张化万

2013年2月9日星期六　龙年除夕

目录

第一章

小学语文与感恩教育

这是一个最好的时代,这是一个最坏的时代。

狄更斯在《双城记》中的开篇语,仿佛印证了今天教育改革与发展的现实。教育的发展、品质的提升,造就了人类社会发展与进步的美好与希望;道德的沦丧、人性的泯灭,又凸显了这个社会的凄惨和悲凉。美好和希望,离不开汗水和智慧;凄惨与悲凉,则更需要思考和变革。如果上天有知,一定会感念教育者的辛勤付出;如果时间永恒,一定会铭记教育改革的此起彼伏。

我,百舸争流中的一叶扁舟,也在风起云涌中创造和诉说着属于自己的传奇。

第一节　感恩教育的基本认识

教育问题的解决,归根到底要依靠教育改革,可以说,改革开放以来的中国教育改革已经持续了30多年,并将继续进行下去。2010年国家颁布的《教育规划纲要》,便是必须全面推进与深化教育改革这一国家意识与国家意志的集中体现。在这个意义上,中国基础教育的改革与发展正处于一个重要关口。在这个重要关口,特别需要用心思考"成功的教育改革究竟何以可能"的问题,以便为教育改革本身的不断反思与改进提供必要启示。"教育改革"只是一个总体性概念,裹挟在这一总体性概念之中的,是教育的不同阶段(学前教育、基础教育、高等教育等)、不同领域

(知识教育、道德教育、政治教育、职业教育、农村教育、教师教育等)、不同层面(教育体制、学校管理、课程体系、教学方式、教育评价等)的各种各样的改革。显然,由于这些改革的任务担当及构成要素不同,因而都可以各自有其而且也必须有其直接的工作目标。

一、教育目标:促进学生有道德地发展

不论具体教育改革有着怎样的直接工作目标,其最终目的都应是促进作为教育对象的学生的发展。这是因为,教育的原点便在于"育人"①,教育的根本价值也在于促进学生的发展。只有学生的发展,才是学生自身未来生活幸福的内在保证,也才是社会未来发展的根本保证。更何况,社会发展的最终目的,也是为包括学生在内的所有社会成员的发展与生活幸福提供良好环境。因此,不论什么阶段、什么领域、什么层面的教育改革,若无促进学生的发展这一最终目的,便不能称之为"好的"教育改革,便不具有道德上的正当性。这可以说是对教育改革进行价值判断的一条根本标准,也是教育改革领导者与组织者必备的一种基本常识。相信,大部分教育工作者都已经认同这一基本常识②。然而,对于"发展"一词本身的理解不同,自然也会影响到教育改革目标的预设问题,在我们看来,作为生命个体的学生,其发展固然包含了知识的丰富、技能的增长、阅历的增加、人格的完善,当然,也必然应该包括学生道德素质的提升和健康心理素质的养成,也就是说,教育改革所倡导和为之服务的学生发展,最为核心的应该是一种有道德地发展,任何教育改革,都应该以促进学生有道德地发展为最根本的价值判断标准。

20世纪以来,人类社会取得了空前的进步和发展,但是人类亦经历了前所未有的道德困惑和精神危机。道德教育在民族强大、国家兴旺方面所起的作用日益增大,学校道德教育已经日益成为世界各国关注的焦点。值得深思的是:在当代社会的道德危机中,学校道德教育充当了何种角色?"学校教育在所面临的道德危机中并非无辜的受害者……学校教育已经完全丧失了它应有的批判和反思功能,反而在相与同流、推波助澜

① 鲁洁.教育的原点:育人[J].华东师范大学学报(教育科学版),2008(4).
② 吴康宁.教育改革成功的基础[J].教育研究,2012(1).

中，与社会其他方面共同酿成了当前的道德危机。这里的根本问题并不仅仅是学校道德教育的不得力、不得法，而是在于学校教育从整体上走错了方向，迷失了它的终极目标。”[①]可见，学校道德教育自身的困境成为道德危机的重要根源，而学校道德教育的困境则源于道德教育的“生态失衡”，即学校德育与文化、生命、生活等的背离和分裂以及道德与教育的截然二分，丧失了学校道德教育的整体性和生态性本质[②]。

笔者在此无意讨论道德教育的实施方法问题，笔者所关注的是道德教育的目标是什么，或者说，我们期望通过道德教育教会学生什么。无疑，随着社会的发展和时代的进步，原本相对单一的道德教育目标体系正在呈现多元化的发展趋势，特别是在当今时代价值观多元发展的背景下，道德教育所指向的维度也越来越丰富。应当指出，我国自古以来重视德育，上至国家，下至平民百姓，对下一代的言行举止给予许多的规范和教育。中国古代德育的目标取向及内容架构在“修身、齐家、治国、平天下”中得到简明而又清晰的表达，这一表达式可以用“同心圆”来比喻，以“修身”为“圆心”，再向家、国、天下延伸和扩展。“修身”就是要学会做人，遵守做人的基本道德原则和规范；然后做人的道德规范延伸至家庭，个人处理好与家庭的关系，再进一步扩展至国家乃至全社会、全人类。这一“同心圆”的结构不仅突显出人性为本的特征，而且突出了德育的阶段性、层次性。然而考察目前我国的中小学德育的目标及内容，我们会发现“同心圆”已发生了变化，“圆心”由个人的基本道德教育变为国家观念、集体观念的教育。

从培养目标上看，我国的德育目标一定程度上体现了阶段性、层次性的特点，对不同的学生分别做出不同的要求。小学侧重学生习惯的养成和性格的塑造，中学注重学生的世界观和人生观的培养，遵循了循序渐进的教育原则。但是，从德育目标的表述和内容体系的排列可知，我国中小学德育目标和内容体系的建构是首先强调国家观念、集体主义观念和政治意识形态的教育，然后才是个人的良好行为习惯的养成教育。它们之间的逻辑关系是自上而下，即以国家为中心，按国家的要求和社会的需要来规定下一代的培养目标。这种逻辑结构不再强调以人性为本的“做人”

① 鲁洁．道德教育的当代论域[M]．北京：人民出版社，2005：155．

② 薛桂波．试析学校道德教育的“生态失衡”[J]．教育理论与实践，2009(11)．

基础，明显已不再具有“同心圆”的特征。

这种先强调国家、集体的观念，再强调学生个人的行为习惯和道德品质教育的目标要求和内容架构，是造成德育实效不高的根本原因。正如鲁洁教授所说：“学校道德教育自身……无论从理论还是实践方面看，……向学生所灌输的道德规范、概念被抽去了它的人性的本质内涵，成为一种空洞、抽象的行为规定。它所要和所能达及的也只是人的行为表现，无法穿透人的心灵。”为什么我们的德育“无法穿透心灵”呢？为什么我们的德育出现许多“怪象”呢？如学生刚轰轰烈烈地开展“保护环境”大签名活动，生活中却照样乱扔垃圾；在校是品学兼优的“三好学生”，在家却是蛮不讲理的小霸王；小学生高谈爱祖国，大学生却缺乏起码的社会公德……原因就在于我国的中小学德育过于注重国家意识形态的灌输和集体主义教育，忽视了学生作为“人”首先应具备的道德品质和行为规范的养成教育；我们的德育只注重处理个人与国家、与社会的关系，而忽视了教会学生正确处理个人与自己、与家庭及个人与世界的关系，我们的德育过于注重内容的政治化和目标的虚化，而缺少了与学生生活密切相关的实实在在的因素[①]。

在现实的教育世界之中，德育教育被赋予了很高的地位，但是，德育教育的效果却不能令人满意。往往是德育教育搞得轰轰烈烈，真正落实到学生身上的东西不多，被学生所接受并内化为道德行为习惯的东西则更少[②]，其中最为根本的原因恐怕就是德育目标的虚化和德育内容的泛化。笔者一直强调，教育的根本目标在于促进学生有道德地发展，德育教育在这个过程中无疑起着重要的保驾护航作用。而在笔者看来，要真正发挥道德教育的积极作用，首先需要做的就是对德育的内容体系进行与时俱进的思考。

二、学会感恩：道德教育的应有之义

学校德育软弱无力，寻求改革与突破便是一种必然。反观当下的德育弱化现象，很大程度上正是因为它寻求的是自始至终由外而内的“内

① 罗月媚. 我国中小学德育目标和内容的比较思考[J]. 教学与管理，2008(6).

② 赵惠，刘涛. 关于近五年我国中小学德育低效问题研究的述评[J]. 基础教育参考，2008(1).

化”。而今天，学校德育的改革与突破，正应该变更思维角度，努力寻求一种由内而外的“内省”，这是一种由“人要我学好”，到“我要我学好”的主体意识的归位，它寻求的是对道德的人本理解，它可以真正促进人的主体性的发展，使人最终成为人[①]。

德育过程是一种教化的过程，其最重要的目的不是教而是化，将道德认知内化为自己的道德情感，并转化为道德行为。我们所期望的德育实效性是指通过德育活动，促进学生思想品德发展达到内在的质变效果。这种效果既有立竿见影的显性效果，又有潜在的内驱力，但最终都指向青少年思想品德的发展。在以往长期的德育实践中，那种“高、大、全”完人式的德育要求，那种注重德育知识灌输的贫乏的道德说教，远离了学生的生活世界，让学生无从体验，所以让学生失去了热情[②]。那么如何贴近学生的生活，进入学生的心灵？在笔者看来，要实现德育内容融入学生的心灵，必须是使德育内容成为学生现实生活的一部分，成为学生最丰富和最直接的情感体验，从这个角度上说，感恩教育理应成为学校德育教育不可缺少的重要组成部分。

从理论上说，学校德育工作目标的实现需要感恩教育[③]。学校德育工作的主要目的就是促进学生的思想道德素质、科学文化素质和健康素质全面、协调发展。但现今的德育中，经常出现单项教育，重科学知识的传授、轻人文精神的培养，重原理理论的灌输、轻学生情感的培育。而感恩教育立足以人为本的发展观，全面促进人的健康、全面、和谐发展。因此，在德育工作实践中，可以引导学生对自然、社会，以及对他人的帮助与关心心存感恩，领悟人与自然、人与人之间关爱的真谛，这样不仅可以减少学生群体中的忘恩负义现象，而且可以培养学生的责任意识、自尊意识、自立意识和团队意识，帮助学生形成健康的思想情感和健全的精神人格，从而提升其精神境界，完善其生命，促进其有道德地发展，这不仅是学校德育工作所追求的目标，也是整个学校教育体系所应该努力的方向[④]。

从实践上说，感恩是中小学生日常生活的主题词，是他们最常见和最

---

① 陈荣华.道德教育新视角——感恩教育[J].新课程研究，2005(8).

② 袁春平，匡茜.感恩教育——一种德育的新途径[J].教学与管理，2007(5).

③ 邹大勇，张波.关于加强大学生感恩教育的思考[J].高教研究，2006(8).

④ 杨艳，刘长青.当代青少年感恩教育研究综述[J].江南大学学报，2009(2).

常使用的情感表达方式。人的一生中，小而言之，从小就领受了父母的养育之恩；上学时，有老师的教育之恩；工作以后，又有领导和同事的关怀、帮助之恩；年纪大了之后，又免不了要接受晚辈的赡养、照顾之恩。大而言之，作为一个社会成员，我们生活在一个多层面的社会大环境之中，都要从这个大环境里获得一定的生存条件和发展机会，也就是说，社会这个大环境是有恩于我们每个人的。感恩，说明一个人对自己与他人、社会的关系有着正确的认识；报恩，则是在这种正确认识之下产生的一种对国家、民族和人民的责任感。这是感恩教育的基本意义。没有社会成员的感恩和报恩，很难想象一个社会能够正常发展下去。在感恩的氛围中，我们对许多事情都可以平心静气；我们可以认真、务实地从最细小的一件事做起；我们自发地真正做到严于律己、宽以待人；我们正视错误，互相帮助；我们将不会感到内心孤独……最重要的是，拥有一颗感恩的心，是一个人具备较高道德素养的基本表现。在感恩过程中，学生获得的情感体验，是学生道德升华的基本素材来源。

“感恩”是一种认同。这种认同应该是从我们心灵的深处萌生的一种认同。我们生活在大自然里，大自然给予我们的恩赐太多。没有大自然谁也活不下去，这是最简单的道理。对太阳的“感恩”，那是我们对温暖的领悟；对蓝天的“感恩”，那是我们对蓝色纯净生活的一种认可；对草原的“感恩”，那是我们对“野火烧不尽，春风吹又生”的叹服；对大海的“感恩”，那是我们对兼收并蓄的一种倾听。

“感恩”是一种回报。我们从母亲的子宫里走出，而后母亲用乳汁将我们哺育。而更伟大的是，母亲从不希望能得到什么，就像太阳每天都会把她的温暖给予人们，从不要求回报。但是，我们必须“知恩”、“感恩”。“感恩”是一种对恩惠心存感激的表示，是每一位不忘他人恩情的人萦绕心间的情感。学会感恩，是为了擦净蒙尘的心灵使之不致麻木；学会感恩，是为了将不求回报的点滴付出永铭于心。

“感恩”是一种生活态度。如果人与人之间缺乏感恩之心，必然会导致人际关系的冷漠。所以，每个人都应该学会“感恩”。这对于现在的孩子来说尤其重要。因为现在的孩子都是家庭的中心，他们只知有自己，不知爱别人，要让他们学会“感恩”，让他们学会懂得尊重他人，对他人的帮助时时怀有感激之心。感恩教育，就是要让孩子懂得每个人都在享受着因别人的付出给自己带来的快乐生活。当孩子们感谢他人的善行时，第一反应常常是今后自己也应该这样做,这就给孩子一种行为上的暗示,让他们从小知道爱别人、帮助别人。

"感恩"是一种与生俱来的本性,是一个人不可磨灭的良知,也是现代社会成功人士健康性格的表现。在人生的道路上,随时都会发生令人动容的感恩之事。且不说家庭中的,就是日常生活中、工作中、学习中所遇之事、所遇之人给予的点点滴滴的关心和帮助,都值得我们用心去铭记那种无私的人性之美和不图回报的惠助之恩。感恩不仅仅是为了报恩,因为有些恩泽我们无以回报,有些恩情更不能等价交换,唯有用纯真的心灵去感动、去铭记、去传递,才能真正无愧于社会、无愧于给你恩惠的人。

"感恩"是一种尊重。在道德价值的坐标体系中,坐标的原点是"我",我与他人、我与社会、我与自然,一切关系都是由主体"我"而引发的。尊重是以自尊为起点,尊重他人、尊重社会、尊重自然、尊重知识,在自己与他人、社会相互尊重以及与自然和谐共处中追求生命的意义,展现、发展自己的独立人格。"感恩"是一切良好非智力因素的精神底色,"感恩"是学会做人的支点。"感恩"让世界这般多彩,"感恩"让我们如此美丽①!

由此,心存感恩是有道德之人的具体表现,感恩教育理应成为道德教育的重要组成部分。将感恩教育作为道德教育的首要工程,不仅有助于提升道德教育的生活性、实践性、针对性和有效性,更为重要的是,感恩教育的实施将有助于化解由于感恩之心缺失而导致的一系列不正常现象,为实现学生有道德地发展真正奠定良好的基础。

第二节 语文视野中感恩教育的意义

"知恩不报非君子","滴水之恩当涌泉相报","谁言寸草心,报得三春晖"。感恩,绝不只是对父母的简单回报,它更是人的一种责任意识、一种精神境界的追求,是中华民族的一种传统美德。然而,随着市场经济的发展和受外来多元文化的影响,感恩在很多学生、家长甚至教师看来,已经成为一种过时的、没有必要再加以重视的行为,在现实的教育生活中,感

① 何芳.感恩教育:道德教育的应有之义[J].中国教育学刊,2005(7).

恩意识缺乏、感恩行为缺失的现象随处可见，并已造成青少年道德和人格的缺陷[①]。在这样的情况下，学校教育理应承担起唤醒青少年感恩情怀的重要使命。我们的教育，不应是培养冷冰冰的知识存储器，而是要培养有感恩之心的、有健全人格的一代新人。由此，感恩教育融入学校教育体系就已经被赋予了鲜明的时代意义。

一、感恩意识的严重缺失：社会性的道德危机

素有“礼仪之邦”美誉的中华民族，在经历改革开放之后经济社会大发展的同时，似乎也在面临着一场悄无声息的社会性道德危机。

事件一：山西朔州青年教师郝旭东被杀

2008年10月9日，位于朔州市郊的朔州市第二中学戒备森严，数名保安警惕地注视着校外来的陌生人。校园内，教学楼旁活动的学生，望着位于一楼的那间已经转移了学生的高一教室。

一切都因为几天前发生的那起血案。

10月4日，是朔州二中高一开学的日期，按照学校规定，晚上7时的晚自习是学生们到校后上的第一节课。高一0816班的班主任郝旭东早早就来到了教室里。为了省路费，他在放假期间没有回静乐老家去看望父母。这是他参加工作的第一个月，在此之前，他以第一名的优异成绩考进了这所民办学校担任老师。

晚7时30分左右，他轻轻地走到班长跟前，询问班费的收缴情况。当被告知有两名同学还没有缴，其中包括李明（化名）时，他抬起目光望向李明。

李明正在座位上悠闲地抽着烟，烟盒放在桌子上。对这名学生，郝旭东很是无奈。

不好管也得管。他轻轻地走到李明面前，从他的手中拿走了烟蒂，把烟盒交给班长保管。然后继续走动着巡视，丝毫没有意识到危险正向他逼近。

7时44分，郝旭东走到了李明的座位旁，李明突然站了起来，手中拿

---

① 何芳.感恩教育：道德教育的应有之义[J].中国教育学刊，2005(7).

着一把弹簧刀，猛地刺向郝旭东的腹部。郝旭东忍着剧痛，捂着流血的肚子向讲台方向退去，但李明并没有就此罢手，他追上前去，将正向前门挣扎的郝旭东一把搂住脖子，右手持刀再次向郝旭东老师刺去，直到郝旭东倒在血泊中。

突如其来的血案让平静的教室乱作一团，几位反应快的学生扑上前去试图夺下李明手中的刀子，有的学生拿出手机报警，一些女孩子则吓得惊叫起来。

面对血泊中奄奄一息的老师和惊慌失措的同学，李明不以为然。他拿着染满鲜血的凶器，在讲台上语无伦次地说着自己家如何有钱，他如何恨老师……

其他老师、学生和校领导闻讯赶来，约 10 分钟后，救护车赶到，但因失血过多，在送往医院的途中，郝旭东 23 岁的年轻生命凄然逝去。

赶到现场的警方，将仍留在教室的李明带走，在他的书包里，警方找到了两把弹簧刀和一把砍刀，还在他的宿舍里找到了一页“死亡笔记”。

这是写在一张活页纸上的寥寥三百余字的日记，日期是 2008 年 9 月 18 日，最上面写着“死亡笔记”四个字。日记中这个 16 岁的学生称：“我已经对生活失去了信心，我活着像一个死人，世界是黑暗的，我只是一个毫不起眼的‘细胞’。”在日记中，李明发泄着对初中时教他的两位老师的不满，声称“做鬼”也要杀他。“不光是老师，父母也不尊重我，同学也是，他们歧视我……我也不会去尊重他们，我的心灵渐渐扭曲。我采用了这种最极（端）的方法。我不会去后悔，从我这个想法一出，我就知道了我选择了一条不归路，一条通向死亡的道路，我希望我用这种方式可以唤醒人们对学生的态度，认识社会，认识国家，认识到老师的混蛋，让教育也可以改变。”

这个自称是“倒数第一、差生、坏学生，一块臭肉坏了一锅汤”，认为“我的人生毁在了老师手上”的李明，最终选择了“杀老师”这样的极端举动，亲手把自己的人生置于了万劫不复的深渊①。

事件二：浙江缙云女教师家访途中被学生掐死

在失踪两天后，浙江丽水市缙云县盘溪中学 31 岁女教师潘伟仙的遗

① 佚名. 山西朔州高中生课堂上持刀杀死老师[EB/OL]. 2008－10－21. http://news.sina.com.cn/s/2008－10－21/073016493379.shtml

体在县城附近的一座山上被找到，而杀害她的竟然是她的学生丁某。

2008年10月21日中午，因为学生丁某前一天逃课，潘老师找他谈话，丁回答说是上网去了。潘老师本想给丁某的家长打电话，但没联系上，只好中午带着他去做家访。下午2点25分，丁某从校外回到教室，有老师问他，潘老师怎么没一起回来？丁某回答说，他俩在校门口就分开了。直到晚自习课时间，潘老师一直没有出现。第二天，学校发现潘老师手机关机，住处无人，遂向警方报案。当晚10点左右，警方在一座山上找到潘老师的尸体。而犯罪嫌疑人就是她的学生丁某。据丁某交代，他借口父母不在家，而爷爷奶奶在山上干活，将潘老师骗到山上后掐死。

据了解，今年17岁的丁某跟着爷爷奶奶生活。在学校老师的印象里，成绩不算好的丁某性格孤僻、内向，不合群，曾多次逃课上网，还打过架。

潘老师是今年8月才调到盘溪中学的，此前她在缙云一所偏远的山区学校任教。她去年带的班是县里的优秀班级，而她本人也曾连续5年被评为县优秀教育工作者或校级优秀老师。在同事的印象中，潘老师说话温和，对学生很负责——每天学生晚自习，她都会在学校，等住校学生晚上睡觉关了灯，她才回去。

目前，丁某已经因涉嫌故意杀人罪被警方刑拘。有关调查仍在进行中①。

事件三：中国政法大学男生课堂上砍死教授

昨天晚上(2008年10月28日)6点37分，中国政法大学昌平校区内，一名男生将一名上课的教授砍成重伤，经抢救无效死亡。嫌疑人随后向警方自首。

学生小刘称，当时她正在端升楼201教室附近的一所教室上自习，突然听到201教室内传来一声惨叫，有人喊杀人了。小刘跑过去看到，一名男生手持菜刀站在教室里，地上躺着一名30多岁的男性教师。据事发时在现场的一名学生称，被砍教师为该校法学院比较法学副教授程春明，曾在法国留学多年，后进入政法大学任教，任司法部律师公证工作专家咨询委员会委员等职。事发时，一名男学生从口袋中掏出一把菜刀，朝正在上

① 方列. 中学生因逃课怕家访掐死女教师[EB/OL]. 2008－10－25. http://news.sina.com.cn/s/2008－10－25/030516521126.shtml

课的程教授的脖子砍去，当场将其砍倒。随后，该男子掏出手机拨打110报警。事发后，昌平公安分局民警赶到现场，将持刀男子控制并带走。随后，程教授被送往昌平中医院。当晚7点，程教授经抢救无效死亡。

该校保卫处治安科科长杨先生确认，死者为该校教师，嫌疑人为该校学生。因为警方已经介入调查，校方暂不方便透露具体情况。

当晚11点，市公安局新闻办发布消息称，当晚6点37分，昌平警方接到一名男子报警电话，称在昌平区中国政法大学校园内砍倒一名大学老师。接警后，民警迅速赶到现场将该男子控制并带走。经调查确认，死者确为该大学教授，犯罪嫌疑人付某，今年22岁，为该校学生。警方正在对付某的犯罪动机进行调查。

在象征纯洁的菁菁校园之中，在人生最为美好的年代，是什么让这些年轻的生命最终选择了走上杀人灭口的不归之路？值得一提的是，上述三个事件，发生在同一个月之中，短短一个月所发生的一件件连环事件引起了巨大的社会反响，冲击着教育者的头脑和心灵。联想开来，除了上述学生杀害教师的事件以外，17岁学生徐力不堪忍受学习重负杀害亲生母亲、清华大学学生刘海洋出于好奇将硫酸泼向动物园里无辜的动物、云南大学学生马加爵将锤头砸向了自己的同窗室友……一系列骇人听闻的事件昭示了这个具有数千年文明历史的中华民族正在经历着一场社会性的道德危机。

当今社会的道德问题，呈现在不同的领域，其中最为核心的就是感恩教育的严重缺失，而这种缺失在青少年学生身上又表现得尤为突出。曾有研究者对河南省与北京市的中小学生及其家长进行过感恩教育的相关调查，调查结果显示，当前中小学生感恩意识的缺失随处可见，并已造成青少年道德和人格的缺陷，不少受访者甚至认为，现在的很多中小学生，根本就没有感恩意识，享受爱与关怀对他们来说是理所当然的事情，回报爱、付出爱却是难得一见。在被调查的中小学生中，竟然有超过50%的人将自己的父母视作最不喜欢的人；仅有10%左右的学生能够在节假日中主动帮助父母从事家务劳动，从不做家务的学生超过60%；从来没有想到过要感恩他人的学生占全部被调查的65%；超过一半的被调查者从来没有对老师、家长和他人说过感恩的话；只有少数学生能够认识到感恩是做人的起点，是人的良好素养的基本表现[①]。

当前，一方面，由于人口政策的影响，独生子女的数量陡增，家庭教育中溺爱孩子的现象普遍存在，导致孩子自私自利、重索取轻付出、处处以自我为中心的现象十分严重；另一方面，由于传统教育思想的影响，感恩教育甚至其他一切看似与升学“无关”的教育，在现行的教育体系中都没有得到应有的重视，这就造成了学生感恩思想先天不足、后天缺乏的困境，也为整体性的社会道德危机埋下了隐患。

破除道德危机，构建和谐社会理应成为当今中国社会发展的主题。人处于社会中，必然要与他人、社会产生联系，养成感恩的习惯是一个人生命发展的需要。“恩情是连结人与人之间的一个良好的纽带，更是连结大到国与国、地区与地区，小到家庭与家庭、人与人，进而支撑起一个社会。”[②]支撑一个社会的人必须具有崇高的理想信念、良好的思想道德素质、强烈的责任感和无私的奉献精神，他们只有对家庭、他人、社会常怀感恩之心、常留感恩之意、常存感恩之情，才能促进整个社会的和谐发展。实现社会和谐，首先需要化解各种社会矛盾，这个过程中必然需要各种社会物质条件和文化精神资源的供应，其中道德资源和伦理规范就是构建和谐社会的主要支撑点，因而，为和谐社会培育有感恩之心的人，就成为教育的重要责任。

感恩教育作为培育人的工作，在实施的过程中可以化解人与人之间、人与自然之间的各类矛盾冲突，这是消除社会道德危机，实现社会和谐的基础性条件。在感恩教育的过程中，教师引导学生对自然心存感恩，懂得人与自然息息相关，可以培养学生积极的环保意识，实现个体与大自然的和谐相处；对社会心存感恩，了解人与社会紧密相连，可以培养学生的集体主义意识，增强对社会的责任感；对祖国心存感恩，可以了解国家和民族发展的历史脉络，形成民族自豪感和爱国主义情怀，增强努力学习报效祖国的使命感；对他人心存感恩，可以领悟人与人之间爱的真谛，培养学生良好的人际交往素质，实现与他人的和谐相处。可以说，感恩心态是健康心态的重要组成部分，培育懂得感恩的心态，有助于青少年良好心理素质的形成和健康人格的培养，而健全高尚的人格又为构建和谐社会搭建

① 惠进志.当代中学生感恩教育研究[D].首都师范大学硕士论文，2006：7.

② 马克思，恩格斯.马克思恩格斯全集(第46卷)[M].北京：人民出版社，1971：196.

了一个温馨的情感平台。针对当今社会疏离信仰、疏离文化、疏离责任的不良倾向，感恩教育可以消除人的内心积怨，涤荡世间的尘埃，促使青少年在感恩的同时自觉承担起应有的责任和义务①。这不仅是破除当今社会道德危机的现实需要，也是学校教育应该孜孜以求的基本目标。

二、优良传统的有效传承：教育者的重大责任

懂得感恩是中华民族最为宝贵的文化传统，“滴水之恩，涌泉相报”、“投我以桃，报之以李”等感恩思想早已深深地嵌入我们的思想和灵魂。在我们的传统文化里记载了数不尽的诸如“忠孝双全”、“望云思亲”、“上书救父”、“彩衣养亲”、“哭竹生笋”、“打虎救父”、“笼负母归”、“鹿乳奉亲”等关于感恩的故事，诠释了中华民族的淳朴民风。从汉朝一直流传至今的《孝经》集中反映了中国古代的孝文化，在中国历代的家庭道德建设中发挥了重要作用。留下了“谁言寸草心，报得三春晖”的动人诗句。广传着“恩欲报，怨欲忘；报怨短，报恩长”的经典话语，集中地反映了古代对“报恩”的认同和崇尚。感恩是中华民族的传统美德，是一种处世哲学，是一个人对自己和他人以及社会关系的正确认识；感恩也是一种责任，知恩图报，有恩必报，不仅是一种情感，更是一种人生境界的体现。“滴水之恩当涌泉相报”，此君子也；“以怨报德，忘恩负义”，此小人也。在中国传统儒家文化中，儒家经典著作中感恩的准则比比皆是。“这里流露的反哺之情与报恩之意实乃涤荡心弦，感人肺腑。它既体现了一种生命的根源意识，又表征着人类源于动物而又超越动物性的关系与情感。”②人区别于一般动物的重要特征就在于人有感情、有道德、有思想、有正义之感。没有感恩意识，就丧失了做人的最起码道德。由于中国社会的主体文化始终是儒家文化，所以中国人的思想观念、价值取向常常受儒家伦理思想的影响。从所谓的“三年之丧”到孟子和王船山所谓的“人禽之别”；从孟子的“明人伦”为中心的教育目的到张居正的“感恩图报，当有激于衷矣”；从

---

① 蒋学平.感恩教育三维模式的理论与实践[M].北京：中央广播电视大学出版社，2010：3.

② 陈治国.儒家“孝”观念的原始意义及其近代以来的多重命运[J].孔子研究，2005(6).

血缘亲情家庭领域的孝道到政治领域的忠君；从汉代的察举孝廉到对孝妇的彰表……把感恩看成是根本的道德原则，感恩意识成为中国传统的根本价值信念与基本文化立场。它在我国正处于经济转型和多元价值观在不同的领域、不同的层面的矛盾冲突、相互碰撞的特殊时期，可以从道德的角度，从人们的内心深处，为社会的全面和谐发展提供一个可靠的平台，推动各项建设的健康发展。所以，我们有必要进一步弘扬与发展中华民族优秀的感恩传统文化①。

然而，如何传承感恩的优秀传统却是一个值得思考和研究的问题。

早在七年之前，政协委员陈万志就曾经提出过一个设想："呼吁设立中国人自己的感恩节"，对于这一想法，非议颇多。陈万志委员坦言这样一个想法，只是想唤醒社会的感恩意识，但是感恩教育不能仅靠一个节日就能完成，而是要重在平时。政协委员们对于感恩教育进行了深入讨论：全国政协委员张杰庭认为，今天孩子的父辈年轻时受过苦，都希望孩子比自己当年过得好，怕孩子"输在起跑线上"，尽一切努力为子女去争取优越条件，宁愿苦着自己而不苦孩子。实际上，如此成长的孩子感受的不是爱，更多是利益关怀。这些孩子不懂得爱的艰辛，对于被爱似乎麻木，习惯以自我为中心，不关心他人，更别说关心社会了。政协委员高玉葆指出，社会感恩意识的缺乏，学校也有不可推卸的责任，长期以来，我国教育目标过于功利：中小学教育是为了考试，大学教育是为了找工作。在这样的思想指导下，老师只盯着班里成绩好的学生，把学生看作自己完成考核的砝码，师生关系趋于淡漠，传统美德教育弱化，结果导致学生缺乏服务于社会公共事业的品质。感恩氛围缺乏，深层的根源在社会。陈万志委员认为，社会转型时期，过分强调竞争，包括不诚信甚至欺诈现象的大量存在，给孩子的人生观也带来不良影响，唤醒孩子们的感恩意识已经刻不容缓②。

对于学生来说，学校生活占据了他们的大多数时间和精力，正规的学校教育，提供了学生身心健康发展的重要平台，也为感恩教育的实施提供了一种现实的可能，由此，我们认为，感恩作为中华民族的一种优良传统必须

① 范志英.感恩教育的实践探索[D].华东师范大学硕士论文，2007.

② 佚名.代表委员呼唤感恩教育：不要让孩子成冷漠一代[EB/OL].2007－03－09http://news.qq.com/a/20070309/003222_1.htm

通过一定的方式得以传承和发扬，而在这个过程中，学校教育责无旁贷。

学校的教育责任，是当前一个时期较为热门的讨论话题，从伦理学角度讲，责任是指应该做的事，包括人们对义务的认识和基于义务认识的实践两个层面。在我们看来，教育的责任也包括两个层面：其一是指教育活动本身应担当的职责，也就是"称之为'教育'的实践之自在能为"的问题。它是教育区别于其他社会实践活动之特有职能；其二是人们对教育活动应该而且必须尽到的义务，它是关乎教育能否满足人或社会要求的应然之责，是教育的责任伦理。教育能否尽到其应有的责任，不仅与教育活动本身有关，而且受其他社会因素的影响或制约①。

有研究者总结了学校教育责任的三个方面特征：

首先，教育责任是为学生的发展负责的责任。教育责任对人类的未来负责具体体现为对学生的发展负责。学校的岗位责任制要求教师对组织的发展负责，但是教师的伦理自主性是忠诚于专业标准和道德良心的。范梅南从教育学立场分析了教师所具有的权威。他认为，"只有当权威不是以武力而是以爱护、情感和孩子内在的接受为基础时，成人才能对孩子或年轻人实施教育的影响。教育意义上的权威是孩子们给予成人的责任，不论从本体论的角度上来看(从引路人的角度上看)，还是从个人意义上来说(从孩子的方面来说)都是这样"②。因此，教师的责任不仅仅来自专业人员对知识的尊敬，更来自于儿童的信赖。这种教育学立场要求教师以专业责任和精神服务社会。这就意味着教师要具有自主判断能力，而不被社会其他各方的违背教育精神的观点所左右；这意味着教师要为儿童发展负责，本着教育精神去教育儿童，并且认识到在孩子如何与社会整合上应该尊重儿童自由和个性的发展，而不是让儿童由成人意志任意捏塑；这就意味着更强调对于儿童本性的尊重，即以儿童的发展为目的而不是手段。这些"意味"体现了教师作为教育者的职业尊严。学校教育是一种道德实践，教师和管理者应该充满对儿童的爱心，具有教育的热情，以及对当下一些似是而非或错误的教育价值观和改革措施有自己的专业判断力，而非人云亦云，并且坚持根据正确的教育理念教育学生。但是在现实社会中，教师虽然也知道应该为学生健全发展而教育，但是由于生存

---

① 刘春花.学校教育的责任边界与有限性[J].教育发展研究，2009(21).

② [加]范梅南.教学机智：教育智慧的意蕴[M].北京：教育科学出版社，2001：94.

压力和社会压力，往往放弃了自己的专业自主性。因此，这需要教师具有一种“教育理想主义情怀”[①]。

其次，教育责任是为社会发展负责的责任。教育责任也是为整体人类发展负责的一种社会责任。对学生发展负责并不能脱离对社会发展的责任，真正为学生发展负责应该是让学生认识到自己与外在世界的关系、自己的发展与外在世界的关系。学科教学既是知识的传递和技能的培养，也是一种道德实践。学校教育不可避免地涉及培养学生对世界的理解与批判。理解促进了社会团结，而批判促进了社会的改善。学校教育正是通过这种理解和批判推动了社会的发展。当前我国许多学校的教育过于强调个人自由，强调教育服务于个人功利的实现，而在教育教学中，把教育等同于知识记忆和技能训练，没有引导学生去探求自己与外在世界的关系，没有与社会的政治、经济、文化的现实和目标联系起来。社会、家长都希望学生通过学习获得更好的教育，并最终获得好的职业、挣大钱。这种强调个人自由的教育后果是，学生的生活与更大的世界完全没有联系，他们没有意识到自己对世界的责任，除了遵从法律和社会规则，没有意识到别人的痛苦、冷漠、疏离，没有意识到社会的危机。个人主义就是这样形成的[②]。强调个人自由的学校教育使学生们逐渐忽视了个体的社会责任意识，把个人的成功或失败、贫困或富有与个人努力联系起来，自然也就看不到或者默认了社会制度的不公正，丧失了对社会的批判力和推动社会发展的责任。学校作为社会本身再生产的机构，就要承担其社会赋予的职责和义务。这种承担不是简单的复制，如批判教育理论所说的社会的不平等阶层关系，而是秉持着一种教育责任去抵消社会的分化和自我利益中心，为形成一个公民社会尽职尽责。

最后，教育责任是着眼于人类未来的责任。人们常说，教育是必要的乌托邦。这也可以理解为，教育是为一个未来世界培养人的。因此，教育必然具有一种责任意识。教育者事先知道了某种结果，虽然这只是一种预期，但它是一种事先的顾及后果，所以表现为一种责任。顾及的后果不

---

① 魏智渊. 应试时代的教师责任[EB/OL]. http://www.yuwenwei.net/ReadNews.asp

② Starratt, Robert J. (1994). Building an ethical school: a practical response to the moral crisis in schools. London: Falmer Press 25.

是或不仅仅是影响自己的后果，考虑的是他人或群体的利益，甚至是人类的利益。所以它又有一种道德涵义，体现人类的一种尊严。这种历史使命感就是要求教育者本着为民族和社会的未来负责的态度和使命感去从事教育。当前全球化趋势下国际竞争日趋激烈，教育是民族、国家竞争的基础。经济全球化带来了对民族文化独特性的消解和青少年对民族国家的虚无主义态度。因此，强化培养青少年对民族文化传统的认同感，培养新一代中国人的历史使命感仍是当代学校教育所必须担负的历史重任。同时，教育也是文化传递的重要手段。把现存社会习俗加以净化和理想化，是学校重要的功能之一。正如杜威所言，虽然我们生来便是与他人相联系的有机体，但我们并不生来便是一个社会的成员[①]。

总而言之，“教书”与“育人”是学校教育的两大目标，二者相互依存，不可分割。然而，反思今天的教育活动，在应试教育思想的影响下，很多学校为了眼前的利益更多地倾向于选择从功利主义的视角出发去设计学校教育活动，将学校工作的重心放在了学科教学之上，放在了对考试的重视和对分数的追求之上，重“教书”、轻“育人”的现象普遍存在。正如郅庭瑾教授所言：“当今教育最为深刻的危机之一，就在于知识占据了至关重要的地位，培养和塑造‘知识人’成为根深蒂固的教育理念，始终指导和制约着教育的实践。”[②]由此，破除旧有教育观念的影响，树立起崭新的育人理念，已经成为当今时代教育改革的最强音。从个人的角度看，具有感恩意识，是人之为人的根本，是一个人具备良好思想道德素养和健康人格的重要标志；从社会的角度看，感恩是和谐关系的润滑剂，是促进社会关系融洽的法宝，是社会健康发展的不竭动力；从人类的未来看，感恩符合人类的基本价值追求，是人类精神世界的重要组成部分，是净化世俗的有力武器。由此，传承优良传统，倡导感恩思想，培育感恩精神，理应成为学校教育不可推卸的重要责任。

---

① 郑富兴. 论学校的教育责任[J]. 思想理论教育，2006(11).

② 郅庭瑾. 为思维而教[J]. 教育研究，2007(10).

三、感恩教育的长效计划:深层次的教学变革

近年来,随着各种社会问题的不断呈现,学校教育改革的步伐一直没有停止,以应对问题为导向的教育内容的更新和延展时时刻刻在我们的周围发生,感恩教育亦是如此。从我国当前的基础教育发展现状看,感恩教育已经在很多学校的日常教育教学中被置于了较高的地位,成为学校教育体系中的一个重要环节,这对当前中小学生思想道德水平的提升能够起到较大的推动作用。然而,不可忽视的是,感恩教育在我国基础教育中尚处于起步阶段,对于这一教育思想的很多理解还存在不完善之处,这也不可避免地容易导致学校在实施感恩教育的过程中会出现一些不尽如人意的情况,学校之中感恩教育实施所面临的困境已经引起了社会的广泛关注,并迫切需要一场深层次的教学变革。

感恩教育在各级各类学校纷纷开展并取得一定成效的同时,也不断受到来自社会和学者的质疑,这种质疑集中于学校实施感恩教育的必要性、可能性和实效性等方面。这种质疑是源于学校感恩教育的实施成效没有达到其预设的效果,但是究其根本,则是学校管理者和感恩教育的实施者在教育实践中对感恩教育的片面、陈旧和狭隘的理解,致使感恩教育呈现出种种不良倾向。在笔者看来,这种不良倾向主要体现在以下几个方面:

(一)感恩教育的庸俗化倾向

感恩教育所倡导的感恩,不是一种庸俗的私情义气,不是市场经济所表征的等价交易,不是没有原则、没有目标地对所有的人、所有的事表达感恩之情,它是一个生命体发自内心地对其他生命体或非生命体抒发感情的自由行为。然而,就目前的情况看,确实存在一些人把市场经济的金钱关系引入感恩教育,让本应纯洁的情感笼罩上了物质化和功利化的阴影。在这种功利性的感恩教育中,“施恩”往往容易成为达到某种个人目的的“投资”行为,“感恩”、“报恩”成了这种“投资”的应然的“收益”,甚至很多人斤斤计较于施恩的回报。一旦作为一种“投资”的施恩没有得到预期的“收益”,他们就认为受人恩惠者忘恩负义,这种类型的施恩,带给他人的只能是身心上的巨大压力,而不是感恩教育所需要的责任和爱心。

当然，感恩教育的上述情形，在社会领域表现得或许更加普遍，但是，我们也要警惕这种倾向对学校教育的影响，防止学校教育中感恩教育庸俗化的倾向，确保以正确的价值观为引导，弘扬感恩教育正确的价值取向。

（二）感恩教育的简单化倾向

作为道德教育重要组成部分的感恩教育，其实施是一个漫长的过程，使得青少年具备感恩之心、感恩之情、感恩之行需要教育者巨大的爱心和耐心，同时也需要教育者付出艰辛地劳动，设计有效的感恩教育实施方式和课程内容。然而，审视如今的学校感恩教育，可以发现，尽管感恩教育已经较为广泛地置于学校的整个教育体系之中，但是在实际的实施过程中，做感恩卡片、讲感恩故事、进行诸如“帮妈妈洗一次脚”的感恩活动等，是学校最为常见的感恩教育方式，这种简单的方式对于增进青少年的优秀道德品质，培养他们一定的感恩思想固然有一定的积极作用，但是寄希望于通过这种单一的活动就能够彻底提升学生的感恩意识，勘正学生的感恩误区，使得他们拥有良好的思想道德水平和感恩意识显然是不现实的，也是违背学校教育规律的。以活动为表征的简单化的感恩教育方式，过于拘泥于形式，而缺少现实的教育感染力，只能让学生感动一时而难以促使他们形成强烈而持久的感恩情怀。学校之中对青少年进行感恩教育，最为根本的是要让他们正确认识和处理人与人、人与社会之间的关系，以积极友善的态度面对生活和学习，形成“人人为我，我为人人”的良好社会风尚。朴素的感恩之心，只是使学生学会理解、尊重和关爱他人的第一步，在此基础上还要进一步培养学生崇高的理想信念、强烈的责任意识和无私的奉献精神，教育者对于这一目标的艰巨性要有充分的认识。

（三）感恩教育的复古化倾向

从历史的角度看，在我国，感恩文化最为盛行的年代是封建社会，彼时，在等级特权森严的时代，弱者需要依赖强者而存在，统治者宣传施恩与感恩，成为其笼络平民百姓的一种手段，以此来更好地维护封建统治。这种要求感恩者无条件服从的封建社会的感恩文化从本质上看是一种以奴才主子为标志的文化，是统治者对感恩文化的歪曲，使感恩文化成了奴役被统治者的工具，其实，这是违背感恩的本意的。这与现代教育所要培养的公民独立、民主意识的理念背道而驰。然而，可悲的是，在学校实施感恩教育的过程中，全盘复制古代感恩形式的倾向也时常存在，并严重影响了感恩教育实施的效果：有的学校领导要求教师一切工作无条件地服从，把工作机会视作一种赐予，从而确立主仆式的工作关系；一些学校在资助困难学生的时候，也喜欢搞各种仪式，这种方式不但难以唤醒受助学生的感恩之心，反而可能给他们增加各种无形的压力。真正的感恩，并非感谢恩赐，而是一种发自内心的情感，感恩者与被感恩者之间是平等的、相互的关系，如果不明确这一点，学校的感恩教育很可能会走入误区。同时，感恩教育复古化倾向还表现在感恩教育的内容上，很多学校和教师单一地将我国古代感恩的做法全盘照搬，不加筛选的作为对学生进行感恩教育的素材，不能与时俱进，而忽视了现代社会感恩素材的积累和发掘，这也是一个值得重视和纠正的问题。

上述几个方面的不良倾向的存在，严重影响了感恩教育实施的实际效用，由此，从一个更为深刻的角度审视感恩教育的开展问题，就成了教育领域一个不容回避的重要命题。

在目前的学校教育中，学科教学始终是重中之重，学科教学也占据了师生最多的时间和精力，在现代教育理念下，教育的过程，包括学科教学的过程，不再是单纯的知识的传递过程，而是一个促进学生全面发展的过程，这个过程不仅包含知识与技能方面的要求，也同样包含过程与方法、情感态度和价值观等方面的要求，这也就昭示着，在现代教育理念之下，学科教学的过程被赋予了更为广阔的教育意义，而感恩教育也理应利用好学科教学这一“常规载体”。

在所有的学科中，语文学科与德育教育的结合点最多，“文以载道”在语文学科体现得淋漓尽致，在语文教材之中，一篇篇课文向学生们展示了一个个真善美的世界，里面藏着丰富的感恩素材。如人教版一年级下册的一篇课文《棉鞋里的阳光》写的是贤淑的媳妇给婆婆晒棉被，美好的品质濡染了孩子幼小的心灵，孩子也学妈妈给奶奶晒起了棉鞋。“上所施，下所效”，小小短文传达的就是感恩教育的言传身教。

同时，语文教学互动、多样、开放、灵活的教学过程，也为感恩教育的实施提供了大量的契机。因此，在学生感恩意识日益淡薄的今天，语文教学理应担负起自己的历史使命，及时地挖掘、拓展、捕捉这些感恩教育的素材，在语文教学中，让学生获得深刻的情感体验，真正将感恩教育渗透至学科教学之中。

第二章

感恩类课文的主题分类

教育是有组织、有计划地培养人的社会实践活动。在这一活动中，教育目标反映了人们的教育价值观，规定着教育对象的发展方向和预期的发展结果。因此，教育目标是教育思想的核心、教育发展的指南，也是教育评价的依据和准则。在开展感恩教育的过程中，研究感恩教育的目标分类和主题分类，是实施感恩教育的基础性工作，这一工作将为构建感恩教育的目标体系提供基本的原则和具体的参照模型。感恩教育主题和目标的分类，不是主观臆断的结果，而是应该建立在一定的标准和依据的基础之上，这种标准既包含了教育本身的因素，也包含了学生生命个体自身的因素。

第一节　感恩教育主题分类的依据

感恩是人的道德情感的重要组成部分，也是人的道德品质结构中不可或缺的重要内容。感恩不是一个笼统的概念，它包含着丰富的内容体系。将感恩教育的内容体系按照一定的主题进行分类，不但有助于我们在教育的过程中有的放矢，认清目标，而且也有助于化解道德教育过程中目标泛化、内容虚化的弊端，并在评价感恩教育实施成效的过程中提供一种基本的依据。

一、学生生命成长

纵观个体成长的历程，个体存在的初始阶段并不是一个理智化的过程，个体生长在世界之中，与周遭世界混沌地融为一体，个体寓于其中的世界本身就成了个体生命发展的内涵，个体就是其周遭的世界，离开了个体置身其中的世界的内涵，则个体之为个体的内涵无从谈起。个体意识的发生首先是基于个体置身世界之中存在的事实，个体本身就是先行被其周遭世界建构着。这意味着，完整的个体意识正是奠基于先行的、个体与其周遭世界的全面的混沌性联系，其后，理智的生长乃是个体先行与其周遭世界的丰富联系的秩序化，以及由此而来的个体与世界主动交往关系的进一步建构①。这种构建的过程，是一个相对复杂的过程，其中涉及很多的人、事和物，也就是说，实现学生的生命成长，需要多方面教育因素的共同作用。

近代以来的教育名家，从洛克到卢梭，他们特别地强调早期的教育应该是家庭教育。洛克重视家庭教育乃是把教育看成是家庭的私事，避免政治权力的僭越②，从而在保护个人自由的同时，又使得家庭的非公共性成为人的自然性得到呵护的场域，尽管洛克的教育思想是立足绅士需要来培养儿童。卢梭曾经主张把"希腊共和国的公共的学校式教育和流行于君主国家的家庭式教育加以折中"③，采取两种教育兼而有之的模式。对家庭教育的重视，凸显了人们对教育本质问题理解的愈加深刻，而众所周知，家庭教育的主要实施者是学生的父母，学生在家庭之中的每一点滴的成长都与父母的付出有关，由此，感恩父母应该成为对学生进行感恩教育的首要内容。

随着现代学校制度的确立，学校教育在培养学生全面发展，促进学生生命成长中的重要作用越来越受到重视，现代学校教育本来就是一个公开化的活动过程，以集中式教学为基本特征的学校教育，给儿童的全面、

① 刘铁芳.返回生活世界教育学：教育何以面对生命成长的复杂性[J].教育研究，2012(1).

② 纳坦·塔科夫.为了自由——洛克的教育思想[M].北京：生活·读书·新知三联书店，2001：8—9.

③ 李平沤.如歌的教育历程——卢梭《爱弥儿》如是说[M].济南：山东人民出版社，2008：16.

细致的发展提供了更多的自由孕育的可能性。增进学校教育的养育功能，一方面是对个体发展的个性与独特性的保护，另一方面也是为学生未来的幸福生活奠定基础。教师是学校教育的主要实施者，也是学生健康成长的基本依靠力量，没有教师的辛勤劳动，就难有学生的健康成长，尊重教师，感恩教师，不仅是建立良好师生关系的必要基础，也是学生良好思想道德素养的基本体现。

人的发展不是一种孤立的行为，而是要受到周围物质和人文环境的熏陶和滋养，换句话说，人是在与周围的环境不断的互动之中完成和实现自己的生命成长的。从大的方面说，国家的发展，社会的进步，为学生的生命成长提供了良好的环境，没有国家发展和社会进步带来的一定的经济、社会和人文基础，学生正常的生活条件也就难以保障，更难以通过正规的学校教育来实现自己的生命成长。尽管从某种程度上说，国家和社会的发展并非直接为了某一个人的成长，但是每一个个体的成长却都实实在在的在享受着国家发展和社会进步带来的裨益，感恩社会、感恩祖国不应该仅仅成为思想政治教育的一种口号，而应该切切实实地内化为学生的思想。除去祖国与社会，还有一个容易被忽视的因素在滋润着每一个学生的成长，那就是我们生活的自然界。随着生态教育理念的提出，环保、生态等领域的教育开始受到重视，这既与教育的社会功能息息相关，也同样表征了人们对自身成长认识的不断深化。没有自然的馈赠，就没有世间的万物，我们理应对自然界抱有感恩的心。

总之，学生的生命成长是一个极为复杂的过程，在这个过程中，学生需要在不断的互动中从周围的各种因素中汲取生命成长的养料，父母、教师、社会、国家、自然，这些因素是学生生命成长中关系最为紧密的因素。学生感恩心的生发就是紧紧围绕这些因素逐步有序地扩展开来的，这是学生健康成长的基本保证，学会对他们进行感恩，显然是感恩教育的应有之义。

二、教育目标设计

目标是由人的需要所规定的行为目的，是人们争取达到的某种意向结果的标准、规格和状态。教育目标是指在开展教育活动之前，人们事先设计好的关于教育活动的结果。它可以包括教育事业发展的目标，培养受教育者的总目标(即教育目的),以及各类学校及不同学科的具体培养要求等。教育目标反映了人们关于教育的价值观念,规定着教育对象的发展方向和预期的发展结果,指导和支配着教育活动的过程,教育目标对于教育活动起着导向、激励、调节的作用①。感恩教育作为一种主体鲜明的教育,其根本目标在于通过一定形式的教育活动,培养学生的感恩意识,使得学生学会感恩,学会报恩,学会施恩。然而要达到这样的目标,必须要对这一宏观的目标进行分解,在遵循教育目标设计基本原则的基础上,尽可能使得目标的制定具体、详细、易操作,只有如此,才能发挥教育目标在促进教育教学实践中的意义和功能。

(一)感恩教育的方向性原则

基础教育改革与发展的根本问题是把中小学生培养成什么人的问题。这是由教育方针明确表述的,即"教育必须为社会主义现代化建设服务,必须与生产劳动相结合,培养德、智、体等方面全面发展的社会主义事业的建设者和接班人"。在我国,一切教育思想与教育实践都应当体现这一最终目的。感恩教育作为我国基础教育内容体系的一个有机组成部分,也必须要遵循和把握教育的基本方向。我们培养学生对祖国、对社会、对自然以及对其他相关群体的感恩之情,归根到底也就是为了把学生培养成有道德的人,进而促进他们的全面发展,成为国家和社会发展的有用人才,彰显个体的生命价值。

(二)感恩教育的基础性原则

基础教育是整个教育大厦的基石,是提高国民素质和培养跨世纪人才的奠基工程,在这一工程中,学生的基本素养得到锻炼和培养,各项技能得到促进和提升。在人的各项基本素养中,道德领域的素养始终被置于一个突出重要的地位,因为人的思想道德,在很大程度上决定了人最终希望成为一个怎样的人,最终能够成为一个怎样的人。由此,道德领域的教育是基础教育的基础。而感恩是人的基本的道德素养,对父母、对他人、对师长、对国家、对社会和自然界的感恩之情,构成了人道德素质的基础,没有这些基础,人也就难以成为一个真正有价值、有意义、有道德

---

① 辛克泰.论构建素质教育目标体系的原则[J].山东教育科研,1997(2).

的人。

（三）感恩教育的现实性原则

中小学阶段是人生中的初始与基础时期，中小学生尚处于人生发展不成熟时期，这一时期的教育，一定要以人的素质结构中的最基本要素为素质目标的主干。如果忽视了基础性这个原则，过全、过高的素质目标容易脱离学生的实际，使其可定而不可测，可望又不可及，反而不利于学生的成长。在开展感恩教育的过程中，我们也应该注意这个问题，应该将与学生发展息息相关的因素融合到感恩教育的过程之中，我们认为，家长、教师、同伴、国家、社会和自然界，都是学生日常生活和成长的必需，都是学生比较熟悉的因素，从这些因素入手对学生进行感恩教育，有助于引发学生的共鸣，达到较好的教育效果。

（四）感恩教育的渐进性原则

感恩教育目标的实现不是一蹴而就的，而是需要一个循序渐进的过程，“穷则独善其身，达则兼济天下”，这句名言从某种意义上说恰好是我们对学生进行生命教育的一种基本理念和操作依据。父母、师长、朋友、社会、国家、自然，这几种因素之间并不是简单的并列关系，而是有一种递进式的承接关系，也就说，感恩父母是相对最容易实现的，也是感恩教育的最基本目标，而到了后面的感恩国家和感恩自然，则是一种相对高层次的感恩情怀，是需要经过长期的努力才能培养的，感恩教育的这种渐进性原则，既体现了感恩教育自身内容的丰富性，也表明了教育的独特魅力所在。

（五）感恩教育的整体性原则

教育是一个系统性的工程，涉及各方面因素很多，要对学生进行合理的教育，必须系统地整合相关的资源，统筹考虑各方面的基本因素。在实施感恩教育的过程中，我们认为，必须要坚持教育的整体性原则，也就是要将与学生发展紧密相关的感恩要素与对象尽可能周全地纳入感恩教育的范畴之内。感恩不是一种孤立的行为，也不是只要对某一类人和事做到感恩就能够达成感恩教育的目标，把握感恩教育的整体性，就是要设计相对丰富的感恩教育内容体系，并对这些体系进行合理的分类。

三、感恩情感缺失

倡导感恩教育，最为基本的原因是青少年感恩情感的缺失。对于教育来说，缺失什么就自然而然的应该补充什么。目前，我国青少年对父母、对师长、对社会的主流感情是好的，但随着我国社会经济的快速发展，竞争压力的增加，各种价值观的碰撞，导致青少年的道德品质下降和心理行为扭曲等问题比较突出，其中就有感恩品质的缺失，主要表现在以下几方面：

(一)对生命感恩情感的缺失

感恩作为生命的一种品质，是对生命的一种敬畏，是对生命的一种领悟，个体无视生命，也就无法谈及感恩。青少年不爱惜生命的主要表现，一是不爱惜自己的生命。青少年在生活方面，无法理解现实中的许多矛盾，无法理解生命本身的存在及其意义，他们感到困惑，从而导致不能尊重自己的生命，也不爱惜自己的生命。此外，由于青少年缺乏人生阅历，常常主观和片面地看待问题，进而陷入忧虑、迷茫的压力之下，有些青少年就为了逃避生命不能承受之重而选择自杀。二是不爱惜他人的生命。不爱惜自身生命的人，自然不会尊重和珍惜他人的生命。三是不爱惜自然界的生命。在生态伦理上，感恩就是人与自然的平等，人类应该尊重自然界中的一切，即尊重从动物到植物，从有感觉的生命到无感觉的生命。但现在一些青少年时有摧残异类生命的现象。如残忍伤害小动物，随意践踏树木花草、破坏公共设施，刻意污染环境，等等。

(二)对他人感恩情感的缺失

这种缺失主要体现在三个方面，其一是对父母感恩情感的缺失。对个人而言，最大的恩情莫过于给予自己生命的父母恩情。可现在一些青少年对父母的付出看不到，或认为父母这样做是必需的，可以理所当然地接受，所以自然而然不会体贴、孝敬和回报父母。具体表现在，一是部分青少年在家里成为“太上皇”，我行我素，父母都得听从他的指挥。他们只懂得要求父母如何来关心自己，但却不知理解、尊敬和疼爱父母。二是衣来伸手，饭来张口，好吃懒做。三是挑吃讲穿，互相攀比，乱花钱，奢侈浪费，不节俭，不会体贴父母的艰辛。四是个别青少年埋怨和怨恨父母，对父母艰辛付出与关爱不理解。其二是对师长感恩情感的缺失。教师是传授知识、经验和为人道理的人类灵魂的工程师。师长的教导和引领，是我们成人不可缺少的条件。师长传授我们知识，教我们做人，给予我们具体的指导和教育，是我们的恩人。尊师是中华民族的传统美德之一。俗话说："一日为师，终身为父。"这虽然打上了封建社会的烙印，但却提示了"师长之恩"情感的美好。然而现在有许多青少年已经缺少了对教师感恩的情感，主要表现为：不尊敬老师，见到不主动招呼；课堂上无视老师的存在，我行我素，不珍惜教师的劳动成果；老师帮助其改正错误却被认为是故意刁难，催其完成作业是和他过不去等等。有的学生不仅不尊重老师，而且还辱骂老师；有的学生把自己的成功完全归结为个人因素，对学校老师的工作不能做出客观公正的评价。其三是对朋友感恩情感的缺失。对曾经或正在激励、帮助自己的朋友，要懂得回报，做人要讲究信誉，不能利用朋友达到自己的目的，更不能做背叛朋友、过河拆桥等这些违背做人原则的事。但是受实用主义的影响，加上青少年追求个性独立，强化自我做主等，使部分青少年只关注个人的"索取"和"利益"，需要时是朋友和哥们，不需要时什么也不是。同在一个班学习，参考书不借给同学看，好的学习方法与经验不愿与同学交流，生怕别的同学超过自己；对同学犯的一点小错误追根究底，不放过，有的还找机会报复等等[①]。

四、成长需要理论

生命个体的感恩之情不会凭空产生，而是往往基于其成长需要的不断满足，由此，从生命个体成长需要的角度去思考和设计感恩教育的内容体系，也成为一种可行的思路与视角。在所有研究生命个体需要的成果中，马斯洛的需要层次理论是最广为流传的，笔者亦将以该理论为基础研究成长需要理论视角下的感恩教育主题划分。

马斯洛的需要层次论是具有人本主义心理学代表性的动机理论之一。马斯洛的需要层次论比较全面地反映出人的需要特点，与行为主义心理学和精神分析心理学相比，马斯洛的动机理论架构能展现人的动机

① 李艳，韦国善. 我国青少年感恩情感教育微探[J]. 教育探索，2012(2).

从初级到高级，从生存到发展、从基本物质需要到高级精神需要的需要发展过程与内容。马斯洛的需要层次理论指出，人有五大层次的需要：生理的需要，安全的需要，归属与爱的需要，尊重的需要，以及自我实现的需要。这些基本需要是按照优势出现的先后或力量的强弱排列成等级的。前四个为缺失性需要，自我实现为生长性需要，只有缺失性需要适当满足，才能有更高级的生长性需要出来。尽管对于马斯洛的需要层次理论，学界一直存在争议，但是在笔者看来，这五个方面的需要基本上能够概括生命个体成长需要的全貌，同时，笔者认为，五个方面的需要都与感恩教育存在着天然的密切联系。

任何一种需要浮现于人类的意识中的可能性，取决于优势需要的满足或者不满足状态。而从某种程度上说，人的需要是永无止境的，人的生命发展也正是在需要的不断追求与满足中得到实现的。人的需要引发人的动机，进而引发人的行为。即人要先具有感恩的需要，那么产生感恩的行为便是“水到渠成”。单从这一点看，研究感恩心理的产生与作用机制就犹如“大厦之地基”，在此基础之上，我们教育者利用其作用特点、规律培养学生的感恩意识及行为才可能是有效的、不流于形式的[①]。下文之中，笔者将一一对照五大层次的需要模式逐步探究成长需要与感恩教育的天然关系。

（一）生理需要得不到合理满足，青少年就不会对生命感恩

眼下我国青少年的生理需要似乎已经得到了极大的满足，但从很多活生生的现实中，我们可以明显感觉到，丰富物质资源的满足很多时候并不能得到孩子的认可和感激，反而会使得他们感觉到束缚和压抑。这也是马斯洛在其著作中提到的满足引起的病态。“现在我们面临一种新的、由心理富裕导致病态的可能。病的起因是由于患者得到无微不至的爱护、关怀、被宠爱。”[②]家长在极力满足孩子物质需要的同时，没有让他们体会到这些东西的来之不易和父母为之所付出的艰辛；另外，一味的物质满足养成了孩子自我为中心的个性，一旦遇到挫折，就对生活自暴自弃，

① 徐怡婷等．试用马斯洛的需要层次理论解析感恩心理的产生机制[J]．现代教育科学，2011(1)．

② [美]马斯洛．动机与人格[M]．许金声译．北京：华夏出版社，1987：97．

可能产生报复心理，甚至轻易地放弃生命。再者，家长在满足孩子物质需要时，没有注意到“度”的重要性。“单纯的基本需要满足是不够的，对于孩子来说，他们还必须去体验坚强、隐忍、挫折、约束、限制等感受。”生理方面的需要得不到满足或过分满足，青少年就会对生存的最基本的环境产生不信任感和过分依赖感，也不会认可父母、师长的养育之恩，不会对父母师长感恩。

（二）安全需要得不到合理满足，青少年就不会对生活感恩

青少年的安全需要表现在他喜欢一个稳定的环境和一种安稳的生活节奏。“孩子需要一种有组织、有结构的世界，而不是无组织、无结构的世界。”家庭内部的争吵、解体，父母对孩子的谩骂和体罚，都会给孩子带来巨大的恐惧。这种恐惧是害怕失去父母之爱的表现，有些孩子还会因为得不到父母的爱而产生对他们的恨，“这样的孩子依附于仇视他们的父母似乎不是出于对爱的希望，而纯粹是为了求得安全和保护”。另外，在现实生活中，我们经常可以看到很多的家长和教师对青少年的要求过高，超过了学生的承受范围，过多的压力成了孩子学习成长道路上重重的甲壳，这种过高的期望往往会成为学生安全感难以得到满足的一种重要障碍①。

（三）爱和归属的需要得不到合理满足，青少年就不会为爱而感恩

当生理需要和安全需要都在一定程度上得到了满足，孩子的生命得以正常生长和发展，归属和爱的需要就会产生。“爱的需要包括爱别人和接受别人的爱。”倘若一个孩子从小在家长溺爱的环境中成长，同样会造成感恩意识的缺失，为什么呢？这样的孩子从小娇生惯养，不曾体会父母工作的辛苦与生活的艰辛，体会不到来自家庭的温情和作为家庭成员的那种归属感，弱化了他承担起一部分家庭建设的责任感，所以像“为父母洗脚”这种很自然的感恩行为也需要大张旗鼓地做宣传活动了。马克思指出：“人的本质并不是单个人所固有的抽象物，在其现实性上，它是一切

---

① 赵静，李荣波. 基于需要理论的感恩教育个案研究[J]. 吉林省教育学院学报，2011(1).

社会关系的总和。”[1]人不可能脱离社会而单独存在。当孩子走上社会，因为上学、工作等会归属于某一个团体，来自同学、同事、师长以及领导的关心与接纳程度会影响他对于归属与爱的需要。“恩情是连结人与人之间的一个良好的纽带，更是连结大到国与国、地区与地区，小到家庭与家庭、人与人，进而支撑起一个社会的情感因素。”长期被排斥在团体之外或者在冷漠的环境中成长，孩子不曾感受过爱的付出与形式，没有被接纳的情感满足体验，便学不到如何去爱别人、去发自内心的感谢自己拥有的一切，也便不会对自己得到的心存感激。这一点对应了马斯洛需要层次理论中的归属与爱的需要。

（四）尊重的需要得不到合理满足，青少年就不会在理解尊重中感恩

孩子从小就是有独立意识的，渴望自由和成就感，有自己喜欢与讨厌的事物。而如果父母对孩子寄予了过高期望，把孩子作为实现自己理想的工具，对孩子管教过于严厉，孩子的意愿便得不到宣泄，意志得不到尊重，使孩子感受不到生活的乐趣。在这种情况下，孩子不可能形成感恩意识。此时，父母应该倾听孩子的心声，了解孩子最真实的意愿，使孩子正当的要求得到实现，孩子会感受到自己是被尊重的。苏联教育家苏霍姆林斯基曾经说过：“在影响学生的内心世界时不应挫伤他们心中最敏感的一个角落：人的自尊。”尊重是以自尊为基础，继而尊重他人、社会、自然，尊重知识，在自己与他人、与社会相互尊重以及与自然和谐共处中追寻生命存在的意义，挖掘、发展自己的独立人格。在适当的时机下及时给予孩子正面的鼓励或者适度的奖励，使他们尊重的需要得以满足。而当尊重的需要长期得不到满足或受挫时，就会使人产生自卑无能感，认为自己一无是处。试问，一个连自己都不爱的人，怎么会爱别人？因此，满足孩子尊重的需要对培养他们的感恩意识是很重要的。

（五）自我实现的需要得不到合理满足，青少年就不会为理想和社会而感恩

自我实现需要，是感恩需要中的推动力量。作为青少年一代，自我实

---

① 马克思，恩格斯. 马克思恩格斯选集(第1卷)[M]. 北京：人民出版社，1995：60.

现的需要，是促使自己的潜能得以实现的趋势，是人类基本需要中最高层次的需要，但不是每一个成年个体都能够自我实现。由于次级需要被压抑，从而限制了自我实现的潜力，因此能自我实现的人是极少数的，仅为百分之一，而绝大多数人不能自我实现。“鸦有反哺之义，羊有跪乳之恩。”对广大青少年来说，感恩意识绝不是简单的回报父母养育之恩，它更是一种责任意识、自立意识、自尊意识和追求一种人生成就的精神境界。这对应到感恩心理过程中，便是感恩的最后阶段——报恩。通过社会调查发现，凡大慈善家、为社会做出杰出贡献的人，都是怀着一颗感恩的心，感谢他们的父母，感谢曾经帮助过他们的人，感谢这个社会。自我实现者的一个很重要的特征就是“关心人类的福祉”，而这种感恩的情怀无一不是源自和睦的家庭、友善的朋友以及对自己的悦纳。他们用自己的行动回馈社会，以此实现自我价值。

总之，人的生理需要、安全需要、归属与爱的需要、尊重需要和自我实现需要等各类成长需要的满足，都是在生命个体与周围世界的不断互动中得以实现的，在这个过程中，既有自然的馈赠，也有家长、教师、他人的帮助，既有社会发展带来的物质世界变迁，也有文明进步带来的精神世界富足。由此，要满足人的需要，进而激发人的感恩之情，必须从上述诸多方面入手，科学合理地谋划与设计。

第二节　感恩教育的主题与内容

对于感恩教育的主题与内容，学界已经进行了一定的探讨，这种探讨主要分为两类，一种是以青少年学生为对象，研究青少年学生德育教育的过程中所应该体现的感恩教育因素；另一种是以大学生为对象，特别是以高校贫困大学生为研究对象，研究对他们进行感恩教育应该涉及的主要领域和内容。在笔者看来，因为人的生命成长的复杂性，人所需要感恩的对象也应该具备复杂性，甚至可以说，只要与人的成长有关的因素都应该成为人感恩的对象。但是根据感恩教育的现实性、渐进性原则，在依托语文教学开展感恩教育的过程中，我们不可能要求将所有的要素都集中于其中平均用力，而应该选择与学生日常学习、生活、发展息息相关的因素，优先融合到感恩教育的过程之中。根据上一节之中的论述，笔者认为，依托语文教学开展感恩教育，应该集中于以下几个主要领域。

一、感恩父母

曾经看到过一篇很感人的散文，文中写道：

我们也许要对父母作深刻的检讨。世事如云，潮起潮落，我们在社会上为名为利而忙，劳心劳力而苦，谁不曾有意无意地忽略和怠慢过自己的父母？也许你因自己身居高位而轻视过父母的卑微，也许你凭自己家富万贯而不屑父母的贫穷，也许你恃自己相貌出众而嫌弃过父母的颓颜，也许你以不菲的钱物或以华美的借口搪塞过父母见你的热望，也许你看见过父母掉下的两行老泪，却没去深究其中过度的伤心……对父母，我们的确负有太重的感情债务。羊知跪乳之恩，鸦有反哺之孝。感恩父母吧，无论你在朝为官还是在野为民，无论你腰缠万贯还是赤贫如洗，无论你久居故土还是漂泊他乡……让一束束真爱的阳光穿堂而入，照在坐在老家慈爱依然但青春不再的父母脸上……①

古人云，“孝子之至，莫大乎尊亲；尊亲之至，莫大乎以天下养”。感恩作为中华民族的传统美德已经延续了几千年，其中对父母的感恩是最为基本的内容。在中国的儒家经典中，曾反复提及感恩父母的内容，这种以“孝”为核心的感恩思想是儒家文化的精髓之一。今天，我们依然应该将感恩父母作为感恩教育的首要内容，我们很难想象，一个连自己的父母都不懂得去感恩的人，会去感恩其他的事物。

对于中小学生来说，感恩父母，首先应该全面、正确地认知父母之恩。认知是对外部规则的建构，是产生情感的必要条件。没有正确的认知就不会有相应的情感，更谈不上行为；只有认识深刻，情感体验才会丰富，才知道怎样行动，并把道德行为坚持下去②。感恩的前提是让学生了解“恩”，体会“恩”。对于父母的生育之情、养育之恩和教育之泽有深刻的领悟，了解自身所获得的来自父母的恩惠和方便，并在内心产生认可；其次，

---

① 黄方国.感恩父母[J].四川统一战线，1996(8).

② 李铮，姚本先.心理学新论[M].北京：高等教育出版社，2002：177—190.

要在认知基础上产生感恩父母的情感。情感在个体道德大厦中，直接参与道德认知、行为等活动，是个体道德的主要存在方式。相对于人的外显行为而言，道德情感是作为内在源泉出现的。它能够引导与深化道德认识，引发与支持道德行为。在充分认知父母恩情之后，衍生出一种愉悦的情感，最后，还要及时将感恩父母的情感转化为行为。道德行为是在一定意识支配下表现出来的具有道德意义并能进行道德评价的有利于他人和社会的行为①。一个人的道德品质只有通过行为表现出来，其品德才有社会价值。作为在校学生，要积极进取，用实际行动报答父母②，这不仅体现在对父母的尊重等意识形态之上，也同样体现在每一天的日常生活之中。

二、感恩师长

古人云，“一日为师，终身为父”，对于中小学生来说，是师长的谆谆教导培育了我们，是师长的严格要求和言传身教使得我们不断成长和进步。居里夫人是著名的科学家，她曾两次获得诺贝尔奖，当她在大会上看到自己的老师时，她用一束鲜花表达了自己对老师的感激之情；伟人毛泽东也同样深感师长的培育之恩，每逢佳节，总会送上对教师的一份感激和祝福。这样的尊师故事，时时刻刻在我们周围上演，带给我们的除了感动还应该有反思。在这个世界上，我们需要感恩的人有很多，但是对于师长的感恩却是其中独特的一个部分。可以说，除了我们的父母和亲人，对我们的成长最为关心、帮助最大的就是教师了，而且，我们要知道，教师对于绝大多数的学生都并不负有生物学上的教育责任，他们只是凭借着一种责任心和事业心在扶持每一个学生的成长。从这个角度出发，感恩教师，不仅应该成为感恩教育永恒的主题，也同样是一个学生良好思想道德水平的重要体现。

教师的伟大之处在于他们的奉献往往不求回报，这也就决定了感恩教师实际上并不需要学生做出什么惊天动地的大事情。很多家长和学生在节假日的时候，会选择给老师送礼以表达对教师的感恩之情，家长和学

① 袁振国．当代教育学［M］．北京：教育科学出版社，2004：222．

② 曾佳佳，蒋明宏．社会转型时期大学生感恩行为方式研究［J］．重庆教育学院学报，2008(4)．

生这样的做法尽管是可以理解的，但是根据笔者的调查，这样的方式并非是教师所喜欢的。对于学生来说，感恩教师最好的方式就是尊重教师，尊重教师的人格，尊重教师的劳动，努力学习，成长、成才，对于教师的教育和管理行为给予充分的理解。一位中学生在自己的一篇演讲稿中很好地诠释了学生应该怎样感恩师长：

从咿呀学语的孩童到蒙学初开的小学生，从求知若渴的少年到展翅高飞的成人，从门外汉到专才，从人类的结绳记事到今天信息时代的来临，教师的作用时时刻刻贯穿于人类文明发展史的整个过程。我们感谢老师们辛勤的教育，感恩于他们的谆谆教诲，然而再多赞美的言语，仰慕的辞藻，也及不上我们用爱和行动来感恩教师。感恩教师，并不需要我们去做什么惊天动地的大事。课堂上，一道坚定的目光，一个轻轻的点头，证明了你全身心地投入，你在专心地听课，这便是感恩；下课后，在走廊里看到了老师，一抹淡淡的微笑，一声礼貌的“老师好”，这也是感恩；放学了，向老师招招手，说上一句“老师再见”，这依然是对老师的感恩。在考场上，认真应试，仔细答题，牢守纪律；在教室里，把教室打扫得干干净净，给班级一个整洁的环境；寝室里，把寝室打扫得窗明几净，给室友一个舒适的环境；在校园的小径上，看到地上有纸屑、果壳，能够毫不犹豫地将它们拾起来；当我们坐公交车时，看到有老人、孕妇上车了，能够毅然地将自己的座位让给他们；当我们出行游玩时，捡到了游人掉落的财物，能够不假思索地将之归还给失主……我想这一切的一切正是老师对我们多年来不断教育的成果，同时也是我们对老师平时谆谆教导的一种感恩、一种最好的回报。纵使再多的话语，也道不尽我们对教师的一片敬佩之情，也说不尽我们对教师的爱。就让我们用具体的行动来感谢老师的培育……

三、感恩社会

人是社会的人，人的发展除了父母的关爱和师长的帮助之外，还需要其他社会环境的营养与滋润。朋友之间、亲人之间甚至是陌生人之间都可能会发生一个个动人的故事，这些故事昭示着感恩社会也应该成为感恩教育的重要内容。从大的方面说，祖国和社会给予我们和谐安定的良好环境，为每一个学生的学习与成长、生活提供了许多关爱，充分引导学生了解体验国家、社会对青少年学生的关爱之后，要教育学生学会感恩、学会报恩，让青少年学生在与社会的更积极互动中展现自我，实现自我。感恩社会，首先要求青少年珍爱生命，勇于承担责任，感念社会之恩[①]。一个人从其出生，便是独一无二的价值存在，是芸芸众生中的唯一，在一定意义上，教育是直面人的生命、通过人的生命、为了人的生命质量的提高而进行的一种社会活动，是以人为本的社会中最能体现生命关怀的一种事业。对生命的珍爱，是学生感恩社会、报恩社会的基础。感恩社会，需要学生认真学习，努力成长、成才，将来成长为对社会发展有贡献的人；感恩社会需要学生积极参与社会实践活动，在实践中培养学生的服务意识，提升学生的多元能力；感恩社会需要学生回报社会，鼓励学生积极参加以服务他人与社会为宗旨的活动，进而巩固感恩教育的实际效果；最后，感恩社会，需要学生常怀感恩之心，不能对周围朋友、他人的帮助视而不见，或者将之视作自然而然的行为，要注重培养学生发现恩情、体会恩情、报答恩情的意识，这不仅是学生健康成长的基础性条件，是感恩教育的重要内容，也同样是构建社会主义和谐社会的一项奠基性工程。

四、感恩祖国

"熟悉的考试升学，陌生的爱国主义"，这是 2005 年 12 月《中国青年报》一篇评论的标题。2005 年值"一二・一"爱国学生运动 60 周年之际，一项调查显示，有近半数被访学生不了解"一二・一"运动史实，有的甚至完全不知道。对此，部分学生认为不足为奇。他们表示，教科书中有关"一二・一"运动的内容属于非考试部分，所以基本上都忽略了。

某中学组织学生到爱国主义教育基地参观学习，当讲解员讲到革命烈士为了保存部队实力，不惜牺牲生命用自己的胸口堵住敌人的炮眼时，有的同学小声地嘀咕："真傻"！

上述材料从一个侧面表现了当代青少年在对待爱国、报国问题上的一种态度和做法，折射出令人担忧的思想意识和价值观念。近年来，感恩教育逐渐已经被许多学校重视起来，大多数学生们也知道应该努力学习来回报父母。但是作为祖国未来、民族希望的当代学生是否该意识到感

① 姜艳萍.感恩社会，回报社会[J].新课程研究，2012(1).

恩祖国、奉献社会是其当仁不让的职责与使命呢？答案当然是肯定的。强烈的民族责任感和爱国精神，向来是我们中华民族伟大的精神力量，正是在这一精神的激励下，一代又一代的中华儿女前赴后继，创造了伟大的中华文明，实现了民族的伟大复兴。今天，在市场经济冲击下的当代青少年思想价值体系，更多地被贴上了个人主义的不良标签，我们曾经的精神支柱确实存在着轰然倒塌的危险，这固然是多方面因素共同作用的结果，但它却真真切切地反映出了感恩教育中融入感恩祖国这一内容的必要性。

感恩祖国，不是形式，而是一种情感、一种责任、一种融入我们血脉的精神，更体现为现实的义务和责任。它包含着情感、思想和行动三个基本方面，其中情感是基础，思想是灵魂，行动是体现。只有做到情感、思想、行动三者的统一才是真正的爱国主义者。感恩祖国，要求我们热爱祖国的山河、人民、文化；了解祖国的历史，有强烈的民族自尊心、自信心和自豪感；把个人前途命运和祖国的前途命运紧密地联系在一起；对祖国的事业无限忠诚；为祖国的独立、统一、繁荣、富强而英勇献身。感恩祖国是无条件的，它不应因祖国的贫富强弱和地域、信仰的不同而有所差异。“天下兴亡，匹夫有责。”当代青少年要以振兴中华为己任，关心祖国的前途和命运，促进民族团结和祖国统一。感恩祖国，要效周恩来等“为中华之崛起而读书”，树立为祖国而学习的雄心壮志，刻苦钻研，勇于探索，攀登科学高峰，努力把自己培养成有“爱国之情、强国之志、建国之才、报国之行”的合格人才①。

感恩祖国，可以选择不同的方式。在不同的历史条件下，不同的环境中报效祖国的方式也往往不同。抗击“非典”战场上，一场没有硝烟的战争，千千万万的白衣天使坚守岗位，这何尝不是感恩祖国？地震灾区，用自己的生命去诠释更多生命的神圣，这何尝不是感恩祖国？奥运会上冉冉升起的国旗，雄壮的国歌一次又一次响起，运动员湿润的眼眶，观众激动的神情，这何尝不是感恩祖国？航天载人飞船上太空并实现太空行走，万人空巷，举国欢腾，这何尝不是感恩祖国……当代青年学生感恩祖国的方式更加多种多样，关键是要切切实实地付诸行动。“家事、国事、天下事事事关心”，感恩祖国，就是要通过适切的教育，使得我们的孩子能够时刻

① 樊翠英.感恩祖国应该成为学校感恩教育的重要内容[J].教学与管理，2009(2).

保持着赤子的一片丹心，在为实现中华民族伟大复兴的行动中实现自己的人生价值！

五、感恩自然

我把双手合并，聚集着每一束温暖的阳光，用心倾听，我渐渐听懂了阳光的语言……

在我感到冰冷无助时，是你，在我耳旁轻轻地说："打开你心灵的窗户，让外面的阳光来驱逐你内心的黑暗。"我还在犹豫，害怕打开后是潘多拉的盒子，灾难降临人间。阳光化成的温暖和力量，使我心中喷涌着力量，促使我去打开心灵封闭已久的窗户。抬起头，用心灵的韵谱来感受阳光的美妙，我的世界从此缤纷闪耀。懂得了阳光的语言，从此我便不再惧怕黑暗与邪恶，而是勇敢地站起来，成为一名光的勇士，带着阳光送给我的光环，打倒一切困难与挫折，那时候，我看到了阳光最完美的微笑。

雨，是个充满灵气的精灵，她以她独有的缠绵，不拘一格地滋润着大地的每一寸土地，带给万物无限生的希望。雨总是轻轻地来，又毫无挂念地离开，如同生命中的一个过客，穿着飘逸的衣裙，在天空中跳起绝美的舞蹈，却又无声无息。只听雨点投入大地怀抱时的清脆回响，幽幽地回荡在山谷中。她用世间之纯净，来为世间万物洗去灰尘，掠去污秽，还天地间一片清净和谐之气。我独自伫立在雨中，任凭雨水滴在我的脸上滑过，我亦不去阻拦，慢慢地，我在心宁神静的超凡意境中，明白了雨用绝美的舞蹈为我阐述的明德。

当我不能控制这颗浮躁不安的心时，便回想起雨滋润万物时广阔，回想起细腻的雨点落入土壤时的安详、惬意。那样一颗燥热、动荡不安的心，用雨的舞蹈抑制我浮躁的内心。使那原本波涛汹涌的状态，转瞬化为如止水般平静的明净湖泊，如同地球的眼睛一样明亮。原来雨的静谧的舞蹈，可以消除任何不安，使世间都保持一份安宁与洁净。

微风，是万物界的天使，是上苍的宠儿，不仅因为这些，我感恩你。你用你轻拂过的温暖，为我抒发了在人生道路上的心得，指点我走向辉煌的生命顶端。

人们在拼命追求时，就会错过两旁的风景；但在欣赏风景时，又有可能错过所追求的东西。当我不能正确把握两者关系时，你总在我身边用行动为我拨开心中的迷雾，让被迷雾遮住的心灵，重见阳光。当我在拼命追求而忘了自己天使般的微笑时，微风就轻轻地，温暖地拂过我的额头，那种轻轻的温柔，顿时让我忘记了自己所有的劳累和忧郁，笑容再次如同凤凰花般娇艳地绽开；当我忙于观赏路边的鸟语花香，冲昏了头脑，而把自己的追求抛在脑后时，微风不再是轻柔的，而是拼尽全力为我吹来一股刺骨的朔风。此时，我会渐渐感到心中某种召唤开始渐渐强烈起来，灵魂开始苏醒，我抛下路边诱人的风景，竭尽全力去追赶心中的太阳，去超越心中那个永恒的梦想。不会再让太阳失去光泽，不会让梦想插翅而飞，不再让信念随着时间的流逝而磨灭。

阳光的语言给我力量，雨的舞蹈给我安宁，微风的轻拂给我方向。我会怀着大自然的感恩之心走向每一天。我感谢每一束阳光，感谢她沐浴在我身上，给我希望；我感谢每一场雨，感谢它为我洗去心灵的浮躁与尘埃，给我平和的心境；我感谢轻抚我脸庞的微风，我感谢世间万物用生命为我演绎的人间真理。

我感恩自然，它用勤劳的双手，创造了这么多令我怀着一颗感恩之心去答谢的世间万物……感恩自然，营造和谐的天地。

在人类社会经济快速发展的今天，人们也同时在遭受着生态破坏、环境恶化带来的恶果。人们对于自然的馈赠没有感恩之心，强取豪夺成为经济发展的一种重要手段，这种对自然资源的掠夺式开发已经越来越显现出弊端。有责任心的教育者，不应该忽视环境和生态因素在教育中的地位，不应该将感恩自然排除在感恩教育的内容体系之外。培养学生对自然的感恩，首先要让他们明白自然资源和生态环境是人类赖以生存和发展的基本条件。人类在长期的社会实践中，认识到感恩自然、保护好自然资源和生态环境，保护好生物多样性，对人类的生存和发展具有极为重要的意义。全国生态环境保护目标是通过生态环境保护，遏制生态环境破坏，减轻自然灾害的危害；促进自然资源的合理、科学利用，实现自然生态系统良性循环；维护国家生态环境安全，确保国民经济和社会的可持续发展。其次，感恩自然的教育，需要让学生树立起一种人与自然和谐共生的意识。要让学生懂得地球上所有的生命都是相互依存的，就像一张巨大的生命网，只有我们尽力去了解其中复杂奥妙的依存关系，并维持这种关系，多样性才能得以保存。此外，对于青少年学生来说，感恩大自然，一项切实可行的行为就是必须要善待和保护动物。“每当我们失去一样物种，我们就失去一项对未来的选择。或许治疗艾滋病、或发展抗病毒农作物的希望也跟着破灭。我们必须停止毁灭的行为，不仅为了地球，也为了我们自己的需要。”保护野生动物就是保护人类自己。由于环境的恶化，人类的乱捕滥猎，各种野生动物的生存正在面临着各种各样的威胁。近100年，物种灭绝的速度已超过了自然灭绝速度的100倍，现在每天都有100多种生物从地球上消失。我国也已经有10多种哺乳类动物灭绝，还有20多种珍稀动物面临灭绝。而它们的灭绝会导致许多可被用于制造新药的分子归于消失，还会导致许多有助于农作物战胜恶劣气候的基因归于消失，甚至引起新的瘟疫，由此所造成的损失是我们永远也无法挽回的。

第三节 语文课文感恩教育主题划分

现行人教版语文教材共计12册，有将近370篇课文，涉及感恩教育这一主题的课文约有80篇，这充分说明小学语文教科书中所表现的“恩”是丰富多彩的。在这丰富的资源中，涵盖了自然之恩、父母之恩、师长之恩、祖国之恩、社会之恩等青少年感恩教育的基本领域，构筑了依托语文教学开展感恩教育的资源宝库。本节之中，笔者将对小学语文现有教材中的感恩教育素材进行梳理，制定《小学语文感恩教育课文目录一览表》，并将课文根据感恩侧重点的不同进行分类，以便为感恩教育在语文教学中的实施奠定必要的基础。

首先，感恩父母：感念父母的养育之恩。“哀哀父母，生我劬劳”。天大地大不如父母之恩大。小学语文教材中的许多课文从多角度表达了父母之恩，有《慈母情深》日夜操劳、无怨无悔的母亲，有《你必须把这条鱼放掉！》中给儿子道德力量的父亲，还有感天动地的《地震中的父与子》等。

其次，感恩师长：感激师长的教导之恩。在小学语文课本中，以感谢师恩为主题的课文同样占据了重要的比重。如《一株紫丁香》，讲的是小朋友把一株紫丁香放在了老师的窗前，表达了小学生赞美教师、热爱教师的一片真情；《那片绿绿的爬山虎》一文，讲的是叶圣陶先生一丝不苟地为中学时代的肖复兴修改作文的情境，文中表达了师长对青少年一代的热忱关心；《我最好的老师》讲述了“我”六年级时候的科学老师怀特森先生用出乎意料的方法培养“我”的独立思考、独立判断的能力和科学的怀疑精神，表达了“我”对老师的感激和赞扬。

第三，感恩社会：感激他人的帮助之恩。如《给予树》讲的是一个小姑娘把给家人买礼物的钱买了一个洋娃娃，送给了一个素不相识的需要帮助的女孩；《跨越海峡的生命桥》表现的是陌生人的生命再造之恩。

第四，感恩祖国：感念祖国的哺育之恩。教材中的几十首古代诗歌和《颐和园》、《长城》等课文能让学生感受到祖国的灿烂文化；《十六年前的回忆》、《狼牙山五壮士》等课文能让学生感知英烈的祖国心、民族义；《詹天佑》等课文让学生体会到什么才是祖国的优秀儿女，这些都是爱国主义教育和感恩祖国的宝贵资源。

最后，感恩自然：感念自然的赐予之恩。无论是一花一草，还是和风细雨，都是大自然赠给我们的礼物。它以壮美的山川拓展我们的视野，陶冶我们的情操，开阔我们的胸襟。如《只有一个地球》告诉学生生我养我的是地球母亲；《黄河的主人》能让学生心潮澎湃，壮怀激烈；《特殊的葬礼》使学生知道人与自然和谐相处的重要性等。

按上述分类标准，笔者将小学语文教材中的相关课文汇编成《小学语文感恩教育课文目录一览表》，并以此作为语文教学中开展感恩教育的基础和依据：

小学语文感恩教育课文目录一览表

年级	课文名称				
	感恩父母	感恩师长	感恩社会	感恩国家	感恩自然
一年级上学期	《平平搭积木》 《借生日》		《雪孩子》		《爷爷和小树》 《阳光》 《雨点儿》 《小熊住山洞》

续表

年级	课文名称				
	感恩父母	感恩师长	感恩社会	感恩国家	感恩自然
一年级下学期	《看电视》 《胖乎乎的小手》 《棉鞋里的阳光》 《月亮的心愿》		《夏夜多美》 《吃水不忘挖井人》 《画家乡》 《小白兔和小灰兔》 《小伙伴》	《快乐的节日》 《两只鸟蛋》	《松鼠和松果》 《美丽的小路》 《失物招领》
二年级上学期		《一株紫丁香》	《称赞》 《纸船和风筝》 《假如》	《欢庆》	
二年级下学期	《三个儿子》 《爱迪生救妈妈》	《我为你骄傲》	《小鹿的玫瑰花》 《玩具柜台前的孩子》		
三年级上学期			《爬天都峰》 《掌声》 《给予树》 《好汉查理》 《燕子专列》		
三年级下学期	《可贵的沉默》 《妈妈的账单》		《七颗钻石》	《一面五星红旗》	《太阳是大家的》
四年级上学期		《那片绿绿的爬山虎》	《巨人的花园》 《幸福是什么》 《搭石》 《跨越海峡的生命桥》 《卡罗纳》 《给予是快乐的》	《为中华之崛起而读书》	

续表

年级	课文名称				
	感恩父母	感恩师长	感恩社会	感恩国家	感恩自然
四年级下学期	《尊严》 《将心比心》 《触摸春天》 《永生的眼睛》	《生命　生命》			
五年级上学期	《地震中的父与子》	《慈母情深》 《精彩极了和糟糕透了》 《学会看病》	《窃读记》 《小桥流水人家》 《青山处处埋忠骨》	《梅花魂》 《难忘的一课》	
五年级下学期			《白杨》 《金色的鱼钩》 《自己的花是让别人看的》	《再见了，亲人》	
六年级上学期			《穷人》 《别饿坏了那匹马》	《怀念母亲》	《老人与海鸥》
六年级下学期	《我最好的老师》		《十六年前的回忆》 《为人民服务》 《一夜的工作》 《卖火柴的小女孩》		

在自然之恩、父母之恩、师长之恩、祖国之恩、社会之恩等感恩教育主题的基本分类中，每篇课文的侧重点又是不尽相同的。我们在5大基本分类的基础上，进一步细化了每篇课文的感恩教育侧重点。

年级	课文题目	感恩教育侧重点
一年级上学期	《爷爷和小树》	感念人与自然互爱亲情
一年级上学期	《阳光》	感念自然恩泽
一年级上学期	《雨点儿》	感念自然恩泽

续表

年级	课文题目	感恩教育侧重点
一年级上学期	《平平搭积木》	感念养育之恩
一年级上学期	《借生日》	感念养育之恩
一年级上学期	《雪孩子》	感念伙伴之恩
一年级上学期	《小熊住山洞》	感念自然之恩
一年级下学期	《看电视》	感念养育之恩
一年级下学期	《胖乎乎的小手》	感念养育之恩
一年级下学期	《棉鞋里的阳光》	感念养育之恩
一年级下学期	《月亮的心愿》	感念养育之恩
一年级下学期	《两只鸟蛋》	感念自然之恩
一年级下学期	《松鼠和松果》	感念自然之恩
一年级下学期	《美丽的小路》	感念自然之恩
一年级下学期	《失物招领》	感念自然之恩
一年级下学期	《夏夜多美》	感念伙伴之恩
一年级下学期	《吃水不忘挖井人》	感念伟人之恩
一年级下学期	《画家乡》	感念家乡之恩
一年级下学期	《快乐的节日》	感念祖国之恩
一年级下学期	《小白兔和小灰兔》	感念伙伴之恩
一年级下学期	《小伙伴》	感念伙伴之恩
二年级上学期	《一株紫丁香》	感念师长之恩
二年级上学期	《欢庆》	感念祖国之恩
二年级上学期	《称赞》	感念伙伴之恩
二年级上学期	《纸船和风筝》	感念伙伴之恩
二年级上学期	《假如》	感念社会之恩
二年级下学期	《小鹿的玫瑰花》	感念社会之恩
二年级下学期	《我为你骄傲》	感念师长之恩

续表

年级	课文题目	感恩教育侧重点
二年级下学期	《三个儿子》	感念父母之恩
二年级下学期	《玩具柜台前的孩子》	感念社会之恩
二年级下学期	《爱迪生救妈妈》	感念父母之恩
三年级上学期	《爬天都峰》	感念社会之恩
三年级上学期	《掌声》	感念伙伴之恩
三年级上学期	《给予树》	感念社会之恩
三年级上学期	《好汉查理》	感念伙伴之恩
三年级下学期	《燕子专列》	感念社会之恩
三年级下学期	《可贵的沉默》	感念父母之恩
三年级下学期	《七颗钻石》	感念社会之恩
三年级下学期	《妈妈的账单》	感念养育之恩
三年级下学期	《太阳是大家的》	感念自然之恩
三年级下学期	《一面五星红旗》	感念祖国之恩
四年级上学期	《巨人的花园》	感念伙伴之恩
四年级上学期	《幸福是什么》	感念社会之恩
四年级上学期	《搭石》	感念社会之恩
四年级上学期	《跨越海峡的生命桥》	感念社会之恩
四年级上学期	《卡罗纳》	感念伙伴之恩
四年级上学期	《给予是快乐的》	感念手足之恩
四年级上学期	《为中华之崛起而读书》	感念祖国之恩
四年级上学期	《那片绿绿的爬山虎》	感念师长之恩
四年级下学期	《尊严》	感念社会之恩
四年级下学期	《将心比心》	感念社会之恩
四年级下学期	《触摸春天》	感念社会之恩
四年级下学期	《永生的眼睛》	感念社会之恩

续表

年级	课文题目	感恩教育侧重点
四年级下学期	《生命生命》	感念生命之恩
五年级上学期	《窃读记》	感念社会之恩
五年级上学期	《梅花魂》	感念祖国之恩
五年级上学期	《小桥流水人家》	感念家乡之恩
五年级上学期	《地震中的父与子》	感念父母之恩
五年级上学期	《慈母情深》	感念父母之恩
五年级上学期	《“精彩极了”和“糟糕透了”》	感念父母之恩
五年级上学期	《学会看病》	感念父母之恩
五年级上学期	《难忘的一课》	感念祖国之恩
五年级上学期	《青山处处埋忠骨》	感念领袖之恩
五年级下学期	《白杨》	感念社会之恩
五年级下学期	《再见了，亲人》	感念祖国之恩
五年级下学期	《金色的鱼钩》	感念先烈之恩
五年级下学期	《自己的花是让别人看的》	感念社会之恩
六年级上学期	《怀念母亲》	感念祖国之恩
六年级上学期	《穷人》	感念社会之恩
六年级上学期	《别饿坏了那匹马》	感念社会之恩
六年级上学期	《老人与海鸥》	感念自然之恩
六年级下学期	《十六年前的回忆》	感念先烈之恩
六年级下学期	《为人民服务》	感念社会之恩
六年级下学期	《一夜的工作》	感念领袖之恩
六年级下学期	《卖火柴的小女孩》	感念社会之恩
六年级下学期	《我最好的老师》	感念师长之恩

第四节　语文感恩类课文的文本解读

语文教学要立足于文本，倡导在学生与文本沟通的基础上，尊重学生独特的感受和体验，以文本为依托实现语文教育三维目标的达成。的确，实践证明，只有在正确解读文本的基础上，才能进一步开展语文教学。可以说对文本的解读是进行语文教学的最初的、最基本的一个环节。

对于语文情感体验式感恩教育来说，文本之中蕴含的感恩教育资源的显现和作用的发挥，离不开师生对文本的深入解读和独特体验，只有在做好文本解读的基础上，语文文本的感恩资源才能得到发挥。由此，对于语文情感体验式感恩教育来说，语文文本的解读同样是一项不能忽视的工作。

一、语文感恩类课文文本解读的原则与视角

语文教育，尊重学生的个性，尊重学生的差异，面对不同的群体，在文本解读的过程中需要因人而异，采取灵活的方法。但是，文本解读也需要遵循一定的原则。

首先，要注意文本解读的知识性原则。语文情感体验式感恩教育，从属于语文教育的大范畴，对学生进行感恩教育固然重要，但是语文教育的工具性目标也是不能忽视的。这也就是说，在语文感恩类课文文本的解读过程中，把握文学常识及文本基本内容，是教师在引导学生进行文本解读时最基本的要求。不管是哪个年级，也不管是什么文体，教师在进行文本解读时都应该做到这一点。在感恩教育的实施过程中，很多时候会存在这样的弊端：教师往往重视了感恩教育的道德目标，而忽视了这一过程理应蕴含的语文工具性目标，这实际上是一个很大的误区。

其次，要注意文本解读的系统性原则。任何形式的教育，都是一项系统的工程。在文本解读的过程中，要注重文本解读的系统性。对于学生来说，通过文本解读，学习文本阅读的方法，提高文本阅读的能力，感受文本之中传递和体现的真善美，这是文本解读的基本目标。在语文感恩教

育课文中，不管什么文体，其阅读都是有方法可循的。依托文本对学生进行感恩教育，不单单是让学生阅读某篇文章就行了，更重要的是要让学生学会文本阅读的方法，能够由此及彼阅读同类文章，因为毕竟感恩教育成果的实现不是朝夕之功，也不是凭借一两篇课文就可以实现的。对于教师来说，文本解读，最为重要的是教会学生方法，以便让他们能够自主地从其他文本之中汲取感恩教育的营养元素。

最后，要注意文本解读的现实性原则。文本的现实性，就是指文本的主题思想对学生思想及个人修养的提升作用及学生从文本阅读中得到的思维能力的提升等。文本解读，其根本的目标不在于研究文本究竟写了什么，说了什么，而在于通过文本让学生改变了什么。应该指出，语文教材之中的很多文本，都是兼具现实性与艺术性的。在这样的情况下，要达到感恩教育的良好目标，教师就必须要牢牢把握文本解读的现实性原则，让学生联系实际生活从文本中汲取营养，做到学以致用。

视角，是指人们看待问题的角度。视角不同，对同一问题的结论也不尽相同。对于感恩教育的文本解读来说，除了上述几个方面的原则之外，还需要掌握文本解读的视角。

第一，是文本解读的儿童视角。儿童是教育的原点，我们的教育教学都是围绕儿童展开的。我们常说，备课不仅仅是备教材，更重要的是备学生。沈大安先生曾说："教师自己对文本解读可以深刻和独到，但我们不能忘记我们面对的是 6—12 岁的儿童。小学教学贵在深入浅出，符合儿童的认知水平，具有童真、童趣。"因此，在解读感恩教育文本时，教师要寻找学生的"最近发展区"，站在学生的视角进行文本解读，站在学生的立场上来思考问题，多想想学生读这篇文章哪些是能够读懂的，哪些是有困难的，解读中能够获得怎样的感恩情感体验。特别是要多想想学生会怎样理解文章的主旨，会有什么"奇思妙想"等等。

第二，是文本解读的作者视角。不同作者的文章展示着不同作家的风格和人格魅力，要从作者的视角，把握文本的内在意义，对学生的语文学习很重要。首先，要把握作者的写作思路。叶圣陶说过："作者思有路，遵路识斯真。""大凡读一篇文章，摸清作者的思路是最要紧的事，按作者的思路去理解，理解才能透彻。"理清文章的思路，就是理清作者的"思想从什么地方出发，怎样一步一步往前走，最后达到这条路的终点"。其次，要了解作者的写作背景，这样能坦然地与作者交流，走近作者，领会其神旨，对于把握文本内涵十分有利，它可以帮助教师确定情感基调，确定教学思路，确定品读重点。再次，要领悟作者的语言表达方式，歌德说过："内容人人看得见，涵义只有少数人得之，形式对大多数人来说是个秘密。"要让学生知道课文写了什么，更要知道作者怎么写。还要从语言入手，仔细推敲词句，叶老说得好："一字未宜忽，语语悟其神。"想想作者为什么用这个词而不用另一种说法。当然，对于感恩教育来说，这样的解读一是为了语文教育工具性目标的实现，二是为了让学生进一步了解感恩故事发生的背景和发展的脉络，从而形成更为清晰的感恩情境。

第三，是文本解读的课程视角。课程目标应是我们每一个语文教师应该追求和达到的目标，语文情感体验式感恩教育亦是如此。语文教育是以语言文字作为特定的学习对象，把对语言文字的理解和运用作为核心能力，并且朝向"运用"，以培养学生的这一能力作为特定目标的学科。因而在文本解读中，必须致力于有重点地选择、组织语文知识——对字、词、句、段、篇的学习积累；整合相关的语文能力——听、说、读、写的综合训练，来实现对文本内容的理解感悟。感恩教育的实施也同样如此，应该注意感恩教育的系统性。不要孤立地教学一篇课文，而是将一篇篇课文置于整个的小学语文课程视野之中，置于感恩教育的系统模式之中，努力找准所教课文与所在单元、整册教材、所属年段甚至整个小学阶段的地位及效能。

第四，是文本解读的教者视角。"一千个读者就有一千个哈姆雷特"，作为一名语文老师要明白教材内容≠课程内容。在实施感恩教育的过程中，一篇课文可学、可练的内容很多。教师要会科学合理地筛选和取舍，充分发挥自己的主观能动性，创造性地解读课文，创造性地挖掘感恩教育素材。既要找准课文语言训练的重点，又要找准感恩教育的结合点，充分体现教育者的教育智慧。教师要探究整册教材或年段的语言能力培养重点和语文知识"清单"，要清楚每一课侧重应该教什么，要根据现有教材组织成一个语文知识体系和网络，而不要"跟着课文跑"，这样的教学才能清晰、有效①。

文本解读是语文教师的一项重要基本功，也是实施感恩教育不可缺少的元素。作为一个老师，就要不断地充实自己的文化底蕴，不断地扩大

---

① 杨永彬．文本解读的应有视角[J]．小学语文教学，2010(9)．

自己的阅读视野，不断地积淀自己的生活体验，准确把握语文课程标准的目标要求。我们才能跳出文本，多视角解读文本，更好地把握文本的精髓，才能把语文课上成语文课，才能充分发挥语文文本的感恩教育功能。

二、语文感恩类课文文本解读示例

在上述理论阐述的基础上，笔者将着重选择几篇代表性的课文进行解读。

（一）母亲的重量

——《第一次抱母亲》文本解读及教学建议

体验“第一次”

凡是“第一次”，总会有深刻的体验。第一次抱母亲，是一种具有特殊意义的人生体验。这是一篇散文，此文之神是什么呢？在笔者看来便是对母爱的体验。

这体验来自一种机缘巧合。你看：

> 母亲病了，住在医院里。我们兄弟姐妹轮流去守护。轮到我的那天，护士进来换床单，让母亲起来。母亲病得不轻，转身下床都很吃力。

母亲住院治疗，“我们”轮流照料，在情理之中；轮到“我”时，要换床单，母亲转身下床都很吃力，“我”来抱母亲，也在情理之中。

这一切都是极其自然的事，但，作者笔锋突然一转，因为这一抱，“我”差点摔倒，“我”惊讶之余还引来护士的“责怪”。

写到这里，如果简单地写出“我”面对“责怪”是如何解释的，或者发一点感慨，那么这就无法成为一篇美文了。

责怪起到承上启下的作用。它让作者内心感到十分难过，很自然地，勾起了作者的回忆：

> 在我的记忆中，母亲总是手里拉着我，背上背着妹妹，肩上再挑100多斤重的担子翻山越岭。这样年复一年，直至我们长大。我们长大后，可以干活了，但每逢有重担，母亲总是叫我们放下，让她来挑。

这段回忆，浓缩着伟大的母爱。这里有两幅画面——手里拉着我，背上背着妹妹，肩上再挑100多斤重的担子；每逢有重担，母亲总是叫我们放下，让她来挑。在这两幅画面中，其“神”是母爱之伟大，而“形”首先表现在母亲所承受的重担，这重担既有担子本身的重，也有劳作、照顾子女的担子之重，其次表现在母亲无论何时无论何地只要有重担，她都心甘情愿地挑着重担，从不让孩子去挑。这两幅典型画面，就定格在两个“总是”上，这两个“总是”可以引起人无限的联想。这联想与“母亲用80多斤的身体去承受那么重的担子”一旦放到一起，读者自然产生一种深深的敬意，包括那名护士。而“我”，作为儿子，更多的是愧疚。

1. 感悟母亲是“轻”还是“重”？

有一个问题一直贯穿这篇课文：母亲是“轻”还是“重”？

母亲是轻的。因为“我”“使劲一抱”“差点仰面摔倒”，因为母亲告诉“我”“我这一生，最重的时候只有89斤”。

“我”以为母亲是重的。所以“我”才会“使劲一抱”，才会“用力过猛”，因为“在我的记忆中，母亲总是手里拉着我，背上背着妹妹，肩上再挑100多斤重的胆子翻山越岭。这样年复一年”。所以，“我”“一直以为母亲力大无穷”。

母亲是重的。她把“我们”从小抱到大，她用80多斤的身体，承受了那么重的担子。母亲是重的，因为她的心头装满了沉沉的爱。

读到这里，笔者想到了《爱心树》，想起了最后什么都没有了，只剩下一截树桩的大树，她迎回了游子，她仍然很快乐。而游子呢？他坐在树桩上在沉思，他想了些什么呢？他可曾想到他身边的这棵树？而让人高兴的是，“我们”想到了，“我们”去“轮流守护”母亲，“我”想到了要去抱母亲，“我”“轻轻地将她摇动”。所以，母亲“睡”了。那两行泪水，是母爱，更是幸福的温馨。

于是，有了第一次，就一定会有第二次、第三次……

2. 空白之处是引发学生体验的绝好“地带”

编者改写的文章和原文在叙述护士和“我”的表现时是不同的。

原文中的句子：

我望着母亲瘦小的脸，愧疚地说：“妈，我对不住你啊！”护士也动情地说：“大妈，你真了不起。”母亲笑一笑说：“提那些事干什么，哪个母亲不是这样过来的？”

编者改写后的句子：

我愧疚地望着母亲那瘦小的脸。护士也动情地说："大妈，您真了不起。"母亲笑了笑说："提那些事干什么？哪个母亲不是这样过来的？"

一对比，我们发现，编者改写后的句子中的那个"也"极不自然，这个"也"让句子不通了。再看原文，我们发现那个"也"用得非常自然。同时，作者的那一句"妈，我对不住你啊"所起到的表情达意的作用不可忽略。

听了"我"和护士的话，母亲只是笑了笑说："提那些事干什么？哪个母亲不是这样过来的？"这是天下的母亲最普通的心态，但却是最伟大的爱。此时，"我"无语，护士也无语。文中对"我"的描写是空白的，只有护士在铺床单并在铺好后的吩咐。

我们可以想象，"我"此刻抱着母亲在想什么？是怎样的表情？母亲又在想什么？又会是怎样的表情？此处的空白，是引发学生体验的绝好"地带"。

如果文章只是到此结束，那么，也可以画上句号了，高潮似乎也达到了。但作者还写了自己的"突发奇想"，护士站在一旁的劝说，自己轻轻地摇动，以及护士站在一旁静静地看，还有最后的两行泪水。

结尾——"我以为母亲睡着了，准备把她放到床上去。可是，我忽然看见，有两行泪水从母亲的眼角流下来……"，真是引人深思，这才是真正的高潮，才是真正的震撼。这震撼里不仅有我们对母爱的重新认识，更有作者报答母爱的呐喊。

3."母爱"——形散而神聚

回到"形散而神聚"这个散文文体特点，我们发现无论是对"我"、母亲，还是护士的描写，都是与对母爱的感悟和体验、敬意和回报紧紧联系在一起，尤其是从旁观者护士的"不忍"、"静静地"、"很小心地"等细节，我们发现旁观者也被深深地感动着，更何况当事人"我"呢？

再看，作者的一个叙述细节，隐藏得很深，却饱含着自己对母亲的深爱，和对神圣母爱的崇高敬意。那就是，在描写人物对话时，对母亲的称呼几乎都是——"妈"，只有两处用的是"母亲"。第一处是"在我记忆中，母亲总是手里拉着我，背上背着妹妹，肩上再挑100多斤重的担子翻山越岭。这样年复一年，直至我们长大。我们长大后，可以干活了，但每逢有重担，母亲总是叫我们放下，让她来挑。"第二处是母亲说的一句话——

“提那些事干什么？哪个母亲不是这样过来的?”认真想来,“母亲”这个字眼较之“妈妈”更有神圣感。此中有深意!

于是,第一次抱母亲,我们被母爱震撼了,第二次抱母亲,我们被感动了,回报之心也被唤醒了。震撼、感动与回报的画面,构成了这篇散文的“形”,而“母爱”就是将这些形凝聚起来的“神”。

【教学建议】

在本课教学中,可以采用“以读感悟,以读见悟”的方法,抓住“第一次和无数次”、“一轻一重”,以“体会我的心情——感悟、体会母爱的无私——回报母爱”为线索组织教学,抓住“最重的时候只有89斤”、“把母亲抱在怀里”等几个动情点进行教学。让学生充分的读,在读中感悟,让“感”从读中产生,“情”在读中交融。

(二)这是一位怎样的母亲

——《慈母情深》文本解读及教学建议

《慈母情深》是人教版五年级上册第六单元(父母之爱)的一篇略读课文,文章选自著名作家梁晓声先生的亲情小说《母亲》。作家怀着一颗感恩的心摄取了少年时期生活的一个镜头:母亲不顾同事的劝阻,毫不犹豫地给钱让“我”买《青年近卫军》的事。

课文先讲“我”想买一本《青年近卫军》,想得“整天失魂落魄”,可见渴望之极。但一元多的书价,贫困的家境,“我”的愿望难以实现。

接着,写母亲给钱让“我”买书。这部分是全文的重点。文章着重描写了母亲的外貌、语言、动作和神态。

“七八十台缝纫机发出的噪声震耳欲聋。(挣钱的环境)”——艰辛的母亲！当孩子看到母亲在这样的环境下挣钱,其滋味可想而知。

“一个极其瘦弱的脊背弯曲着,头和缝纫机挨得很近。(挣钱的样子)”——瘦弱的母亲!

“背直起来了,我的母亲。转过身来了,我的母亲。褐色的口罩上方,一对眼神疲惫的眼睛吃惊地望着我,我的母亲……(挣钱的神态)”——疲惫的母亲!

“我的母亲”以后置的方式出现。这样的话语表达,是对日常语言的一种明显的偏离和反抗,能有效地吸引读者的目光驻留到这样一种异乎寻常的话语形式上。从语言潜力显性化的角度看，排比的句式、长短句的参差错落、一唱三叹的语言节律的绵绵韵味，使这个语段恰似一首短小精致的诗。而其中蕴含着的慈母神态以及由此折射出来的慈母深情，显然有着极高的审美含量。母亲在极其疲惫的劳作中艰难转身的这个细节恰如朱自清先生刻画的父亲的背影，成了表达至爱亲情的一种诗意符号。

文章省略的是作者所受到的强烈的震撼及内心的心理活动。昔日挺拔的、健康的背如今瘦弱、疲惫；昔日光彩照人、光洁鲜亮的脸变得布满汗珠、疲惫不堪；昔日水灵灵的眼睛充满血丝……

而那挺拔的背，炯炯有神的眼，光彩照人的脸就是因为被繁忙的工作夺去了。这里通过运用一组慢镜头，母亲的疲惫和儿子的心酸就在"我的母亲"的反复中凸显。

"母亲说完，立刻又坐了下去，立刻又弯曲了背，立刻又将头俯在缝纫机板上了，立刻又陷入了忙碌……"（挣钱的动作）——忙碌的母亲！

这里四个"立刻"连用，写出快节奏的工作，这是叠加，是快速、加倍的工作，来挣钱！为了儿女的生活、读书，不伸懒腰，不喘气，不休息，拼着老命工作。母亲塞给"我"的是钱，更是浓浓的希望和浓浓的情。

"母亲掏衣兜，掏出一卷揉得皱皱的毛票，用龟裂的手指数着。"——贫穷的母亲！然而正是这位母亲，当同事认为"我"是要钱买闲书，劝阻她给"我"钱时，母亲却说："我挺高兴他爱看书的。"——通情达理的母亲！

这是这些地方突出表现了母亲的慈祥与善良，表达出对母亲深深的敬意与无比的热爱。

最后，"我"终于有了第一本长篇小说。

读完课文，谁都会被慈母情深深打动。这位平凡的母亲，辛劳的母亲，贫寒的母亲，在这件日常生活小事中表现出的深沉的母爱，给人留下了何等难忘的印象。

【教学建议】

这类文章的教学只需要创设条件让学生去读语言文字，让学生去感受、倾听文中人物内心的声音，去与文中人物对话，便能达成教学目标。学生朗读、讨论、交流的过程就是表达感受、互相启发、丰富课堂、丰富课文、丰富自己内心世界的过程，教师可以用文本本身创设情境，然后将课堂完全交给学生，只在关键处相机引导即可。

(三)让父亲的形象在学生心中立起来

——《地震中的父与子》文本解读与教学建议

《地震中的父与子》是五年级上册第六组的一篇精读课文。本组课文是围绕"父母的爱"这一专题编写的。选编这篇课文,一是让学生感受父母之爱的伟大力量;二是引导学生通过对人物外貌、语言和动作的描写,体会文章表达的思想感情,提高阅读能力。

课文讲述的是有一年美国洛杉矶大地震中,一位父亲冒着危险,抱着坚定信念,不顾劝阻,历尽艰辛,经过38小时的挖掘,终于在废墟中救出儿子和儿子同学的故事。文章按事情发展的先后顺序记叙,先写大地震的混乱中,年轻的父亲安顿好受伤的妻子,急切地冲向儿子的学校,尽管学校已成废墟,他还是坚定地向儿子教室的方位走去。接着写他不顾别人的劝阻,坚持寻找自己的儿子阿曼达。最后写经过38小时不停的挖掘,他的儿子和另外13个同学终于获救。这篇课文对于父亲的外貌、动作、语言等进行了细致的描写,情感真挚,刻画了一个执著的伟大父亲的形象。父亲的爱也让儿子从他的身上汲取了巨大的精神力量。描写具体,情感真挚,是这篇课文的主要特点。

品读文章,不难发现,父亲的形象聚集在三个场景的描写中:面对废墟,坚定站立;不顾劝阻,坚持挖掘;夜以继日,伤痕累累。透过三个场景,我们看到了一位了不起的、伟大的父亲。但对学生而言,形象往往大于思想。怎样让父亲的形象在学生心中立起来,透过语言文字触摸到一个有温度的、立体的、生活的父亲呢?

1.5 一"跪"一"站"中,品父亲的坚强

【场景一】他顿时感到眼前一片漆黑,大喊:"阿曼达,我的儿子!"跪在地上大哭了一阵后,他猛地想起自己常对儿子说的一句话:"不论发生什么,我总会跟你在一起!"他坚定地站起身,向那片废墟走去。

【解读】聚焦细节,父亲绝望地"跪"和坚定地"站",形成了强烈的反差。是什么力量让父亲从绝望的"跪"中坚强地"站"了起来?是他常对儿子说的一句话"不论发生什么,我总会跟你在一起!"这是父亲对儿子庄严的承诺。一"站"一"跪"中,一个恪守诺言、说到做到的父亲形象鲜活起来了。

2. 一问一答中，品父亲的坚定

【场景二】有些人上来拉住这位父亲，说："太晚了，没有希望了。"这位父亲双眼直直地看着这些好心人，问道："谁愿意帮助我？"没人给他肯定的回答，他便埋头接着挖。

消防队长挡住他："太危险了，随时可能发生大爆炸，请你离开。"

这位父亲问："你是不是来帮助我？"

警察走过来："你很难过，我能理解，可这样做，对你自己、对他人都有危险，马上回家吧。"

"你是不是来帮助我？"

【解读】在其他父母看到这片废墟、绝望地离开时，父亲却一直在挖掘，好心人拉住他，消防队长挡住他，警察劝他，他都没有离开，只是眼直直地问道："谁愿意帮助我？"父亲眼神里，透出来的是期望、是孤独、是无助，但更是坚毅。因为有一个信念有力地支撑着他："儿子在等着我！""直直的"眼神，加上"一个念头"，透过一问一答，让我们看到一个信念坚定、绝不放弃的父亲形象。

3. 一分一秒中，品父亲的坚韧

【场景三】他挖了 8 小时，12 小时，24 小时，36 小时，没人再来阻挡他。他满脸灰尘，双眼布满血丝，衣服破烂不堪，到处都是血迹。挖到第 38 小时，他突然听见瓦砾堆底下传出孩子的声音："爸爸，是你吗？"

【解读】这段文字，可谓字字千钧，字字见血。36 小时，这是什么概念啊？这是整整两天一夜的不吃不喝不眠。从父亲的外形、神态描写中，可以想象 36 小时里发生了多少惊心动魄的故事啊。然而，他承受的仅仅是肉体的辛苦吗？儿子生死未卜、妻子受伤在家、余震随时会来，这每一分、每一秒都是煎熬啊！透过语言文字，走进父亲内心，想象文字背后发生的事，凸显的是一个锲而不舍、坚毅如山的父亲形象。

【教学建议】

以上三个片段，侧重点是不同的，表现的内涵也不同。在教学中，聚焦这三个片段引领孩子们在语言文字中触摸这个坚强、坚定、坚韧的父亲形象。这样，就把父爱具体化、立体化了，让学生深刻体会到：父爱就是庄严的承诺、坚定的信念、不懈的行动。

(四)这条小鱼在乎

——《浅水洼里的小鱼》文本解读及教学建议

《浅水洼里的小鱼》是一篇充满人文关怀的文章。教材前两段交代了事情的起因,讲"我"在海边散步时看见沙滩的浅水洼里有许多面临困境的小鱼,一个小男孩在认真地把小鱼送回大海,后四段通过"我"和小男孩的对话展现了小男孩感恩生命、关爱弱者的感人精神。每个刚读完故事的人脑中都会跳跃出这样几个字"关爱生命,人人有责"。"不以恶小而为之,不以善小而不为"这是笔者第一次看到教材而感动的原因。

在日常生活中,却常常可以看到这样的场景:一只麻雀"唧"的一声,从后窗户闯入教室,教室里顿时炸开了锅。几个男同学立刻拿起扫把和鸡毛掸子来抓这只麻雀,另几个男生喊:"快点关门,快点关窗户,别让它跑了。"有的嚷着:"给我!给我!我把它带回家,养在笼子里。"有的说:"我爸用弓抓过麻雀,还烧麻雀肉给我吃过,它的味道很鲜的!"还有的说:"你们抓到后要给我一根羽毛的!"假如这些浅水洼里的小鱼也出现在他们面前,又会是怎样的情景呢?

文中小男孩的行动却令人肃然起敬。他将小鱼儿一条一条地捡起来,用力扔向大海。他不是凭着一时的好奇在玩着一种游戏,而是在执著地完成一项使命。这么多的小鱼,他是捡不完的,但他在尽力地捡着、扔着。在他眼里,一条小鱼就是一条生命,捡一条小鱼就是挽救了一条生命!

这篇文章选自《读者》,原题为《谁在乎》,可能编者为了使文章更适合小学生阅读,所以改了题目。读着这篇故事,笔者的心一次次地被感动,直到心里只有那孩子捡鱼的影子,直到心里只有那一个信念:这条小鱼在乎!直到自己的心和那个捡鱼的小男孩的心碰到一起。带着这样一颗晶莹剔透的心再次走入这故事时,便走入了小男孩的心,仿佛自己也来到了海边……

清晨,海边十分宁静,只有温柔的海水随着微风轻柔地抚摸着金色的海滩。悠然地在沙滩上玩耍嬉戏,走着走着,看见沙滩的浅水洼里有好多小鱼。这些小鱼被"困"在水洼里,回不了大海了。大口筐里边的"木"就如那些被冲上沙滩的小鱼,那"木"字外面大大的"口"就是一个个浅浅的小水洼，小鱼被锁在水洼里，回不了大海了。这“困”道出了小鱼的无奈和无助，然而这一个“困”字远远比“锁”字更可怕。“困”的背后除了无助还有一种危险，因为“用不了多久，浅水洼里的水就会被沙粒吸干，被太阳蒸干”。一个“吸”和“蒸”对于小鱼来说是多么可怕呀！这浅水洼里的一颗颗小沙粒就好像是小鱼身边那无数张小嘴，他们和小鱼抢夺着水洼里仅有的一点水。那火辣辣的阳光就像一块大海绵吸着水洼里那一点点可怜的水，温度越来越高，水却越来越少，小鱼的生命已经奄奄一息。文中的一个“困”字道出了小鱼危险的处境。

这些可怜的小鱼紧紧揪住了小男孩的心。当我们继续往前走时，看见一个小男孩。文中用一系列的细节描写，用无声的文字展示了小男孩对生命的热爱和感恩。如“走得很慢”、“不停地”、“每个”、“用力”。这些看似普通的文字里包含着多少小男孩对生命那份天真的感情啊！他走得很慢是因为水洼太多，被困的小鱼太多，他怕走快了遗漏了哪一条小鱼。“不停地”是为了赶在太阳升起之前，在小鱼被蒸干之前，将小鱼送回大海。“用力”是为了让小鱼不再被海浪冲上海岸。这字里行间都是小男孩用心挽救生命的痕迹啊！此时在小男孩的心里，没有时间去想这里有成千上万条小鱼，是救不完的，没有去想凭一个人的力量是没有办法使所有的小鱼重回大海的。他的心里只有一个信念，那就是每条小鱼都是一条生命，这些小生命都在乞求活下去，这条小鱼在乎，这条也在乎！还有这一条、这一条、这一条……题目即文眼，“在乎”一词已隐隐透出些对尊重生命、回报自然的信息。拿现在的题目《浅水洼里的小鱼》来看，它让我们把目光首先聚焦到了“在乎”的对象——“小鱼”上。两者有异曲同工之妙。

1. 聚焦“蒸”字读懂小鱼

这是一群不幸被海水冲卷到沙滩上，困在浅水洼里的小鱼。“被困的小鱼，也许有几百条，甚至有几千条。用不了多久，浅水洼里的水就会被沙粒吸干，被太阳蒸干。这些小鱼都会干死。”“几百条”“几千条”明确表示被困小鱼数量之多，这与第三段中“成百上千”是互相呼应的。这些小鱼的处境非常艰难：“用不了多久，水就会被沙粒吸干，被太阳蒸干，小鱼都会干死”一连用了三个“干”，特别是一个“蒸干”，从形上、从义上牢牢牵引着我们的心境：上面太阳晒，下面沙子烤，浅水洼里的水分很快就会蒸发干，这些小鱼就会被活活蒸死、干死。这些被困在水洼里不计其数的小鱼是多么孤独无助啊！等着这些小鱼的只能是死亡。多么可怜的小鱼啊！此时，"蒸"字已不再是一个平面单调的词汇，它有着如同炙烤的感觉，有着如同触及心灵的痛楚。一个"蒸"字，解读不完小鱼的紧张、忧虑。

2. 聚焦"慢"与"不停"读懂男孩

"他走得很慢，不停地在每个水洼前弯下腰去，捡起里面的小鱼，用力地把他们扔回大海。"

这些可怜的小鱼紧紧揪住了小男孩的心。"走得很慢"、"不停地"、"用力地"，文章用无声的文字，采用一系列细节描写，展示了小男孩对生命的热爱。透过这些字眼，我们看到小男孩一刻不停救鱼的情景。这个句中我们仿佛看到了一处矛盾：既然是抓紧时间一刻不停地救鱼，为什么句子中写到"走得很慢"？而不写"走得很快"？这样不是更明白？细细品味整个文本，读出了"走得很慢"的两个理由：一是相对于在一旁"朝前走着"的"我"来说，"扔鱼"的小男孩的确比不上"我"的速度。二是被救的鱼太多了，有"成百上千"条，"不停弯腰捡鱼"的小男孩无奈，只有放慢往前走的速度，他怕走快了会遗漏了那一条小鱼。在他眼里，一条小鱼就是一条生命，捡一条小鱼就是挽救了一条生命啊！生命是多么宝贵，多么值得珍惜呀！他在尽力地捡着，扔着。因为他"在乎每一条小鱼"啊！

当"我"忍不住对小男孩说"你是捡不完"的时候，他"头也不抬地回答"小男孩抓紧时间，连"抬头说话"也顾不上，因为他没有时间去考虑这成千上万条小鱼，靠自己一个人的力量是没有办法使他们重回大海的……此时，他的心里只有一个信念，那就是每条小鱼都是一条生命……"这条小鱼在乎！"……他不停地捡鱼扔鱼，不停地叨念着："这条在乎，这条也在乎！还有这一条、这一条、这一条……"小男孩一连说了六个"这"，来回答心存疑惑的"我"。在小男孩心中，拯救这成百上千条生命已成了自己的"使命"，简洁的话语道出了小男孩挽救生命的心声：那是一条条鲜活的生命，虽然自己一条条地扔，很累，但是每个小精灵都是一条生命啊！

3. 聚焦课文留白读懂"我"

"我"悠闲地在金色的海滩上散步，看到小鱼被困，"我"熟视无睹，"继续朝前走着"。也许对这种现象"我"已司空见惯，对每一条生命的生存状况已逐渐漠视。发现小男孩不停捡鱼扔鱼，"我"还好奇地看了一会儿。"我"不理解小男孩的执著而去问他。"这条小鱼在乎！……"小男孩简洁的答案无疑给了"我"当头一棒：爱护小动物，尊重生命、感恩自然无需太多的理由，一切源于对“每一条小鱼”的在乎。看到小男孩的救护行动，听到简单的救护理由，接下来“我”会做些什么呢？课文留下了悬念，但读者已经心照不宣。

4. 聚焦“在乎”感恩生命

“走得很慢”是在乎，“不停地弯下腰”是在乎，“捡起小鱼用力地把它们扔回大海”是在乎，“头也不抬”是在乎，“一边回答，一边捡” 是在乎，“不停地捡鱼扔鱼”是在乎，“不停地叨念”是在乎……只要“这条小鱼在乎！这条在乎，这条也在乎！还有这一条、这一条、这一条……”男孩就会在乎，就会接着“不停地”把他们用力地扔回大海，这是一种执著的“在乎”。

生命只有一次。当我们看到小鸟在天空自由飞翔的时候，当我们看到藤儿在奋力往上爬的时候，当我们看到笋芽儿不知不觉地拱出了地面……我们会充分感受到无论是人，还是大自然中的植物、动物、都是有生命的。我们的世界正是因为有了无数的生命，才变得生机勃勃，五彩缤纷。生命只有一次，小鱼在乎，小鸟在乎，花儿在乎，我们也应该在乎。

“在乎”在课文结尾处由男孩叨念出，让我们看到一颗对生命的敬畏之心，一种对生命的悲悯情怀。对渺小如鱼的生命给予如此的热情，这本身就彰显出一种人性的纯美。省略号并没有略去千百条小鱼对生命的渴望和在乎，更没有阻挡我们欣赏男孩这执著的“在乎”，这耐人寻味的省略号反让男孩头也不抬地弯腰捡鱼扔鱼的姿势，在我们心中成为一幅隽永的画面。

【教学建议】

短短的两百多字，却勾画出一个心地善良，对生命认真到在乎每一条小鱼的小男孩，这是《浅水洼里的小鱼》带来的阅读魅力。课文内容平实自然，感人至深，发人深省。可是，孩子们能通过读课文从小男孩身上体会到这种真心吗？怎样才能让学生在学习中更好地感悟到小男孩的用心，也会在乎一条小鱼，在乎一只受伤的小鸟……该怎样组织学生学习文本，理解文本，体悟文本呢？

要让孩子真正走进故事，就一定要让小鱼先游进他们的心里，让小鱼成为他们抹不去的牵挂——这些小鱼是从哪里来的，它们将面临怎样的命运呢？因此，本文第一自然段的教学可以说是情感体验的重要前提。

在字里行间渗透对小鱼的怜爱，就很容易激发学生的同情之情。“被困的小鱼，也许有几百条，甚至几千条。”这些小鱼回不了大海，会怎么样呢？教师可以引导学生体会小鱼困在浅水洼里难受的感觉，挖掘学生的阅读体验，促进学生对课文的理解，为下文中与小男孩的情感产生共鸣做好铺垫。

有了初步的体验之后，通过朗读结合畅想来进一步体会、感悟。畅想朗读就是在了解课文的基础上，根据文中的情境、内容、语言、插图敞开思路，毫无拘束地想象。在朗读中引导学生想象，根据自己的生活实际进行体验、想象说话，在畅想后又进一步朗读，更好地寻找新的感悟，从而受到情感的熏染。

总之，这一课的教学可以根据学生的认知水平，挖掘情感因素，通过一系列畅想的情境创设，激发学生的情感，紧紧围绕“在乎”一词，让学生在朗读畅想中感悟，让学生在畅想朗读中体悟，让学生在畅想中朗读，自然地达到情感的升华，在情理交融中培养在乎受伤者的怜心、在乎受伤者父母的苦心、在乎帮助受伤者的真心。真正体会“感恩小动物，珍惜小生命”的意义。

（五）在言语实践中触摸中国心

——《最后一分钟》文本解读及教学建议

这是一首充满激情的诗。作者倾述了 1997 年 7 月 1 日香港回归祖国怀抱最后一分钟这一具有历史意义的特殊时刻的思绪，表达了全中国人民积蓄心中的强烈的爱国情感和对香港回归祖国后美好前程的衷心祝福。

整首诗语言凝练，富有感染力，感情真挚热烈，作者那沸腾的热血与奔涌的豪情都融入到诗歌的每一个词句之中。全诗共有 4 个小节。第一小节是全诗的引子，作者把香港拟人化了，就像是亲人谈心似的，去“倾听最后一分钟的风雨归程”。作者和所有中国人一样，满怀激情地迎接着香港回归祖国这一历史时刻的到来。第二小节表达了人们眼望中华人民共和国国旗与香港特别行政区区旗冉冉升起时，无比激动、无比自豪的心情。这种情感，作者是通过一些特写镜头的描述来真切表现的，如“旗帜”、“旗杆”、“寂静”的场面，“微微颤抖的嘴唇”，“在泪水中一遍又一遍轻轻呼喊”等。第三小节主要是讲作者联想到了香港的屈辱历史，联想到了鸦片战争以来列强强加给中国的不平等条约，表达了如今扬眉吐气的欢欣鼓舞。第四小节是说香港从此掀开了历史的新篇章，作者用热情、奔放的语言，表达了对香港回归祖国的热情欢迎和对香港美好未来的深情祝福。

选编这篇课文的目的是，在诵读诗歌中激发学生热爱祖国、感恩祖国的思想感情。理解诗句内容，体会诗歌表达的情感，是本课教学的重点；结合历史背景理解一些含义深刻、感情强烈的诗句，是教学的难点。

仔细研读文本，有这样几个重要特征：

1. 这是一首现代抒情诗

整首诗语言凝练，富有感染力。同时，诗歌象征意义强，运用了比喻、象征、用典等手法，诗中的脊梁、硝烟、虎门、紫荆等许多意象，含义深奥，学生在理解上难度很大。这就造成了教学中的第一个困难——诗歌难度与学生认知水平的冲突。

2. 这是一篇略读课文

略读课文，只有一个课时，不可能求精求全。同时，略读课更关注学生语文能力和语文学习方法的习得，应留给学生更多的自主阅读的空间。因此，这就造成了教学中的第二个困难——如何在略读课型中更好的凸显诗歌的文体特征，而不失略读味？

3. 这个单元的主题是勿忘国耻

《最后一分钟》是人教版五上第 7 单元的最后一篇课文，这个单元的其他几篇课文分别是《圆明园的毁灭》、《狼牙山五壮士》和《难忘的一课》。单元训练目标是：一感受民族精神、培养感恩祖国的爱国热情；二通过多种途径搜集有关资料，学习整理资料的方法，并在语文学习中加以运用。这又给教学出了个难题——如何更好地落实单元目标，兼顾人文性与工具性的统一？

【教学建议】

1. 收集资料酝酿情感

学生曾在三年级学过《东方之珠》，对香港有所了解，结合本组训练重点，课前可以布置学生搜集有关香港回归的资料。引导学生从“香港被割让的历史”、“香港回归历程”、“香港回归之后的繁荣”三个方面去搜集与整理相关资料。教师可准备香港回归祖国政权交接仪式等相关资料的课件。

2. 采用多种方法体会情感。

(1)抓住作者直抒胸怀的诗句体会情感。如,“听所有中国人的心跳和叩问”;“是万众欢腾中刹那的寂静”;“是谁在泪水中一遍又一遍/轻轻呼喊着那个名字/香港,香港,我们的心”;“然后去奔跑,去拥抱,/去迎接……”等。透过这些诗句,人们那激动、自豪的感情与热切欢迎之情等溢于言表。

(2)联系所搜集的历史背景资料理解诗句,体会情感。第三节作者联想到了虎门销烟和英国殖民主义者强加给中国的不平等条约。一百多年前,英国侵略者靠鸦片加洋枪洋炮打开了中国的大门,强迫清政府签订了一系列不平等条约,香港被长期割让给英国。虽然有血气的华夏儿女奋力反抗,但终因清政府的腐败无能而导致中华民族的近代史被打上了痛苦、屈辱的烙印。这些已成为所有中国人的耻辱与心头之恨。而在香港回归之际,压在中华儿女心头百多年来的耻辱终于被雪洗了。香港回归祖国,是祖国日益强大与繁荣的有力见证,是对所有炎黄子孙的巨大激励与鼓舞。这一刻,无数的华夏儿女流下了激动的热泪。这是多少年、多少代人热切期盼的时刻啊。可以通过历史资料的补充,引导学生体验作为炎黄子孙这种非常强烈、非常深厚,仿佛能“使大海沸腾”的爱国情感。

(3)创设情境引导学生体验诗歌表达的情感。课文中有一幅插图,描述的是香港政权交接仪式升国旗、区旗与奏国歌的情景。可让学生深入体验:如果你是参加政权交接仪式中的一员(身份可由学生自主设想),或者你在街道上、在电视机前、亲眼目睹了这一过程,你最想说什么?

3. 深情诵读表达情感

“三分诗,七分读”,朗读既是本课诗歌教学的主要任务,也是促进学生理解诗歌内容、体会诗歌情感的重要手段。要结合诗歌内容引导学生注意朗读时的抑扬顿挫:即注意节与节之间以及每小节之内诗句的停顿;有的诗句语气要高昂,有的诗句语气要沉重;有的要读得坚定有力,有的要读得亲切舒缓等等。为了激发学生朗诵兴趣,还可当堂分组排练集体诗朗诵,进行即兴表演与点评;必要的时候,教师可以进行示范朗诵或引读。

第三章

语文体验式感恩教育

教育是一种社会现象，是一种培养人的活动。教育为人类社会所特有，与人类社会共始终。教育的理想是为了人的一切。教育的最高目标是唤醒人性的本真、使人彻悟人生。通过教育，人要成为真正的人。因此，教育在本质上体现了“以人为本”的特点，应该突出以“学生为本”的理念。

教育的基本理念指导着教育改革的实践，特别是对课堂教学起着重要的指向标作用。应该说，在很长一段时期的教育历程中，我们的课堂教学都没有很好地体现以学生为本的理念，课堂是教师的课堂，学生是知识的被动接受者，知识的传递成为教育的首要任务，培养和塑造“知识人”成为教育的主题，这已经成为旧式教育模式最为深刻的危机[①]。这一教育危机最大的弊病就在于忽视了学生在教育教学过程中的主体地位，特别是对学生自身的情感体验重视不够，这样的一种状况导致了学生对知识的接受成为一种被动的消极接受，学生的学习成为一种纯粹的机械性运动。

始于世纪之交的新一轮课程改革试图突破以往教育教学中的弊病与旧模式的禁锢，探索新的教育思路。聚焦新课程改革，可以明显发现，此轮课程改革不同于以往任何一次课程改革的最为显著的标志，就是始终坚持以学生的发展为核心。这样的基本理念，要求在课程设计上始终强调课程内容同学生的兴趣、能力以及生活经验保持密切的联系，以满足学生情感、意志发展的需要，进而达到自我实现的目标；在课程实施上，提倡

① 郅庭瑾．为思维而教[J]．教育研究，2007(10)．

“以学生为中心”的非指导性教学，要求师生之间建立起真诚、理解、尊重和信任的“我与你”，即“主体与主体”的人际关系，使学生在同教师一起共享精神、知识、智慧的过程中，发挥自己独特的自觉性、能动性和创造性。新课程确立了以“知识与技能、过程与方法以及情感态度与价值观”三个方面的整合作为各学科课程目标的共同框架的价值取向，从而使学科教育的中心由学科转向教育，体现以学生发展为本的教育理念。任何一门课程的教育都必须以学生的发展为出发点和归宿，在传授知识、训练技能的同时，发展智力、培养能力，并致力于培养学生丰富的情感、正确的态度和价值观①。

新课程理念的落实，必须依靠现实的课堂教学，以新课程理念为指导构筑新型的课堂教学模式成为当今教学改革的必然选择。在这一改革的过程中，以创设情境激发学生的情感体验为核心标志的情感体验式教学越来越受到理论界和实践界的重视。

第一节　语文体验式教学的意义

“语文是最重要的交际工具，是人类文化的重要组成部分。”语文教学中应积极“发展学生的健康个性”，为“学生的终身发展打好基础”。因此，语文学习必须高度重视“积累、感悟和熏陶”，以实现语文教育提高人的全面素质的价值意义。而语文素养的提升，主体人格的整体丰富与完善，人的全面和谐发展，首先是一种体验的丰富与发展。

情感体验在语文教学中为什么重要，这是由语文学科的性质和语文教学的基本目标决定的。首先，从语文学科的性质看，作为最重要的交际工具，语文是思想性、情感性很强的学科。刘勰说：“夫缀文者情动而辞发，观文者披文以入情。”可见，文学作品载负着作者与读者之间的情感交流。所以不论是读写还是听说，都离不开一个“情”字。然而，由于“应试教育”的严重影响，我们的语文教学中普遍存在着急功近利的浮躁心态和重知识技能的传授、轻情意培养的指导倾向，以至于使我们语文教材中那

① 马会梅.新课程改革的基本理念解读[J].当代教育论坛，2007(4).

些富有情感、文质兼美的文章在学生看来却是一堆抽象的文字符号，这不能不说是我们语文教育的失败。其次，从语文学科的教学目标来看，新时期的语文教学，要求我们既培养学生的语言能力，又培养学生的情感意志。心理学家认为，情感是认知活动的启发、发展和维持的动力，是构成心理素质的重要成分。没有情感就没有智力，理论界著名的"情感智力说"正是起因于此。充分认识自己的情感，控制自己的情感，感知他人的情感，这些恰好是语文阅读教学应该培养的情感品质。这就要求教师丰富的情感投入，进而引发学生的共鸣，从而做到"披文以入情"、"缘情而悟文"。也只有情贯始终，师生才有可能领略文学作品的魅力，文学作品的教学效果才有可能比较理想①。再者，与其他学科相比，语文作为母语课程，与生活世界、人的心灵世界联系最为广泛而密切，在教学中加强体验性学习有着独特的优势。体验性学习是学习者亲历学习过程时，联系自身已有经验，对他人表达的语言、行为、操作、情感、程序等的体验过程。它具有亲历性、内发性和独特性，是优化语文教学的重要途径。对母语学习者来说，割断了母语与生活体验、情感体验的联系，也就是阻断了他的母语与心灵、生命的联系。因此，在语文教学中，应该以课堂教学为主渠道，引导学生在体验中，培养良好的语感和情商。

一、语文体验式教学的内涵

"体验"一般是指一种感性的亲历和体认。"体验"作为促进学生发展的有效手段之一，越来越受到重视，"体验"已被赋予很高的地位。日本学者把体验性的目标作为课程实施的三大目标之一，它不是以行为发生变化为目的，而是更希望和重视主体形成体验（如成功感、自尊感等），更关注内心世界的东西、精神世界的东西。有人提出：教育过程就是一种体验。还有人提出："体验是人的生存方式，也是人追求生命意义的方式。"②

"体验"并非教育学的固有名词，在很多学科中，"体验"被广泛地运用着。哲学上认为："体验是主体在观念上把自己当做客体，使自己暂时根

① 邵新霞. 语文教学中的情感体验[J]. 现代语文，2006(7).

② 朱小蔓. 情感教育论[M]. 南京：南京出版社，1993：150.

据各种环境、立场、观点去观察事物，思考问题，从中获得关于客体的信息。”美学上讲：“体验是读者设身处地、推己及人地感受和进入作者及作品中人物心理状态的内心活动和能力。”[①]心理学一般把体验看成是情感的本质或主要成分之一。心理学通用的情感定义为：情感是人对客观事物的态度体验。情感可包括刺激情境及对其解释、主观体验、表情、神经过程及生理唤醒等内容。

“语文课程丰富的人文内涵对学生精神领域的影响是深广的，学生对语言材料的反应往往是多元的”，其中许多感受、理解必须要学生自己亲身去感悟体验。情感体验的过程正好内在地吻合于教学过程中学生主体对外部世界的接受与内化过程。因此，教学中应十分关注学生的情感体验。“体验”可作动词也可作名词。在语文教学中，情感体验可指主体从其亲历中对情感的察觉和认知（如角色扮演、高峰体验等），这是一种获得相应情感和认知的活动过程，当然情感体验也可指从其亲历中获得的情感和认知这一结果。基于上述分析，笔者认为，语文情感体验式教学，就是在教学中创设一定的情境，教师引导学生广泛接触语言材料、自主尝试、亲历实践、感悟语言、理解语言、运用语言，引导学生的情感与作者的情、文中人物的情，在潜移默化中产生共鸣，经历难忘的情感体验，“使学生处在主动积极的思维和情感活动中，加深理解和体验，有所感悟和思考”[②]。

二、语文体验式教学的意义

在语文教学的过程中注重学生的情感体验，采用体验式的教学方式有着极为重要的意义，这种意义至少可以体现在四个方面：

（一）解读文本的阶梯

语文课程的教学，往往是从阅读开始的，学生能否通过课文的阅读和理解掌握必要的语文知识和素养，决定了语文教学的质量。阅读是一种情感与认知融合的个性化心智活动。“文以意为主”，为文者“意在笔先”、

① 王一川.审美体验论[M].天津：百花文艺出版社，1992：125.

② 周红英.小学语文情感体验式教学谈[J].基础教育研究，2009(6B).

"以意投笔"。阅读时读文者必须积极用"心"去体验,需要借助自身的生活经验和语文积淀唤回直觉经验来重构读物的具体化形态,捕捉到文章的情思、意脉,善于调动自己的情感体验去"以情会文"、"以情感悟"、"以情延读",在读者与作者之间形成"情感环流",才能打破时空环境的限制,产生情感共鸣,真正领悟到文本的个中滋味。

解读文本就要能重新把人们对客观事物的理性反映还原到它原本的生气勃勃、五光十色的感性状态,并对这诸多的感觉根据自己的生活经验进行整合,变成自己的自觉经验。通过丰富的情感体验把灵感的触角再渗入到字里行间。例如,《慈母情深》是五年级上册的一篇略读课文。作者梁晓声,通过描写母亲辛苦地挣钱,豁达地塞钱和又一次凑钱的感人画面,表达了深刻、深厚、深沉的"慈母情深"。文章描写细腻,情感真挚。在教学《慈母情深》这一课时,只有当读者所还原的母亲形象、产生的情绪与作品中的慈母形象、包孕的情感高度一致时,作品的言语形式与读者所创造的形象才能迅速融合为一体,物我同化,情景交融,进而深刻地把握文章的思想文化内涵。这不仅是学生学好语文知识的基础,也是语文学科其他任何方面教育功能得以彰显的前提性条件。

(二)情感素质的提升

情感体验不仅以情感系统来促进阅读理解,更强调要借以进行情感教育。"当前教育过程中重知识的传播,轻情感经验的积累;注重概念、推理能力的训练和提高,轻情感感受能力、情感表达能力、情感表现能力的培养和提高",使认知与情感的发展不能和谐、失去平衡,造成学生情感品质跟不上。许多学生体会不到他人的快乐与痛苦,感受不到自然、艺术的美,更缺乏社会性情感。"教育实际上应是智慧中的知与情相互作用、相互提升"①。语文学习的开放性、灵活性、人文性决定了对情感素质提高的独特优势,它极利于实现认知的情感化和情感的认知化。

例如《掌声》这篇课文用饱蘸爱心的笔墨、朴实无华的语言向我们讲述了一个感人的故事:身患残疾而忧郁、自卑的小英在上台演讲时得到了同学们热烈的掌声,在这掌声的激励下,她鼓起了生活的勇气,走出了困境,打开了向往美好生活的心扉,变得乐观、开朗。在教学时可引导学生

① 朱小蔓.教育的问题与挑战[M].南京:南京师范大学出版社,2000:135.

去与文中人物展开充分对话，营造课堂氛围，运用各种激励手段激发学生积极的情感体验，进行心与心的交流，情与情的融通，让他们在主动积极的情感体验中去感悟语言，在品味中学习语言，在实践中发展语言，从而促进学生语言与情感的同构共生，实现文心与人心的谐和交融。这样，就能在满足认知需要的同时，让学生充分享受情感，深刻体验到愉快、兴奋、自信等积极的精神状态，使教学成为愉悦生命成长的一部分，让教育成为人文关怀的重要环节。

（三）主体个性的凸显

“语文在相当程度上是一门主体性极强的学科，是学生主动性发挥最充分的学科。”由于每人的经历不一样，学习的基础和发展水平也各自有别，学生之间是有很大差异的。“一千个读者就会有一千个哈姆雷特”，这也正是主体个性发展的基础。例如，《最后一分钟》是人教版五年级上册第七单元的一篇课文，这是一首充满激情的诗。作者倾述了 1997 年 7 月 1 日香港回归祖国怀抱最后一分钟这一具有历史意义的特殊时刻的思绪，表达了全中国人民积蓄心中的强烈的爱国情感和对香港回归祖国后美好前程的衷心祝福。整首诗语言凝练，富有感染力，感情真挚热烈，作者那沸腾的热血与奔涌的豪情都融入诗句的每一个词句之中。在教学时可以从诗歌的整体入手，在整体观照中体悟诗歌内涵与情感。对于这是“怎样的一分钟”，由于学生个体的差异、原有文化积淀和认知水平的差异，学生的感受是各不相同的。有的孩子感受到这最后一分钟是难忘的、激动的、高兴的，也有的孩子感受到这是漫长的、崭新的一分钟。作为教师，要尊重每个人存在的价值，就必须尊重学生在学习过程中的独特体验，重视学生主动地去体验，强调有自己的思考和个人的情感体验。注重了学生自己的情感体验，也就突出了学生的自我理解，能促使学生开放心灵空间，让语文学习多一些活力与灵性。这样，学生在学习中就会拥有更多的真趣、真情、真意，他们必然就会更主动地去学、生动地去学，进而体验到个人的成功感、满足感，培养出自立、自信、自强的意识。总之，在情感体验中不断展现个体生命的生机与活力，发展健康的个性，有利于孩子们健全人格的形成。

（四）良好习惯的强化

“积极的学习情感和主动学习精神的养成，对人一生的发展有更持久的影响”。丰富的情感体验，特别是愉快、兴奋体验的介入，可以使学习活动具有积极愉悦的色彩，能够感染、强化学生的智力活动，可以极大地提高学习效果。国外研究的“心境一致性”效应证明，学生更容易记住那些与自身情绪状态一致的内容。学习中积极的情感体验还能使良好的学习行为定型化，从而养成稳定的人格化的学习习惯。特别是教师饱含情感色彩的积极评价，最能丰富学生的多种情感体验，不仅可以促使学生借助情绪记忆去推动学习，还有助于通过迁移正确地对待人际交往，克服困难，摆脱挫折造成的消极情绪。也只有唤起情感体验的表扬和批评，才能有效地调节学生的行为活动①。

第二节　语文体验式感恩教育的模式

基于上文的分析，我们认为，情感体验式教学在语文教学过程中理应发挥重要的作用。实际上，在我国基础教育语文教育教学的实践过程中，我们的很多老师也确实在尝试着使用情感体验教学，并取得了很多可喜的成果。对于语文教学来说，传递一定的语言知识，培养一定的言语能力和文字能力，形成学生较好的语文素养是语文教育的基本目标，而通过语文教学发展学生的感恩意识则是语文教学中的情感、态度、价值观的目标追求，是语文教学中“以人为本、育人为根”的具体体现。如果说语文教学的基本目标通过旧有的、传统的、以讲授式为标志的教学模式也能够实现的话，那么要实现语文教学的情感、态度、价值观目标，则必须要改革原有的教育教学模式，特别是要注重体验式教学的运用。由此，打造语文情感体验式感恩教育模式成为一种必然的选择。

① 詹先明.试论语文教学中的情感体验[J].江西教育科研，2002(8).

一、教育模式的基本内涵

模式一词的本义，是某种事物的标准样式或让人可以仿效学习的标准样式。在教育活动中探寻教育模式，反映了人类努力认识客观世界，试图把握客观事物发展规律的愿望。人们总是期待着能在纷繁复杂，变化万千的教育活动中发现一种有效的模式，从而通过变化与推广，达到节约教育资源，实现教育效率最大化之目的。对教育模式的研究，客观地说，是人类在对教育认识过程中的一大创造，其社会价值及教育价值不言而喻。但是在对教育模式概念的理解和使用上，存在分歧却是显而易见的。争议的焦点往往是，教育模式是什么？为什么要研究教育模式？教育模式的阈限有多大？

有研究者对教育模式的定义进行了梳理，认为可以从范型说、结构说、策略说、理论说、方式说、程序说、表达说、动态说、选择说等几个方面对教育模式进行界定[①]，梳理现有的教育模式概念，笔者认为有三种具有代表性的看法：

第一种定义是："某种教育和教学过程的组织方式，反映活动过程的程序和方法"。第二种定义是："模式是一个弹性相当大的概念，小而言之，一种教学方式就可以称为教学模式，大而言之，可以指一个国家，甚至一个文化类型中教育的基本特征、基本风格"。第三种定义是："模式作为一种科学方法，它的要点是分析主要矛盾，认识基本特征，进行合理分类。教育模式是在教育理论指导下，抓住特点，对教育过程的组织方式作简要概括，以提供教育实践选择，另一方面，对教育实践的经验作概括，抓住特点，则可得到个别的教育模式，以丰富教育理论。"[②]

三种概念相比较，一个对于教育模式的根本性问题便不辩自明：在不同的语境下讲教育模式，会给人以不同的理解。概括地说，教育模式有三个层面。从宏观层面看，教育模式是与社会发展阶段相适应的一国教育长期形成的特征与风格；从中观层面看，教育模式是某种教育理念和教育思想的系统化；从微观层面看，教育模式即是教学模式，反映特定教学理

① 全梁.教学模式概念研究之研究[J].内蒙古师范大学学报，2009(12).

② 袁振国.教育改革论[M].南京：江苏教育出版社，1992：157.

论逻辑轮廓,为实现某种教学任务的相对稳定而具体的教学活动结构。尽管三个层面的教育模式有着各自不同的内涵和外延,但在精神实质上却是一致的。这种一致性体现为两个方面的积极意义。其一,运用归纳法和演绎法的思维方式,认识和把握教育规律,提升为理论,对进一步指导教育实践无疑是有益的。其二,运用系统科学中整体和部分的点面关系原理,“提取特征,认识过程,合理分类,窥视整体,形成结构”,从而节约教育资源,实现教育效率最大化。这两点既是各种教育模式的基本出发点,也是教育模式或理论得以生存发展的生命主线①。

二、体验式感恩教育模式的框架

感恩教育是一种以德报德的道德教育,更是一种以情动情的情感教育,一种以人性唤起人性的人性教育。传统德育之所以柔弱无力,很大程度上是因为没有真正触及孩子的心灵引起情感共鸣。在教学感恩类课文时,教师应努力创设民主和谐的教学环境,挖掘学生的内心体验,唤起、强化、升华学生的道德情感,使学生在体验中感悟,在感动中感恩,形成道德认同,增强爱心行动,完善人格。

基于上述分析,笔者认为,情感体验式感恩教育模式的基本理念至少应该包括以下几个方面的基本特征:

第一,是感恩教育模式的平等性。情感体验式感恩教育模式强调感恩教育的主体双方在教育开展的过程中是平等的关系,教育者和受教育者都有表达自己的思想与见解的权利,教育的过程不是以一方(主要是教育者)的权威为基础进行的,受教育者的各项权利受到保护。

第二,是感恩教育模式的开放性。情感体验式感恩教育模式倡导教育的过程是教育者与受教育者相互开放、共同互动的过程,要求打破原有德育教育和其他一切教育方式中的封闭和垄断,让学生在受教育的过程中敞开真实的自我,把“我”的思想、“我”的情感和“我”的体验真实地反映在教育的过程之中,使得教育者能够真切感受到受教育者的生命成长和情感体验,达到教育主体双方的心灵契合。情感体验式教学,强调学生的情感体验,而学生的情感体验往往是来源于多种渠道的,这种丰富多彩的

① 曹辉.简论教育模式的内涵与实施[J].徐州教育学院学报,2001(2).

体验是学生生命成长的宝贵资源。由此，彰显开放性的基本特征，是情感体验式感恩教育的重要特征。

第三，是感恩教育模式的动态性。感恩属于人的道德观念层面的东西，而人的道德观念，一方面是分化的，因为每个人的头脑中往往存在着多种道德观念的冲突，另一方面，人的道德观念又是整合的，因为每个人的道德观念都是在主流道德思想的支配下现实地存在着的，这一特征可以避免思想道德观念的无限分化而造成人道德上的迷失。感恩情怀的分化与整合的特征，客观上也要求感恩教育的模式具有动态性的特征。这种动态性，不仅表现在实施感恩教育的过程中应该以学科教学为依托，尽可能吸收更多的感恩教育素材，也同样表现在教育的过程中要尽可能避免纯粹的静态式的教育方式，突出强化感恩教育的过程性和学生的真实体验。

第四，是感恩教育模式的创新性。基于情感体验的感恩教育模式，突出强调的是感恩教育主体双方的平等交流与对话，注重受教育者的情感体验和内心世界，这种教育方式具有生成性、创造性、建设性和启发性，从而也就能够有效避免过去道德教育过程中机械性的弊病。情感体验教学本身的智慧性和复杂性，要求教师在教学的过程中不能再简单地依据教学大纲机械地进行，而要充分发挥教师个体的智力、智慧，创造性地将感恩教育的思想融入课堂教学的过程之中。从本质上看，感恩教育并没有固定的、一成不变的、放之四海而皆准的标准模式，它更多的是一种创造性的劳动，这种创造性恰恰体现了教育工作的独特魅力。

从本质上看，模式所提供的是一种解决问题的方法和程序体系，构建情感体验式感恩教育模式，必须明确这一模式的具体操作程序与步骤。感恩思想和感恩情怀的形成不是一蹴而就的，其内容也不是单一的，根据儿童的认知发展规律和道德品质形成的规律，我们认为，学生感恩品质形成可以分为知恩、感恩、报恩、施恩四个阶段。根据这四个阶段，笔者在大量实践研究的基础上，初步构建了“感恩类课文情感体验式教学”基本流程（参见下图）。

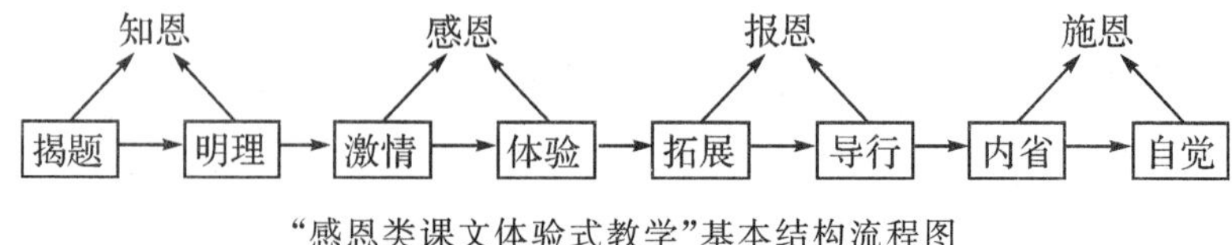

“感恩类课文体验式教学”基本结构流程图

情感体验式感恩教育模式，强调教育过程中师生的良好交流和互动，教育的过程，不再是某一方面的单一工作过程，教师和学生在感恩教育的过程中都应该发挥一定的积极作用。在“感恩类课文情感体验式教学”基本流程的基础上，笔者探索出了各环节相应的师生行为指导策略(参见下图)，在下一节中，笔者将详细地对这一模式的具体操作进行阐述。

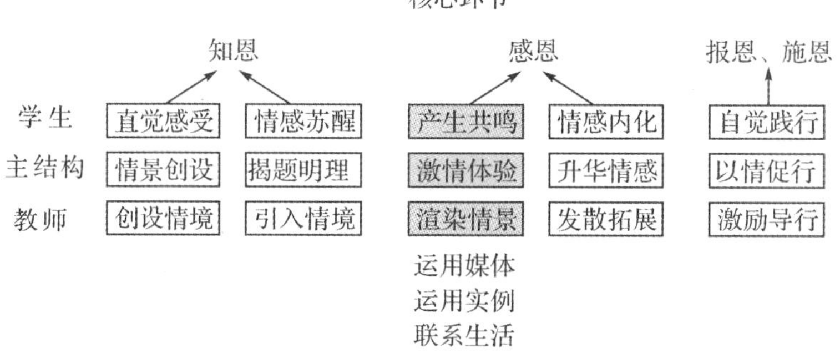

“感恩类课文情感体验式教学”师生行为指导策略示意图

第三节　语文体验式感恩教育策略

“情感体验教学模式”要求在师生情感共鸣的前提下，实现道德认识的内化。教学中，教师创设与学生经验相联系的情景，唤起学生直觉的情感体验，使学生自觉地入情入境，与课文中的人物化为一体，而教师有效地使用媒体，辅之以教师生动的、富于激情的表述，使教师与学生的情感在与课文人物的交融中，拉近距离，成为感受情景的统一体，此时学生易与课文人物角色互换，将心比心，使真情流露，对各种道理产生顿悟或欣然接受，就会产生所谓的“情通”而“理达”的效果。语文情感体验式教学要求始终把“情感体验”贯穿于揭题、激情、学文、明理、导行等各环节之中。

一、知恩：揭题——明理

对青少年进行感恩教育的目标，最为根本的不是思想领域的工作，而是要切实地转化为他们的感恩行为。但是，从心理学的角度看，个体行为习惯的养成是一项循序渐进的工作，从这个角度上说，感恩行为习惯培养要遵循小学生心理发展规律，由对感恩行为习惯的认知，产生习惯培养的情感，进而形成习惯培养的行为。要按照学生的“认知——情感——行为”的模式有序地进行习惯培养[①]，知恩是感恩教育的前提和首要工作。对于青少年来说，学会知恩，就是要按照我们预设的感恩教育体系，使得学生知父母的养育之恩、知师长的教导之恩、知他人的帮助之恩、知国家的哺育之恩、知自然的馈赠之恩。如果一个人不知恩，不能以实际行动来报答从外界所获得的恩情，那他就不是一个人格完整、心灵健康的人，就不是一个受他人和社会欢迎的人。享受恩情、付出恩情，最为前提的基础是要知晓恩情。由此，知恩作为感恩教育的首要环节，理应受到格外的重视。特别是在情感体验式感恩教育模式中，知恩阶段是唤醒学生的情感体验的重要阶段，这一阶段实施的好坏，直接决定了感恩教育的实际效用。笔者通过不断的实践，总结得出，在培养学生感恩品质的第一阶段——知恩阶段可以通过创设情境、引发学生的直觉感受和利用媒介、激发学生情感体验等策略实现唤醒学生的情感体验，达到促使学生知恩的效果。

（一）创设情境，引发学生的直觉感受

20世纪初，欧洲哲学界的非理性主义思潮十分盛行，如唯意志论、生命哲学、精神分析学和存在主义哲学等理论如潮水般强劲地冲击传统的哲学理论。其中，法国哲学家亨利·路易·柏格森以其对生命独特的理解及对直觉高度的关注而格外引人注目，以其为代表的生命哲学成为当时影响最大的哲学理论之一，这也成为影响当前教育理论实践的重要哲学思潮。柏格森把直觉作为认识人自身存在的方法，他认为近代本质主义思维约束了人们对生命的真正理解，对近代以来被否定了的人的“内心的上帝”——直觉特质，应该重新认识和把握[②]。近年来，人们开始把“直觉”概念从哲学、艺术中抽取出来，放在人的一般认识思维活动乃至各种创造过程中加以讨论，特别是强调了在教育过程中注重直觉和直觉思维，

① 苏绮玲. 知恩—悟恩—感恩[J]. 广东教育，2012(3).

② 刘宇文. 直觉是创新教育的起源[J]. 湖南师范大学教育科学学报，2003(6).

获得了教育改革领域很高的评价[①]。

直觉，是由具体的道德事物而引起的直接的情绪反应。“一方面是向内反省，一方面是向外透视。认识自己的本心或本性，则有助于反省式的直觉，认识外界的物理或物性，则有助于透视式的直觉。”尽管这种情感具有片面性、暂时性、情境性，但这是学生情感的真实体验过程，也是产生道德内化的基础。学生的直觉及直觉情感如何引发？心理学家告诉我们：“新奇的刺激容易唤起人的兴趣，而呆板的多次重复的东西则不能吸引人的注意力。”因此教师要考虑揭题设计的新颖性，创设一定的情景，尽量使学生获得新感受，借以引发学生学习动机，激发学习情趣。应该注意，教学过程中情境的设置，应该遵循真实性、知识性、应用性和情感性的基本特征[②]，利用一些学生常见的事物和场景，抓住与学生原有情感的连接点，激发学生对道德事物认识的兴趣，使之产生想知道或愿意知道的心理，从而让学生在一个尽可能真实的环境中充分地唤醒和激发自己的情感体验，为知恩奠定良好的心理基础。

在教学中，注重设置情境激发学生的直觉感受往往能够收到意想不到的效果，如课文《三个儿子》讲的是：三个妈妈在井边打水，迎面跑来三个孩子。一个孩子翻着跟头，一个孩子唱着歌，另一个孩子跑到妈妈跟前，接过妈妈手里沉甸甸的水桶，提着走了。在教学这一课时，可以设计这样一个场景：如果你看到妈妈拎着很重的一桶水回家，你会怎么做？这个话题贴近学生的生活，学生自然有感而发。在学生们踊跃的发言中，课堂气氛也显得轻松愉悦。抓住学生们的发言，自然而然地让学生在第一时间就感受到母亲伟大的恩情。

（二）利用媒介，激发学生的情感体验

任何时代的教育都是历史与时代融合的产物，任何形式的教育都不可能脱离当下科技的支持与制约，感恩教育亦是如此。当电影、电视、网络等新媒介不再陌生并全方位进入我们的生活时，人们仿佛在一夜之间进入了声音和图像构筑的影像奇观世界，电影、电视、网络等新兴的影像媒介已经遍布社会生活的各个领域。毫不夸张地说，人类社会已经进入

---

① 万瑛.直觉思维的心理机制及其在教育中的发展和培养[J].教学与管理，2006(10).

② 方扬平.情景教学：特征与途径[J].新课程，2011(2).

新媒介文化构架起来的影像时代。换言之,影像媒介正在改变着人类的生产、生活、交往、学习和思维方式等各个方面①。前所未有的变革不可避免地影响和波及教育领域,对当下教育工作的开展带来了新的机遇和挑战。对于感恩教育的实施来说,影像时代的发展,新媒体的介入为我们更好地激发和唤起学生的情感体验提供了更为丰富和直观的手段,有效利用这些媒介,切实提升感恩教育的实效性,显然是一项极富时代意义的命题。

1. 以理育情

感恩是道德情感,道德情感是以道德认识为基础的。培养道德情感可以采取在具体情境中阐明道德概念与观念,激发学生的直接情感,并引导他们的情感体验不断深化。例如,教学《圆明园的毁灭》一课时,教师先通过课件展示圆明园的废墟场景,让学生在观看时,不由自主地产生悲壮、凄凉之感。这个过程,就是学生情感的引发过程。接着让学生领略圆明园的原貌,一年四季呈现出的不同景色,感知圆明园的壮观。两者对比,学生惋惜、愤怒之情喷涌而出,勿忘国耻、振兴中华的愿望呼之欲出。然后播放举世闻名的万里长城、雄伟壮丽的天安门广场、源远流长的长江与黄河、神奇秀丽的黄山和桂林山水……使学生感知祖国江山的美丽、多娇。祖国今天的繁荣富强、现在生活的幸福使学生感恩祖国的情感油然而生。

又如在《大瀑布的葬礼》一课的教学中,为了让学生充分认识感恩自然的道理,我们通过网络下载了一些相应的教学资料。一幅幅图片展现在学生面前:a 水是生命之源,人类、动物、生物离不开水。b 自然景观以水为源,湖光秋色、瀑布奇观、森林动物园……在学生明白了水是生命之源后,请同学们继续看通过网络下载的视频文件,一些地区的用水情况:a 缺水地区喷水洗脸;b 土地干裂,禾苗蔫枯;c 人们排长队等水;d 人们去远处用牲畜驮水……这样就使教材声情并茂、形象逼真,把在文字教材中见不到的场面、情景展现在学生的面前,在具体、形象、生动的画面中,学生不知不觉地产生前后强烈的对比,心灵上受到了巨大震动之后,就会自然地去思考其中的理,情感体验就自然很深了。感恩自然、保护自然的情感就会在学生的心中生根发芽。

---

① 李红秀.影像时代的高校德育[J].教育评论,2008(2).

2. 以情育情

情感具有移情性，引起情感共鸣是培养道德情感的关键所在。自古以来写文章讲究有真情实感，“夫缀文者情动而辞发”，能够选入小学语文课本的文章更是篇篇都是真情的流露，教学文章当然也要“披文以入情”。上海的于漪老师就很重视教师讲解过程中的感情投入，她教《茶花赋》一课，一开始就以富有感情色彩的语言讲道：“这篇散文是一首歌颂伟大祖国的赞歌。祖国，一提起这个神圣的字眼，崇敬、热爱、自豪的感情就会充盈胸际，奔腾欲出……”她的这些充满激情的话语，激起了学生爱国主义情感的波澜，为具体学习课文创造了有利条件①。感情投入，激发学生强烈的学习兴趣，不仅是语文教学成功的诀窍，也是感恩教育中激发学生的感恩情感的必要条件，因此，在实施情感体验式感恩教育的过程中，教师自己首先要动真情，做感情投入的表率。

例如，在教授《一夜的工作》这一课时，可以先以生动形象、情真意切的话语介绍“十里长街送总理”的动人场面，当老师声音哽咽，学生情不自禁地流下眼泪时，对周总理的无比爱戴之情便在师生心中油然而生。这种通过文字媒介传递的真情在教学中起了巨大的情感催化作用，使师生之情融合在了一起。又如，在教学《地震中的父与子》时，可以播放地震时的视频文件。当一个个面目全非的孩子、一个个令人触目惊心的书包出现在视线中时，当一句“不管发生了什么，我都会在你身边”响彻耳边时，同学们不由地从心底里对伟大的父爱充满了感动之情，从而自觉地形成了感恩父母的道德认识。

实践证明，实施感恩教育的过程，不是冷冰冰的过程，而是富有情感或者说是伴随着师生间感情的交流的过程，所以老师在教学中要特别注意感情投入，要以一颗赤诚的爱心、炽热的情感去激发或点燃学生浓烈的兴趣和智慧的火花，只有如此才能达到以情育情的目标。

3. 以境育情

道德情感具有情境性，一定的道德情境能激发相应的道德情感。“道德根本上是实践的”，感恩教育需要以情感为核心，注重现实的体验，其重点是受教育主体要获得坚定的信念、真挚的情感和正确的价值观，因而感恩教育尤其强调潜移默化、个体体悟和生活践履。道德情感和感恩教育

① 郝庆印.语文教学要情感投入[J].徐特立研究，1998(4).

的实践特质以及受教育者的情感体验需要决定了感恩教育乃至一切的道德教育必须依赖一定的背景和情境①。笔者在前文中提及的当前学校德育教育和感恩教育存在的内容脱离生活、目标脱离实际、教育方式单一等问题，在很大程度上都是因为我们在教育的过程中采用了“去情境化”的教学方式②。由此，根据教学内容需要，创设相应的环境气氛和教学情境，使学生在情绪上受到感染，情感上产生共鸣，以拨动学生的心弦，让学生有身临其境之感，从而进入角色，产生情感体会，进而提升感恩教育的有效性，应该成为语文教师在教学过程中的必然选择。

例如，在教学《只有一个地球》一课时，教师导入课题后先演示课件，播放人们在地球上辛勤地劳动、愉快地工作、幸福地生活着的情景，当声像同步的情境作用于学生的感官，唤起学生的情感体验之后，引发思考：“为什么地球是人类唯一的生存家园?”而后，教师又播放地球上美丽、生机勃勃的景色，配以激情的旁白，正当学生遨游在美丽的青山碧水之间，如痴如醉时，教师接着演示地球遭到严重污染的画面——被污染的小河里，鱼儿打着伞挡住人们往河里乱扔的酒瓶、鞋子、垃圾等杂物。教师讲述这条河原先是多么的清澈美丽，引导学生去观察思考。前后两种情境的设置，激起强烈的反思，学生在强烈的震惊中激起大脑皮层神经的兴奋，燃起强烈的责任心，这样就有效地激发了学生热爱美丽家园、感恩自然的情感。

4. 以形育情

华东师范大学叶澜教授认为：“在教育活动中，生命的精神能量是教育者、受教育者和教育内容共同的本体性构成”，她指出：“教育中的最大投入和原料就是生命的精神能量”③。语文教材中人物形象光彩照人，有伟大的父亲、母亲，有老一辈无产阶级革命家，有我国历史上的伟人和民族英雄，也有伙伴形象……这些都是学生心目中的崇高榜样，灵活利用这些榜样的作用，可以有效提升感恩教育的有效性。一位教师在教学日记中写到：

最近，我在一次班会上，以介绍我国革命音乐家聂耳和冼星海的生平

① 孙美玲．论道德学习的情境支持[J]．教育探索，2008(2)．

② 陈燕华，田良臣．论情境视域中的学校道德教育[J]．教书育人，2009(2)．

③ 何远清．语文形象教育雏论[J]．教育导刊，2002(11)．

及其代表作品为内容，对学生进行了一次爱国主义教育。我先让同学们瞻仰两位革命音乐家的照片，然后讲述他们的革命经历，播放他们的代表作品。当同学们听到《义勇军进行曲》雄壮、坚毅的曲调和《黄河大合唱》气魄雄伟、热情奔放的旋律，听到那些充满爱国激情的歌词，教室里鸦雀无声。从学生凝神闪亮的眼睛里，我感受到学生内心已被两位革命音乐家炽烈的爱国主义精神所打动。这次班会的效果，远比简单的说教要好①。

上述案例中，这位教师就是有效地利用了感人的形象来达到教育学生的目标，这样的做法，在开展语文体验式感恩教育的过程中完全可以借鉴。例如，在教《慈母情深》一课时，笔者制作了多媒体课件，在唤起学生情感体验时，课件中出现了刻画母亲形象的语段："背直起来了，我的母亲。转过身来了，我的母亲。褐色的口罩上方，一对眼神疲惫的眼睛吃惊地望着我，我的母亲……"，随之呈现的是核心提问："你看到了什么样的母亲？在你的记忆中，母亲应该是什么样子的？"母亲形象的强烈对比，激发了学生强烈的情感碰撞，震撼着每个学生的心灵，掀起了巨大的情感波澜，许多孩子泪流满面、失声痛哭。

二、感恩：激情——体验

根据学生认知发展规律和感恩品质形成的规律，第二个阶段是感恩阶段。这一阶段的指导策略是抓融情点、引发学生情感共鸣和联系实际、升华疏导学生情感。

（一）抓融情点，引发学生情感共鸣

联想体验是学生由教材中道德事物的某一特征联想起与之类似的一类道德事物而产生的道德反映。课文中某一形象（即融情点）触发学生的想象后，则学生经历过的类似道德事物就会像放电影似的浮现在眼前。通过对这些想象的加工组织整理，便形成新的道德认知结构。同时每一次联想的发生都伴随着一次情绪反映。这些情绪反映随着认识的不断加

① 张嘉道．用感人的形象教育学生[J]．江苏教育，1981(7)．

深，形成较为稳定的道德情感，如满意感、光荣感、自豪感、自信感等，从而使学生的道德内化过程得以顺利地进行。为此教师就必须积极认真钻研教材，把握好认知领域、情感领域、行为领域的发展目标，仔细地挖掘教材中的情感因素，寻找学生思想内化的情感基础与教材、教师的情感融合点。在课堂上教师要放下师道尊严，可采用灵活多变的心理换位、行为换位，通过以先进典型、学生日常生活事例为线索等联想方法，揣摩教材中人物的情感、语言、动作，去点燃学生心灵的火花，逐步做到师生情感融为一体，初步构建学生的道德认知结构。

(1)回忆体验，引发情感共鸣。在教学中，唤起学生以往亲历的情感体验，进行分析，并得以升华，能自发地促使道德认识的形成。在教学《妈妈的账单》一课中，教师先回忆自己成长过程中，父母的关怀和培养当中最受感动的事例，表露出自己对父母教诲的真诚感激之情，并以一声"谢谢您，爸爸、妈妈!"引起全班学生的情绪共鸣。接着，播放录像《妈妈的好帮手》，内容为一对双胞胎姐妹关心父母，主动承担家务劳动、减轻父母负担的画面，让学生从同龄人孝敬父母的事迹联想到自己对父母的关心，体会认识到每一个人的成长都离不开父母。最后在《烛光里的妈妈》的音乐声中，让学生回忆自己成长过程中父母的关怀和培养当中最受感动的事例，讲讲想对父母说什么，想为父母做什么，并在争章卡上写下新打算。此时的学生已经有了充分的情感共鸣，都很想表达自己对父母的孝敬之心了。

(2)换位体验，引发情感共鸣。换位体验，就是让学生根据学习内容，将自己放到别人的位置上去想象体验其情感。这样无论是在心理上，还是情感上都会有很大的飞跃，可以收到将心比心的效果。在教学《学会看病》一课时，引导学生体验如果你是妈妈，你在家等的时候心里会有什么感受；如果你是孩子，看着"狠心"的妈妈，会有什么样的感受。这两个角色的体验，使学生深切地体会到母爱有多种方式，让孩子接受锻炼也是一种爱。教学《两只鸟蛋》一课，笔者在课文情节的基础上插进一个童话故事《小鸟的呻吟》，模拟鸟妈妈失去孩子时撕心裂肺的呼叫声、小鸟失去亲人时那痛苦的呻吟声和求救声……学生在教师创设的情境中流泪了。在此基础上，请同学们想一下，如果你是小鸟，你会怎么样？如果是你抓了小鸟，你会怎么做？在学生们纷纷表达自己想法的过程中，他们明白了要关爱动物，这个世界如果没有了动物，将是多么单调、多么孤独，从而产生感恩动物之情。进而知晓爱动物就应该让它们自由自在地生活在大自然当中。

(3)自主体验,引发情感共鸣。人的情感总是在一定的情境中、一定的场合下产生的,直觉的情绪体验是由于某种情境的感知而引起的。当人们进入某一种特定的情境时,便会自然而然地产生与之相伴随的情感,"感人心者莫乎于情",教师结合教材内容以"境"激情,学生能触景生情。有些课文,看起来道理似乎浅显易懂,但真要让学生说出个子丑寅卯来恐怕并非易事。针对这类课文,教师就得千方百计地使教材走进学生生活。如《借生日》一文,由学生演小云,让学生自主体验同龄人"小云"的一颗爱心,引发情感共鸣。课堂上为学生创设以下情境:如果你是小云,一觉醒来发现了布熊,心情会是怎样的?小云把生日借给妈妈之前会想些什么?小云把生日借给妈妈后,妈妈会说些什么?让学生有了初步的体验之后,思考:"爱妈妈是不是只有借生日这一种表达方式呢?"孩子们有了体验便有感而发:"我要帮助妈妈做一些家务,让妈妈歇一歇。""我要学乖一些,不让妈妈再为我担心。"爱的种子已经在孩子们的回答中悄悄发芽,这不正是本节课的教学目的所在吗?教学《小伙伴》一课,为了让学生明白伙伴的力量,可以安排一个搬讲台的活动,先让一个全班力气最大的同学搬,他使尽全身力气也搬不动,再让四名同学分别往不同的方向搬,还是搬不动,最后让四人齐心协力往同一方向搬,结果搬动了!在教学中让学生边动手参与边思考为什么。在真实有效的活动中,孩子们真正懂得了"感恩伙伴,团结互助"的道理。

(4)比较体验,引发情感共鸣。比较体验,即是让学生通过两个或两个以上的事物,也可以是人与人之间进行比较。通过比较,体验出来的情感就要更加真切、真实。每篇感恩主题课文都叙述了一个、几个小故事,或具体事例,而这些具体事例、故事中都充满着感情。教学过程中,可以通过朗读、比较,体会文中所蕴涵的思想感情。例如教学《妈妈的账单》一课,在深入剖析之后,引导学生有感情地朗读:"彼得欠她的母亲如下款项:为在她家里过的十年幸福生活0芬尼,为他十年中的吃喝0芬尼,为在他生病时的护理0芬尼,为他一直有一个慈爱的母亲0芬尼,共计:0芬尼!"通过彼得和妈妈两份账单的比较,让学生产生共鸣,感受到原来母亲为我们付出了这么多却从来不计回报。

(二)联系实际,升华疏导学生情感

感恩意识的形成是知、情、意、行的协调发展过程,其中知是基础,行是关键,但在实际行动中却存在知行脱节的现状。究其原因,很重要的一条就是导行时教师只注重应该做什么,但缺少如何才能做到的具体行为指导。这造成学生在实践中想这样做,但由于方法、情绪等多种因素未疏通而事与愿违,因此在导行中要引导学生联系自己的思想实际说实情,说出在实践中的困惑。教师对积极情感加以强化,对实践中出现的不适、消极的不良情绪加以疏导,使他们心情舒畅、充满信心地按规范的准则选择和坚持正确的行为,从而达到道德认识、情感的和谐统一。

如学《"精彩极了"和"糟糕透了"》一课,在导行时学生提出有时父母与孩子之间难以沟通,出现不适情绪,严重的甚至出现对抗的情绪。比如孩子到家想先看会儿电视,可妈妈一定要让孩子先做作业,于是冲突出现了。孩子认为先看电视再做作业是合理的要求,当这个要求得不到认同,内心就产生了委屈、懊恼情绪,轻一点的行为表现是不情愿地去做作业,严重的行为表现是出现与父母顶嘴、争吵,或者是不予理睬照旧看电视。长此以往,必将影响双方的感情,更不用谈孝敬父母了。那如何引导这种情绪呢?师生经过讨论认为应先控制自己的怒气,与父母进行谈判,以理服人。首先向父母说明先看电视的理由,然后提出解决的办法,比如先看二十分钟的电视然后马上做作业,如果做不到的话那就不看电视了。这样就能较好地引导学生情绪朝健康方向发展,化解双方的矛盾,并促使道德行为的养成。

三、报恩:拓展——导行

"知是行之始,行是知之成。""感恩"意识不可能仅仅从书本上学到,也不能仅仅停留在知恩和感恩的意识层面,而是必须要外化为学生实实在在的报恩行为。因此,开展感恩教育,必须教育孩子们从身边的小事做起,开展感恩活动进家庭、进学校、进社区活动,灵活利用各种校内外资源,定期组织孩子们参与各种社会活动,使孩子们一步一步从"思索爱"、"寻找爱"、"感受爱"、"回报爱"中深化和巩固感恩意识,促进学生思想道德素质的提高和感恩情怀的培养。

根据笔者的实践和梳理，在开展感恩教育的过程中通过布置爱心家庭作业等方式引导学生的报恩行为，是一种很好的做法。我们可以引导学生利用节假日做力所能及的家务，如打扫卫生、叠被、洗碗、洗衣物；可以开展“孝心”活动，为爸爸妈妈洗一次脚；可以开展“我为同学做一件好事”活动；可以开展“我为母校添光彩”活动（捐赠图书、粉刷学校墙壁、努力学习为母校争光）……不少家长也真切感受到孩子们的文明用语多了，学生之间的矛盾减少了，家长也普遍感到孩子“少爷”、“小姐”脾气改了不少，长大了不少，懂事多了。但在笔者看来，最终要让孩子真正领悟感恩的意义，学会感恩，不是一朝一夕能完成的，它需要长期的思想渗透，不断地通过实践参与进行强化。只有这样才能使感恩成为孩子们的自觉行为①。

那么，如何强化学生感恩意识，进而逐渐培养学生的报恩情怀呢？我们认为，最基本的策略为课后延伸。

教学空间不局限于学校和课堂，应创设条件尽可能向社会延伸。课后延伸是语文情感体验式教学不可缺少的一环。通过语文情感体验式的课堂教学，大部分学生情有所动，心有所感，已初步形成感恩意识。但是，感恩意识最终要转化为一种自觉行为，才能形成一种稳定的优秀品质。为防止孩子们“听听很激动、想想很感动、回去没行动”的现象发生，我们努力优化语文情感体验式教学的课外延伸策略，尝试以语文的方式让孩子在感动中报恩，强化孩子的感恩意识。语文情感体验式教学的课外延伸活动的基本方式有：(1)感恩语文家庭作业；(2)感恩主题征文；(3)感恩主题小报；(4)感恩故事会；(5)感恩语文综合实践活动。我们以与学生关系最密切的三大感恩主题为例，设计了以下常用的几种课外延伸方式：

主题一：感谢父母的养育之恩

A.布置爱心家庭作业。

(a)送父母一句温馨的祝福；

(b)给父母讲一个开心的故事；

(c)给父母打一次电话，送去一声问候；

(d)给父母捶捶背、搓搓手（握握手）；

---

① 陈昌华.感恩在心，报恩在行[J].江苏教育，2010(12).

(e)我为家里做四件家务：打扫卫生、叠被、洗碗、洗衣物。

B. 开展征文活动：《我的父亲母亲》、《写给父母的话》、《父母的手》、《还给父母一个吻》、《我和父母在一起》、《父母的相册》

C. 语文综合实践活动："算算亲情账，感知父母恩"

(a)将自己的学费、书杂费、生活费、交通费、零花钱等支出加起来，算出家长为自己的投资。

(b)计算学习投资的成本。

(c)假定自己毕业后的收入，计算自己大致需要多少年才能回报父母。

D. 体验教育活动：

(a)"一日护蛋"(开展"一日护蛋"活动，让每个学生上学时带一个鸡蛋，除上体育课、文体活动课以外，必须全天随身携带，放学前交流"护蛋"体验，通过这一有趣的游戏体会妈妈十月怀胎的辛苦)。

(b) 观看剖宫产手术录像(用画面直观、生动、形象地展示一位母亲勇敢地接受剖宫产手术的全过程。用真实、震撼的画面告诉学生：这就是我们的母亲。天下所有的母亲为了养育儿女都承受了巨大的痛苦与艰辛。让学生明白：创造一个生命仅仅是一个开始，要把这小小的生命培养成一个真正的人还要历尽千辛万苦)。

E. "二十四孝"故事会：

1 孝感动天；2 亲尝汤药；3 啮指痛心；4 百里负米；5 芦衣顺母；6 鹿乳奉亲；7 戏彩娱亲；8 卖身葬父；9 刻木事亲；10 行佣供母；11 怀橘遗亲；12 埋儿奉母；13 扇枕温衾；14 拾葚异器；15 涌泉跃鲤；16 闻雷泣墓；17 乳姑不怠；18 卧冰求鲤；19 恣蚊饱血；20 扼虎救父；21 哭竹生笋；22 尝粪忧心；23 弃官寻母；24 涤亲溺器。

主题二：感激老师的培育之恩

A. 演讲：《人生路上的领路人——感谢您，老师》。

B. 征文：《给老师的一封信》、《母校——我成长的摇篮》。

C. 小报比赛：《我爱我师》。

主题三：感激他人的帮助之恩

A. "我为同学做一事"。

B. "今天我值日"活动。

C. 写一篇你受挫折时接受帮助的故事。

D. 回忆对自己帮助较大、恩情较大的1—3个人，然后把他们对自己的帮助恩情通过一封信、邮件、电话、互联网等通讯工具表达你们的感恩之情。

四、施恩：内省——自觉

报恩是将感恩教育从意识转化为行为的一种有效途径，但是感恩教育所寓意的报恩，不应该是仅仅局限于一人报一人、一事报一事的简单对应，而是追求一种将爱的薪火传递的施恩行善的最高境界。通过感恩教育，我们需要让我们的学生能够在别人处于危难之际、关键时刻、困难之中的时候能够不计回报地主动帮助他人，用自己的爱心和善举回报整个人类社会。因此，感恩教育的最后一个环节，或者说最高层次的一个环节应该是引导学生施恩，通过内省和自觉，让学生的感恩之行逐渐转化成为一种稳定的优秀品质。

（一）通过内省强化施恩之心

在新课程改革的理念下，学生的主观感受越来越受到重视，在课程、教材的编排上也体现了这一点。例如，现在许多课文的表述、课后习题的编排都以第一人称"我"展开，强调"我"的内省，这就遵循了思想道德素质内化时自我生成的原则，也为感恩情怀的内省创设了良好的条件。在语文课程中，感恩教育的本质不是一套知识体系的简单建构，而应致力于道德品质、人文精神的习得和养成。因此，在教学中必须通过情景创设、实践参与、合作探究等多种形式加强学生情感、道德等的内省，使感恩教育的目标内化为一种稳定的心理品质。

促使学生内省是感恩教育目标内化为心理品质的重要桥梁，是强化学生施恩之心的重要途径，也是当今语文课程教学的一个基本要求。那么，实施情感体验式教学的过程中，应怎样真正打动学生，并促使他们自我反省、自我生成呢？

首先，内省的支点应该是坚持以人为本，加强对学生人文精神的培养。感恩情怀，需要教育，不能放任自流，但同时这一过程又是人的自觉成长的过程。因此，只有建立在自立基础上的感恩之心才是稳定的。所以必须改变过去说教式、命令式的做法，并坚持以人为本，努力构建和谐、民主的人文课堂，即尊重一切学生的个性，承认他们思想品德发展的过程性和差异性，学会赏识、尊重、关怀每一位学生。只有在这种宽松、愉悦的环境中，他们才能真正成为课堂的主体，才能加强体验，激活思维，从而成为感恩教育目标内省的主体。

其次，内省的起点应该是创设教学情景，鼓励学生参与社会实践，不断体验社会情感。感恩情怀的形成有其内在的规律，主要分为两个阶段：一是体会感恩情怀，形成个体情感意识的阶段，这一阶段是不稳定的，是一种被动地接受式的过程；二是通过感恩实践，引导学生个体化的感恩情感体验，体会社会的思想道德和价值要求，从而确立长久、稳定的个体感恩观，这一过程是稳定的、个体主动建构的过程。正如教育学家胡克英先生说：任何道德准则要内化为道德信念，必须有赖于少年儿童的直接经验及其自我体验，而这种自我体验只有在儿童主体性活动，尤其是在集体活动中才能获得。因此，感恩教育的实施过程中，要形成学生的施恩之心，就必须重视让学生参与社会实践，通过多种形式参与、体验社会生活，丰富他们的道德、情感体验，并不断总结、内省，才能实现感恩教育的最佳效果。

最后，内省的重点应该是引导学生自主学习，实现课堂教学目标的重建。学习者总是以自己的方式完成对新信息意义的建构，这种建构也是学习者主动探索、解决问题的过程。因此，教学情境的呈现不能平铺直叙，而应含有讨论、争议等意义，以激发学生探究的兴趣，并通过矛盾生成——矛盾争议——矛盾解决的自我内省的过程，实现教育目标。在语文教学渗透感恩教育的过程中，教师的教学应做到不武断、不强制、不灌输，不提倡结果性呈现，而应为学生创设适当的条件，使其产生自主教育的愿望，从而增强自主学习、自我教育（内省）的能力。

（二）通过自觉强化施恩之行

自觉，即内在自我发现、外在创新的自我解放意识，是人类在自然进化中通过内外矛盾关系发展而来的基本属性，是人的基本人格，是人一切实践行为的本质规律①，表现为对于人自我存在的必然维持、发展。只有

---

① 任海涛，魏巍. 高校德育：从自治、自律到自觉[J]. 中国青年研究，2012(7).

主动、自发、自愿的施恩行为才会使感恩教育的长效机制得以发挥，才会真正达到感恩教育的实质。在行为中体现为自己有所意识并且主动去施恩行善。培养学生的感恩自觉，是感恩教育的最高目标。

“生命自觉”是人类生命的本体特征，唯有“生命自觉”，人方以为“人”。在教育和教育学的领域和视野里，“生命自觉”主要表现为个体对生命自身的自我了解、自我领悟、自我把握与自觉实践①。培育个体生命自觉是教育的根本旨趣，是成就一个真正的觉醒人生、智慧人生的必然要求。“教育的根本旨趣在于启蒙人的自我觉醒，通过不断地启发受教育者的人生智慧，促使其努力去发展智慧的人生。”②“在教育学的理解中，每一个生命个体都具有‘生命自觉’的潜能，只是各自状态和水平有所不同。教育的宗旨就是最终要帮助个体养成生命自觉，能动、自觉地策划自身的发展，成为自己发展的主人”③，由此，在开展感恩教育的过程中，教师应该想方设法培养和提升学生的感恩自觉心，让施恩行为成为学生日常生活的一部分。具体来说，教师可以通过以下几个方面培养学生的感恩自觉：

1. 多提醒。小学生正处于生命发展的初级阶段，他们的自觉意识不够强烈。面对感恩、报恩和施恩的机会，他们未必能够及时地发现和付诸行动。在这样的情况下，教师要通过课堂教学、班会、集体活动等机会，提醒学生发现和感受周围人和世界的恩情，并采取实际行动将爱心传递。

2. 多肯定。尽管学界对于人性本善还是人性本恶的观点还存在一定的争议，但是我们相信，每一个孩子都有纯真善良的一面，他们也大都愿意在别人需要帮助的时候给别人必要的帮助。实际上，在学校之中和课堂之上，同学之间互帮互助的感人故事每天都在上演，教师应该多注意观察、发现，对好人好事及时地提出表扬和肯定，从而在班级内外创造一种互帮互助、奉献爱心的良好氛围，通过文化的熏陶作用，促进学生的感恩自觉。

3. 多联系。家庭教育是学校教育的有益补充，是培养孩子成才的必

---

① 李伟. 教育的根本使命：培育个体“生命自觉”[J]. 高等教育研究，2012(4).

② 靖国平. 教育学的智慧性格[M]. 武汉：湖北教育出版社，2004：26.

③ 李伟. 培育个体生命自觉——作为一种教育目的之追求的理论初探[D]. 华东师范大学博士论文，2008：124.

要组成部分。当前,教育领域有一种"5+2=0"的说法。实际上表征的就是学校日常的教育活动在家长的纵容之下变得低效甚至无效。在培养孩子感恩自觉之心的过程中,教师要注意与家长多多进行沟通和联系,使自己的思路和设想为家长所知晓,争取在教育学生的过程中得到家长的广泛支持。只有如此,才能真正确保感恩教育的良好成效。

4.多强化。强化理论是行为主义学习理论中的一个小原理,但却是对学校教育行为影响最深的原理之一。斯金纳认为,人的行为可以分为应答性行为和操作性行为,应答性行为是由已知的刺激引起的行为或反应;操作性行为是有机体自身发出的行为或反应。他认为人们日常生活中的大部分行为都是操作性行为。如读书写字、步行上学等。行为后果的反作用将对行为产生重要的影响,这种影响就是强化作用。他给强化下了一个操作性定义:在条件作用中,凡能使个体操作性反应的频率增加或维持的一切刺激,都是强化①。我们知道,一个行为的后果不外乎是四种:得到愉快的刺激,取消愉快的刺激,得到痛苦的刺激,取消痛苦的刺激。斯金纳把它们分别称为:正强化、负惩罚、正惩罚、负强化。这些行为后果将对行为产生不同的反作用。根据感恩教育的性质,在培养学生感恩自觉的过程中,教师应该主要采用正强化的方式。正强化是给予一个愉快的刺激,使适应性的行为能得以建立、保持和增加。也就是说,教师需要在对学生不断的肯定和鼓励之中,逐渐培养学生的感恩自觉。

第四节　语文体验式感恩教育案例

在上述理论阐述的基础上,本节笔者将着重展示几个教学课例,配以任课教师的教学反思,力求完整地展现情感体验式感恩教育模式的课堂操作过程。

---

① 徐婷婷.强化理论视角下的奖惩方式的选择[J].教书育人,2009(26).

一、《第一次抱母亲》的教学

执教者：倪静川

（一）教学实录

1. 创设情景，引发学生直觉感受

在背景音乐中，老师声情并茂地读课文。

（学生听着听着，眼泪就从脸颊滑落下来。）

2. 抓融情点，引发学生情感共鸣

（1）抓住"轻轻的"—"重担"进行教学

师：这是怎样的一位母亲呀？在母亲身上，有一对非常矛盾的特点一定拨动了你的心，到文中找一找。

生：母亲轻轻的，最重的时候只有 89 斤。但是她用 80 多斤的身体，去承受那么重的担子。

师：是啊，轻轻的母亲肩上挑的重担仅仅是那一百多斤的东西吗？你对这个"重担"是怎么理解的？

生：我的理解是，母亲不只是承受一百多斤的担子，还把我和妹妹辛辛苦苦养大。

生：还有各种各样复杂的家务劳动。

师：是啊，为了家庭，为了生活，她要做多少事情啊！

生：我们长大以后，可以干活了，但逢有重担，母亲总是叫我们放下，让她来挑。

师：你是怎么理解这句话的？

生：就是我们长大了，已经可以干活了，但是要是有重的家务劳动，或者是背重的东西，母亲还是叫我们放下，她自己来干。

师：（转向另一名同学）你呢？你是怎么理解这句话的？

生：母亲很关心我们，虽然我们可以干活了，但是母亲还是要自己干一些重活。

师：说得多好啊！这就是"重担"的含义。同学们，"乳哺三年娘受苦，移干就湿卧娘身。"说的是母亲养育儿女的艰辛，"儿病恨不将身替，调理汤药不离身。"说的是母亲在儿女生病的时候的焦虑和对儿女的照料。

“昔孟母，择邻处，子不学，断机杼。”说的是母亲为了教育子女所做出的巨大贡献。“慈母手中线，游子身上衣。临行密密缝，意恐迟迟归。”说的是母亲对远行的儿女的体贴和牵挂。同学们，母亲的重担里面装的东西实在是太多太多，母亲所挑的不是一百多斤的重担，她挑的是大半个天！同学们，当我们这样理解了“重担”的意思之后，再回过头来看前面这句话，“翻山越岭”，母亲仅仅是翻过一座座山，一道道岭吗？这个“翻山越岭”你是怎么体会的？

生：是辛辛苦苦地养育自己的儿女。

师：是啊，母亲为了家庭，为了生活，为了子女，走过多少曲折的、不平坦的道路啊！但是挑着这生活重担“翻山越岭”的是怎样瘦小的一位母亲呀！当我们这样理解“翻山越岭”的时候，当我们这样理解“重担”的时候，当我们发现母亲“竟然这么轻”的时候，我相信这一刻你的心一定被深深地刺痛了！来，一起轻声地把第二段读一读。“母亲竟然这么轻……”开始。

生：（小声读第二段）（许多孩子的眼睛里已闪动着泪花）

（2）聚焦“第一次”，想象“无数次”

师：当我第一次抱母亲时，母亲为什么流泪了？

生：我觉得母亲流的泪水是欣慰的。

生：我觉得母亲流出来的泪水是高兴的，幸福的。

生：我觉得母亲流的泪水是感动的。

生：我觉得母亲流下来的泪水是激动的。

生：我觉得母亲流下来的泪水是安详的。

师：换一个词儿——欣慰的。

生：我觉得母亲流的泪水是甜的。

师：倪老师觉得，也许母亲在回忆，“我”小时候她曾无数次这样地抱着“我”入睡。孩子们，你记得小时候妈妈是怎样抱着你的吗？

3. 联系实际，升华疏导学生情感

师：（板书“第一次”和“无数次”）作者仅仅是第一次抱母亲，母亲就那么欣慰，那么激动，那么幸福，那么甜。可是，小时候母亲却抱过我们无数次，当我们把这两个词放到一起的时候，你想到的是什么？你想说些什么？说说你最想说的一句话。

生：母爱是最伟大的。

生：谁言寸草心，报得三春晖。（掌声）

师：是啊，“谁言寸草心，报得三春晖。”让我们一起记住这句话。

生：（齐读）谁言寸草心，报得三春晖。

4. 课后延伸，强化学生感恩意识

师：当我读完这篇文章的时候，我很想做一件事——拥抱一下我亲爱的妈妈。孩子们，你又想做些什么呢？

生：我想亲亲妈妈！

生：我想和妈妈说一声，妈妈，我爱您！

生：我想和妈妈说一声，对不起，我以后要听您的话，不惹您生气了。

生：……

师：孩子们，此刻最想做的事一定不要等到明天，今天回家就去告诉妈妈，我爱她，亲亲她，抱抱她，为她泡杯茶……

（二）教师感言

先感动自己，再感动学生

——《第一次抱母亲》教学反思

我读过好多写母亲的文章，这是其中最美的一篇。

对于亿万人来说，真的如此抱母亲的孩子恐怕寥寥无几。我想这篇文章给予大家的震撼力也正在于此。

读这篇课文之前，我也思考过课题。我想这个“抱”应该是“拥抱”吧，但阅读之后，发现这个“抱”不是“拥抱”，这种“抱”我一时竟找不到什么词来表达，课文最后一段是这样写的：“我坐在床沿上，把母亲抱在怀里，就像小时候母亲无数次抱我那样。为了让母亲容易入睡，我将她轻轻地摇动。护士不忍离去，静静地站在边上看着。母亲终于闭上眼睛。我以为母亲睡着了，准备把她放到床上去。可是，我忽然看见，有两行泪水从母亲的眼角流下来……”看到这里，我的眼泪再也止不住了。

怎么学这课呢？一遍遍用心去读，我发现有两对矛盾深深地感动着我：母亲的“轻”和担子的“重”；我的“第一次抱”和母亲的“无数次抱”。这不正是天下所有母亲和孩子的真实写照吗？

怎么拨动孩子们的心弦，让孩子们心有所动、情有所感呢？我和学生，都是“妈妈的孩子”，最能打动我的，一定也是最能打动学生的！对，就从这两对矛盾入手，聚焦孩子们的认知冲突，进而引发孩子们的情感共鸣。

果然，母亲的“轻”和担子的“重”、我的“第一次抱”和母亲的“无数次抱”感动了我，也感动了所有的孩子……

仅仅让孩子们感动就够了吗？不，文而化之，导之以行！

读是最好的体验。这篇文章引导学生“读”起来，那是最好不过的了。课文中三个人的话语一次次读着，每次的感觉都不一样。

“我”说的话：

(1)我赶紧说：“妈，你别动，我来抱你。”

(2)我说：“我没想到我妈这么轻。”

(3)我说：“我以为我妈有100多斤。”

(4)我说：“如果你跟我妈生活几十年，你也会看不准的。”

(5)我说：“在我记忆中，母亲总是手里拉着我，背上背着妹妹，肩上再挑100多斤重的担子翻山越岭。这样年复一年，直到我们长大。我们长大后，可以干活了，但逢有重担，母亲总是叫我们放下，让她来挑。我一直以为母亲力大无穷，没想到她是80多斤的身体，去承受那么重的担子。”

(6)我突发奇想地说：“妈，你把我从小抱到大，我还没有好好抱过你一回呢。让我抱你入睡吧。”

护士说的话：

(1)护士在后面托了我一把，责怪说：“你使那么大劲干什么？”

(2)护士问：“你以为你妈有多重？”

(3)护士说：“亏你和你妈生活了几十年，眼力这么差。”

(4)护士问：“为什么？”

(5)护士动情地说：“大妈，你真了不起。”

(6)护士把旧床单拿走，铺上新床单，又很小心地把边边角角拉平，然后回头吩咐我：“把大妈放上去吧，轻一点。”

(7)护士说：“大妈，你就让他抱一回吧。”

母亲说的话：

(1)母亲说：“我这一生，最重的时候只有89斤。”

(2)母亲笑了笑说：“提那些事干什么？哪个母亲不是这样过来的？”

(3)母亲说：“快把我放下，别让人笑话。”

请学生也一遍遍地反复读这三个人的话，读着读着，学生就明白了一切。

“情动而辞发”是最好的内化。读了之后，让孩子们有感而发，说说自己的体会和感受，是对感动最好的内化。然后，引导他们用行动把感动延续！

《第一次抱母亲》，让我和孩子们都长大了！

二、《慈母情深》的教学

执教者：倪静川

经验性实施策略：以点带面，立体构建，心有所感，课外链接，强化体验。

【教学目标】

1. 认识3个生字。理解词语“失魂落魄”、“震耳欲聋”、“龟裂”等。

2. 有感情地朗读课文，背诵自己喜欢的段落。

3. 通过对母亲外貌、动作、语言描写的重点句、段，体会母亲的慈祥与善良和我对母亲的感激、热爱与崇敬之情。

【教学重难点】体会母亲的善良、慈祥和我对母亲的感激和热爱。

【教学课时】一课时。

（一）教学实录

1. 创设情境，导入课文

师：（板书：母）母亲，是世界上最爱我们的人，你看，她的眼里、心里只有你。今天这节课，一起来学习作家梁晓声小说中的一篇文章《慈母情深》，一起读课题，用心念。

师：读完题目，你想知道什么？预设：①这是一个怎样的母亲？②从什么事中感受了情深？

师：下面就请大家快速朗读课文，读通读顺，边读边思考：课文讲了一件什么事？（生读文）

师：谁来用最简练的话说一说？（母亲给我一元五角钱买《青年近卫军》的事。）

2. 触摸词句，体验感知——知恩

（1）学习词语，勾画母亲的形象。

师:读完课文,相信有一组词一定留在了你的脑海中,出示:

(　　　)的噪声　　　　　　　(　　　)的脊背

(　　　)的口罩　　　　　　　(　　　)的眼睛

(　　　)的毛票　　　　　　　(　　　)的手指

师:你能填吗?

(震耳欲聋)的噪声　　　　　　(极其瘦弱)的脊背

(褐色)的口罩　　　　　　　　(眼神疲惫)的眼睛

(揉得皱皱)的毛票　　　　　　(龟裂)的手指

师:我们一起来读读这些词(龟裂:因长年累月劳作而开裂)

师:大家有没有发现,后面一组词语是对人物外貌的描写。读着读着,你看到了一位怎样的母亲?让我们一起把这些词组送回到课文中,用心读一读词组所在的语段,标出感受最深的词语,用一、两个词或一句话写下自己的体会(教师示范写感受)。

(2)交流体会,感受母亲的不易。

师:谁先来说说你的感受?(学生排队展示)

预设:

①辛劳

"七八十台缝纫机发出的噪声震耳欲聋。"

师:"震耳欲聋"是什么意思?你听到过这样的噪声吗?什么感受?

师:母亲的工作环境的确很差,在梁晓声的原著中有这样一段话(补充)。

师:长期在这样的环境中工作会有什么结果?而我的母亲却天天在这样震耳欲聋的噪声中工作,孩子,你的心情如何?

师:如此辛苦的母子,一起再来念一念。

②瘦弱

"我穿过一排排缝纫机,走到那个角落,看见一个极其瘦弱的脊背弯曲着,头和缝纫机挨得很近。周围几只灯泡烤着我的脸。"

△极其瘦弱的背脊

瘦弱到了什么程度?那是谁,你知道吗?

△烤说明了什么?温度高,一天吗?两天吗?

③疲惫

出示:"背直起来了,我的母亲。转过身来了,我的母亲。褐色的口罩上方，一对眼神疲惫的眼睛吃惊地望着我，我的母亲……"

师：把你的心酸读出来。

师：读着读着，你有没有发现，这段在写法上非常奇怪，你发现了什么？

（三个"我的母亲"都放在后面，出现了三次）

师：我可不可以这样写？（我的母亲，背直起来了，转过身来了，褐色的口罩上方，一对眼神疲惫的眼睛吃惊地望着我……）

师：请你对比着读一读，体会有什么不同？（不敢相信，因为疲惫动作缓慢，一遍又一遍）

师：请大家闭上眼睛，听我读，用心想象，你看到了什么？

师：引读，"背直起来了……"不对呀，这不是我母亲的背呀！在我的记忆中，我母亲的背应该是怎样的？我不敢相信，但这的的确确就是母亲的背呀！你的心情如何？来，读第一句。

师："转过身来了……"你看到了怎样的脸？不对呀，这不是我母亲的脸呀！在我的记忆中，我母亲的脸可是怎样的？可是，眼前这憔悴的脸就是母亲的脸呀！你难受吗？来，读第二句。

师："在褐色的口罩上方……"你看到了怎样的眼睛？可是在我的记忆中，母亲的眼睛是怎样的呀？此刻，你什么感受？读第三句。

师：同学们，你们发现了吗？有时候，一句话、一个词在文中的反复出现，反复强调，有时能增强感人的力量，一起来读一读（合作读）

师：像这样的句式，文中还有吗？

"母亲说完，立刻又坐下去，立刻又弯曲了背，立刻又将头俯在缝纫机板上了，立刻又陷入了忙碌……"

师：哪一个词不断地刺激着你？"立刻"。立刻有没有近义词？说出几个。既然有这么多近义词，完全可以这样写呀。请你读一读。出示：

"母亲说完。连忙又坐了下去，赶紧又弯曲了背，迅速又将头俯在缝纫机板上了，马上又陷入了忙碌……"

师：这样写多好呀，不重复，显得有变化，可是作者为什么不这样写呢？请你细细地品味一下，你有什么感受？

预设：第一句感觉更快，感觉更忙碌。（板书：忙碌）

师：母亲为什么如此的辛劳，如此的忙碌呢？你能从文中找到答案吗？

3. 补充材料，体会伟大——感恩

师：就是这样一位辛劳、忙碌的母亲（补充材料）

母亲是位临时工……父亲到遥远的大西北去了。我们五个孩子，全靠母亲一人养活。为了每月 27 元的工资，她每天天不亮就起床，从来不吃早饭，带上半盒生高粱米或大饼子，悄无声息地离开家。上班的地方离家很远，母亲从不舍得花五分钱乘车。

——节选自《母亲》

师：就是这样一位辛劳、穷苦、节俭的母亲，当听说我向她要钱买书时，她又是怎么说，怎么做呢？圈出动作，划出语言，写下感受。

交流预设：

语段一：

母亲大声问："你来干什么？"

"我……"

"有事快说，别耽误妈干活！"

"我……要钱……"

我本已不想说出"要钱"两个字，可是竟然说出来了！

"要钱干什么？"

"买书……"

"多少钱？"

"一元五角……"

(1)读：师读"我"，生读妈。

(2)你发现了什么？（聪明的孩子，善于从每个细节中发现秘密.语言\动作；母亲是如此的毫不犹豫）

语段二：

母亲却已将钱塞在我手心里了，大声对那个女人说："我挺高兴他爱看书的！"

当旁边的一位母亲阻止她的时候，母亲只说了一句话：________

从这些语言中，（板书：语言）你又感受到了这是一位（　　）的母亲？

(3)看看这位伟大的母亲是怎么做的？

母亲掏衣兜，掏出一卷揉得皱皱的毛票，用龟裂的手指数着。

母亲却已将钱塞在我手心里了，大声对那个女人说："我挺高兴他爱看书的！"

掏，数，塞

师：你能给塞换个词吗？为什么不是“放”？

4. 心有所感，练笔内化

师：这“一塞”怎能不让我鼻子一酸？

出示导语：那一天我第一次发现，母亲原来是那么瘦小！那一天我第一次觉得自己长大了，应该是个大人了。

我鼻子一酸，攥着钱跑了出去，我的心里有千言万语想对母亲说：“妈妈，________；妈妈，________；妈妈，________。”

师：此刻，我心里有千言万语想对母亲说，来，拿起笔，学着这节课刚学的反复强调的方法，写下你的心里话。

（学生交流）

师：这一塞，塞出了什么呢？（对“我”的爱，对“我”的期望，慈母情深）

5. 联系实际，拓展导行。——报恩

师：正是这样一位母亲，用她的深情，感化了她的孩子，成就了她的孩子，出示资料：

作者简介：

梁晓声，中国著名作家。1979 年开始发表作品，著有短篇小说集《天若有情》《白桦树皮灯罩》《死神》，中篇小说集《人间烟火》，长篇小说《浮城》《一个红卫兵的自白》《从复旦到北影》《雪城》等。近年发表有长篇小说《生非》，其短篇小说《这是一片神奇的土地》《父亲》及中篇小说《今夜有暴风雪》分获全国优秀小说奖。

师：他出了很多的小说集，其中有一本名字就叫《母亲》。孩子们，其实，天下妈妈何尝不是一个样的呢？关键是我们要像作家一样用心去观察，用心去体会。课后请同学们完成：

(1)阅读歌曲《母亲》的歌词、诗歌《纸船——寄母亲》和其他描写母爱的文章，谈谈日常生活中母亲关爱自己的小事，表达热爱母亲的感情。（说恩）

(2)观察自己母亲的外貌和言行举止，体会母亲对我们的爱，抓住感人的细节写一个片段。（写恩）

（二）教学反思

《慈母情深》这篇课文不唯美，不矫情，似乎是从最平凡不过的生活小事中信手拈来，用朴素而又平实的语言，写出一份人间挚情。可正是因为这份平凡和真实深深地感动了我和孩子们。

这是一篇略读课文，虽说课文篇幅不是很长，但其间的描写却有非常多的感人之处，需要引导学生用心体会，所以在教学中我把重点放在有效地引导学生的感知、体验、品悟、朗读、内化。

1. 读中悟情

教学中，我始终紧紧抓住情感线展开学习。用“你看到了一位怎样的母亲”来统领教学。引导学生朗读课文，品味语言，说出自己的独特感悟。在教学中我找了三个句子与学生共同交流。

“背直起来了，我的母亲。转过身来了，我的母亲。褐色的口罩上方，一对眼神疲惫的眼睛吃惊地望着我，我的母亲……”

“母亲说完，立刻又坐了下去，立刻又弯曲了背，立刻又将头俯在缝纫机板上了，立刻又陷入了忙碌……”

“母亲却已将钱塞在我的手心里了，大声对那个女人说：‘我挺高兴他爱看书的！’”

在这三个句子中，我引导学生深入咀嚼重点词语，如关注：三个“我的母亲”、四个“立刻”等重点词，使学生在品悟语言情味的同时，也品味作者遣词造句的独特。在回环复沓、逐层推进的朗读中，将人的情感一层一层推向高潮，使学生的理解得以透彻，感受得以深化，情感得以升华。

2. 情境体验

课文向我们展现了一个昏暗、拥挤、嘈杂的环境，刻画了一位质朴、瘦弱、无私的母亲。这样的情境描写，正是作者表现文本内涵的凭借。在教学中，教师要先于学生“身临其境”、“先为所动”。然后引导学生走入情境，如此才能实现师生与文本对话，与作者对话，与这位母亲对话，使文本更显厚实，更具质感。在教学中我引导学生展开想象，说说你看到了一个怎样的背，说说母亲的背原来是怎样？而现在是……你看到一张怎样的脸，母亲的脸曾经是怎样？你看到一双怎样的眼睛，母亲的眼睛曾经是怎样的？这些都是对作者在文本中所展现的情境的一种体验，在学生的解读感悟过程中，使学生的情感得到升华。

3. 读写传情

读懂课文，阅读教学只完成了一半，让学生把对课文的理解说出来或是写出来，才是真正完成阅读教学的任务，学生写出来，才能使感受外化、思想内化。前面的朗读教学已经营造了强烈的情绪场，为读写互动蓄好了势。因此，在教学最后引导学生写下我想对母亲说的话，这样的练笔水到渠成，学生笔下流淌的不仅仅是“我”对母亲的诉说，更是孩子们对母爱的重新认识。

三、《地震中的父与子》的教学

执教者：倪静川

经验性实施策略：联系生活，直奔主题，情感升华，形成体验，强化意识。

【教材简析】《地震中的父与子》讲述的是美国洛杉矶发生大地震时，一位父亲经过近39小时的挖掘，终于救出了儿子的感人故事。父亲和孩子的爱与信念，创造了生命的奇迹。作者抓住父亲的外貌、语言、动作进行描写，刻画了一位伟大父亲的形象，谱写了一首父爱的颂歌。

【设计思路】本节课主要引导学生充分感悟父与子的“了不起”，在读中悟情，在想象中悟形，在回味中悟神。抓住父亲的外貌、语言、动作，体会父亲和孩子之间爱与信念的力量。

【教学目标】

1. 从课文的具体描述中感受父亲对儿子的爱以及儿子从父亲身上汲取的力量。感悟父与子的“了不起”。感受坚定的信念与爱的传递创造了生命的奇迹。

2. 初步感受作者借人物外貌、语言的描写刻画人物形象的表达方式。有感情地朗读课文。

（一）教学实录

第一课时（详案）

一、情境导入：几组数据，一段视频

师：（板书：地震）地震，陌生而又熟悉，关于地震，你知道些什么？

师：近几年来，这个词语频繁地出现在我们的耳边。请看——

2011年3月11日，日本发生9.0级地震，地震引发强烈海啸，造成13000多人死亡，15000多人失踪；

2010年2月27日，智利发生8.8级地震，造成近800人死亡；

2010年1月12日，海地发生7.3级地震，造成10000人死亡；

2009年9月30日，印尼发生里氏7.9级地震，死亡人数超过5000……

师：2008年5月12日，下午2点28分，中国，四川发生8.0级大地震，请看一段录像。5.12地震造成了6.9万多人死亡，37万多人受伤，无数家园消失、多少人妻离子散。

师：有一年，美国洛杉矶也发生了一次大地震，30万人在不到四分钟的时间里受到了不同程度的伤害。然而，有一对父子却创造了一段生命的奇迹。这个故事就记录在我们的这篇课文里。请大家齐读课题。

（齐读）地震中的父与子。

二、初读感知：两个句子，几个词语

师：这是一场怎样的地震？在这场地震中，父亲和儿子之间又发生了一件什么事？请同学们把书翻开——

（一）自由读课文，要求

1.自由读课文，读准字音，读通课文。

2.思考：这是一场怎样的地震？课文讲了一件什么事？

（二）反馈交流

1.这是一场怎样的地震？你从哪儿看出来的？

预设：这是一场（突如其来、严重、破坏性很大）的大地震。

（读）"1989年，美国洛杉矶发生大地震，30万人在不到四分钟的时间里受到了不同程度的伤害。"

师：30万人，不到四分钟，两个数字就诠释了什么是灾难。请你再读读这个句子。

（读）"那个昔日充满孩子们欢声笑语的漂亮的三层教学楼，已变成一片废墟。"

师：昔日是一片欢声笑语，如今是一片废墟。这就是大地震带给我们的惨烈对比。请大家再读读这个句子。

生齐读。

2.检查生词。

大地震给人们带来了巨大的灾难，老师带来了一组地震后拍下来的图片，请看。

地震引发火光冲天的——（爆炸）

房屋塌陷，遍地是——（瓦砾）

昔日美丽的家园变成一片——（废墟）

出示本课的生字、新词：

废墟　　爆炸　　瓦砾

洛杉矶　昔日　　砸

师：这一课的生字中还有一个，我们要念准平舌音——（砸）

师：让我们一起来读一读。

生齐读课件中的生字词语。

3.整体感知。

师：两个句子，几个词语就在我们的脑海中再现了这场毁灭性的灾难，这就是语言的张力。在这样的一场大地震中，父与子之间发生了一件什么事呢？

课文讲述的是1989年美国洛杉矶大地震中，一位父亲冒着危险，抱着坚定信念，不顾劝阻，历经艰辛，经过近39小时的挖掘，终于在废墟中救出儿子和另外14个同学的故事。

师：说得清楚明白。老师给你一个建议，假如能够再加上时间、地点、事情的起因，就更好了，谁愿意再来试一试。

三、再读课文：一个中心，两个基本点——触摸"父子之形象"

师：正如大家刚才所说的这样，这对父与子共同创造了生命的奇迹。请同学们快速地浏览课文，看看课文中是怎么评价这一对父子的？

学生默读课文。

交流。

出示：这对了不起的父与子，无比幸福地紧紧拥抱在一起。

师：能用句中的一个词来评价吗？

（提炼关键词"了不起"，板书"了不起"。）

四、精读悟情：几个对比，一幅画面——感受"父亲之伟大"

师：了不起的父亲，了不起的儿子。这节课，让我们先走近这位了不起的父亲。请同学们默读课文1—12自然段，找一找，哪些语句让你读出了父亲的了不起，画下来，用一两个词写下你的感受。开始！

（学生默读课文，圈点批注，教师巡视。）

师：咱们来交流交流。你从哪些语句中读出了父亲的了不起？

（一）几个对比

“在混乱中，一位年轻的父亲安顿好受伤的妻子，冲向他7岁的儿子的学校。”

“他顿时感到眼前一片漆黑，大喊：‘阿曼达，我的儿子！’”

“他坚定地站起身，向那片废墟走去。”

“就在他挖掘的时候，不断有孩子的父母急匆匆地赶来。看到这片废墟后，他们痛哭并大喊：‘我的儿子！’‘我的女儿！’哭喊过后，便绝望地离开了。”

1. 这位父亲和其他父母的表现哪些是一样的？你发现了吗？

冲——急匆匆地赶来　大喊——痛哭并大喊

师：可见所有的父母都深深地爱着孩子，所以，当得知孩子被埋的消息后，(读)他们——，他们——。(读出父母们的悲痛欲绝)

2. 这位父亲和其他父母的表现又有什么不一样？

“他坚定地站起身，向那片废墟走去。”——“哭喊过后，便绝望地离开了。”

3. 读到这里，你有什么疑问吗？

师：同样作为孩子的父母，为什么在痛哭流涕之后别的孩子的父母就离开了，而阿曼达的父亲却向废墟走去呢？

出示：“不论发生了什么，我总会和你在一起！”读——

师：正是这样一句朴实无华的话语造就了一个父亲有别于他人的选择。

(二)一幅画面

1. 聚焦“一个场景”——人物动作

显示：“他挖了8小时，12小时，24小时，36小时，没人再来阻挡他。”

师：有哪些同学都画下了这个句子。全班齐读。

(1)品读一组数字

师：“8小时，12小时，24小时，36小时”，在这句话中，作者罗列了一组数字，你从这一组数字中读懂了什么？(挖的时间长)

师：36小时有多长？(2160分钟，两天一夜，整整54节课呀！)

师：那么我可不可以这样写——请你读读这两句，比较哪一句表达的效果更好。

出示：

他挖了36小时，没人再来阻挡他。

他挖了 8 小时，12 小时，24 小时，36 小时，没人再来阻挡他。

预设：第二句更能突出时间的漫长与艰难。

师：你会怎样去读这组词，来凸显时间的漫长与艰难呢？带着各自的体会，反复读读这句话。

交流：你想怎么读的？来试一试！

(2)品悟一个"挖"字

师：在这漫长的 36 小时里，父亲在做什么？挖！

师：在父亲挖掘儿子的时候，可能会有哪些动作？(掰、抱、拣、扛、推，他可能会掏，会搬，会刨，可能还会扔)

师：可是，这么多动作，作者只用了一个"挖"字，你能读懂作者的心吗？为什么就只写一个"挖"字？

师：一个简简单单的"挖"字背后，一个平平常常的动作背后，(板书：动作)是一位父亲了不起的执著与坚持。一个"挖"字，让我们再次见证了文字的魅力。让我们定格这个"挖"字，读好这个"挖"字。(学生读)

36 小时不停地挖，你累吗？您为什么不停下来歇一歇？(指名说)

你渴吗？您为什么不停下来喝口水？

你饿吗？您为什么不停下来吃点东西？

师：在父亲的脑中回旋着一句话——"不论发生了什么，我总会和你在一起！"

在父亲的心中有一个不灭的信念——"不论发生了什么，我总会和你在一起！"

当你体会到这些时，你又会怎么读这段话呢？

2.解读"一句话"——人物语言

(1)……没人再来阻挡他。难道从来没人阻挡过他吗？到文中找找看，哪些人曾经阻挡、劝说过他？做上记号。

有些人上来拉住这位父亲，说："太晚了，没有希望了。"

这位父亲双眼直直地看着这些好心人，问道："谁愿意帮助我？"

救火队长挡住他："太危险了，随时可能发生大爆炸，请你离开。"

这位父亲问："你是不是来帮助我？"

警察走过来："你很难过，我能理解，可这样做，对你自己、对他人都有危险，马上回家吧。"

"你是不是来帮助我？"

“人们摇头叹息地走开了，都认为这位父亲因为失去孩子过于悲痛，而精神失常了。”

师：都有哪些人劝说过父亲？（路过的人、消防队长、还有警察）

师：他们分别是怎么劝的？（请生读）

师：面对他们的劝阻，父亲的回应是这样的三句话。（课件显红）请同学们再读读这三句话，你有什么发现？

“谁愿意帮助我？”

“你是不是来帮助我？”

“你是不是来帮助我？”

师：父亲在说这看似一样的三句话时，心情是一样的吗？请你自己再去读一读，体会体会。

师：从父亲这三句简简单单的问话中，我们读出了他的恳求，他的急切，他的失望，他的崩溃，他的……就让我们把体会送进这段话，我们一块儿再来读一读。老师和大家合作，就请你们读父亲的三句问话。

师：（引读）当有些人走上前来劝说父亲，父亲是双眼直直地看着这些好心人，恳求地问——

师：（引读）当消防队长出现在父亲面前，父亲觉得自己的儿子有获救的希望了，于是他急切地问——

师：（引读）警察走上前来，要父亲马上回家。父亲简直要崩溃了，于是他问道——

（2）透过这简单而重复的语言，（板书：语言）让我们不得不再一次感叹，这是一位——了不起的父亲。

（3）面对众人的劝阻，你为什么不离开？

师：是啊，他一心想的是救儿子，说的是救儿子，做的也是救儿子。到底是什么力量促使他如此的执著呢？

出示：“不论发生了什么，我总会和你在一起！”读——

（4）他忍受着别人的误解，承受着身体的极限，坚持做着同一件事情，当你体会到这些时，你又会如何去读这位父亲的呢？

3.定格“一个形象”——人物外貌

师：36小时过后，我们看到的是这样一位父亲。读。（出示课文片断）

“他满脸灰尘，双眼布满血丝，衣服破烂不堪，到处都是血迹。”

(1)他为什么会成这样子,在这36个小时里,他可能有哪些遭遇呢?

想象:他挖呀挖呀,________他满脸灰尘,双眼布满血丝,衣服破烂不堪,到处都是血迹。

预设:划破了手;被石头砸伤了;余震袭来……他放弃了吗?他停止了吗?他绝望了吗?

(2)是呀,(播放视频)画外音:36小时,他也许目睹了太多的生离死别;36小时,他也许承受了巨大伤痛;36小时,他也许挖到了一只书包,一只冰冷的小手。他承受着身体与心灵的双重折磨,一直不停地挖着……

师:36个小时过去了,让我们一起再来看看这位父亲的样子,你读——

师:在这简洁而深刻的外貌描写中,这位了不起的父亲形象已经在我们的心中定格,(板书:形象)齐读——

4.进行"一次体验"——心理补白

师:挖掘已经进行了36个小时,可是儿子还生死未卜。如果你就是阿曼达的父亲,此时你会对着埋在地下的儿子,自己深深爱着的儿子,说点什么呢?请你将泪水凝聚在笔端,把你最想说的写下来。(配乐)

师:是啊,正是这句话,让这位伟大的父亲不眠不休、不离不弃36个小时坚持做着同一件事。

当他累了,困了,饿了,快要倒下时,给他力量的是这句话——

当人们劝他放弃时,回响在身边的依然是这句话——

当他挖到一只书包,一只冰冷的小手悲痛欲绝,濒临崩溃绝望时,支撑他的还是这句话——

5.吟诵"一首诗篇"——情感升华

师:此刻,我想,呈现在我们面前的不仅仅是一段文字了,而是一位父亲用他的爱心、他的信念、他的双手谱写的诗篇。(出示)

全体起立,让我们一起深情地朗诵这首感天动地的诗篇。

五、总结拓展:一个主题,几个片段——感悟"父爱"

拓展(机动)。

同学们,这节课我们通过对父亲动作、语言、外貌的描写,认识了一位了不起的父亲,发现了他深埋心底的父爱。孩子们,父爱还存在于许多不朽的名著、经典中,比如:《温暖我一生的冰灯》、朱自清的《背影》等等,老师推荐大家课后去看看。

八岁那一年的春节，我要父亲给我做一个灯笼。因为在乡下老家，孩子们有提着灯笼走街串巷过年的习俗。大约是年三十的早上，我醒得很早，只见父亲在离炕不远的地方，手里托着块冰坨子，打磨着，姿势很像是在洗碗。每打磨一阵，他就停下来，把双手放在自己的脖子上暖和一会儿。哦，父亲是想把这块冰坨子打磨成一个冰罩，给我做冰灯呢！要知道，这可是在滴水成冰的寒冬夜啊！我望着父亲，眼泪情不自禁地涌出了眼眶。——《温暖我一生的冰灯》

我说道，“爸爸，你走吧。”他望车外看了看，说，“我买几个橘子去。你就在此地，不要走动。”我看那边月台的栅栏外有几个卖东西的等着顾客。走到那边月台，须穿过铁道，须跳下去又爬上去。父亲是一个胖子，走过去自然要费事些。我本来要去的，他不肯，只好让他去。我看见他戴着黑布小帽，穿着黑布大马褂，深青布棉袍，蹒跚地走到铁道边，慢慢探身下去，尚不大难。可是他穿过铁道，要爬上那边月台，就不容易了。他用两手攀着上面，两脚再向上缩；他肥胖的身子向左微倾，显出努力的样子。这时我看见他的背影，我的泪很快地流下来了。我赶紧拭干了泪，怕他看见，也怕别人看见。我再向外看时，他已抱了朱红的橘子往回走了。过铁道时，他先将橘子散放在地上，自己慢慢爬下，再抱起橘子走。到这边时，我赶紧去搀他。他和我走到车上，将橘子一股脑儿放在我的皮大衣上。于是扑扑衣上的泥土，心里很轻松似的，过一会说，“我走了；到那边来信！”我望着他走出去。他走了几步，回过头看见我，说，“进去吧，里边没人。”等他的背影混入来来往往的人里，再找不着了，我便进来坐下，我的眼泪又来了。——朱自清《背影》

在大灾大难面前不离不弃是一种爱，其实，父爱还藏在我们生活的点点滴滴中，让我们用心去体会，去感受，去珍惜。下课。下节课，让我们继续走进课文，看看这位了不起的父亲，又有着一位怎样了不起的儿子。

第二课时(简案)

(一)简单回顾，直奔主题。

1 回顾第一课时内容，直入教学支撑点：父亲——孩子 (了不起)

(二)聚焦儿子，体会“子”的了不起。

1. 感受儿子“让”的不简单，寻找力量源泉。

2. 想象填白，体会儿子“等”的不容易。

(三)紧扣“奇迹”，回应主题。

(四)情感升华,渗透感恩教育。

板书:

(二)教学反思

《地震中的父与子》是人教版义务教育课程标准实验教材第九册第六单元的一篇精读课文。讲述的是1989年美国洛杉矶发生大地震时,一位年轻的父亲在废墟中经过38小时的挖掘,终于救出儿子和儿子同伴的传奇而感人的故事。描写具体、情感真挚是本篇课文的主要特点。作者抓住父亲的外貌、语言、动作进行描写,刻画了一位伟大父亲的形象,谱写了一首父爱的颂歌。父亲因为有爱,坚持了38个小时不吃不喝、不休不眠地挖掘,终于救出了儿子;儿子因为有爱,在黑暗的废墟下,同样坚持了38个小时,终于迎来了父亲救助的时刻。爱与信念,创造了生命的奇迹。本节课我主要引导学生潜心钻研文本,充分感悟,在读中悟情,在想象中悟形,在回味中悟神。在听、说、读、写中落实语文工具性和人文性的统一。

《地震中的父与子》是一篇震撼人心、情感性很强的文章。但文章的内容与学生的生活有一定距离,生离死别的痛苦学生很少有体验。文章值得推敲的句段很多,人物的心理变化较复杂。为了让学生在有限的时间里入情入境,情有所动,理有所悟,我选择了"一个中心""两个基本点"的教学策略,择取文章精华,删繁就简,引领学生潜心会文,透视人物内心世界,感悟人物坚定信念,提升人物饱满形象,引领孩子们感动于字里行间。

1. 抓文眼,删繁就简

这篇文章中,坚定的父亲和勇敢的儿子给学生留下了难以磨灭的印象。可是,高年级的文章这么长,时间又有限制,如何才能做到长文短教呢?我细细分析,决定抓住"一个中心,两个突破点"整体规划全文教学。这个中心线索就是父与子始终信守的诺言、毫不动摇的信念:"不论发生了什么，我总会跟你在一起！”两个突破点就是“父亲的了不起”和“儿子的了不起”。这是文章的精华所在！把这两个点拿出来，以点带面，在这两个点上把朗读、感受、体验、想象、情感的升华结合起来，反复诵读、反复叩问、反复感悟，使其发挥牵一发而动全身的功效。

文中的父亲用自己的行动谱写了一首爱的颂歌。文中有三个描写父亲的场景感天动地：第一个是他悲痛欲绝，但重新挺立的场景；第二个是许多人劝他别挖，但他不听劝的场景；第三个是他孤军作战，伤痕累累的场景。仔细研读，不难发现第三个场景是最令人刻骨铭心。“他挖了8小时、12小时、24小时、36小时，没人再来阻挡他。他满脸灰尘，双眼布满血丝，衣服破烂不堪，到处都是血迹。”所以，在教学时，我紧紧抓住了第三幅画面，因为这段话具有很强的感染力、震撼力和辐射力，由这一片段完全可以辐射前面父亲在绝望中重新挺立，人们再三劝阻但父亲依然坚持的场景，从中还能体味到父亲承受着肉体和精神的双重压力以及父亲绝不放弃的信念。

同样，文中的孩子阿曼达也有非常了不起的举动，看似简简单单的一“让”，“让”得感人肺腑。这一“让”，不仅让出了小小年纪的勇敢、让出了对他人的关爱、让出了父子血浓于水的亲情，更让出了一种难能可贵的信念。这一“让”精巧地将父子重逢，相互对话的情景统领起来。

在整个教学中，我抓住“父亲爱的了不起”和“儿子让的了不起”这两个文眼折射全文的语段，努力做到“一线串珠”，“前后呼应”，在承上启下处反复回扣中心句“不论发生了什么，我总会跟你在一起！”努力在立体多维式的建构中体现阅读的整体性，提升阅读的品质。

2. 潜入文本，充分体验

什么叫体验，最简单的说法就是情有所感，理有所悟。感是悟的基础，悟是感的水到渠成后的自然生成。重体验的课堂首先是有情的课堂，有情的震撼。这个情的基点就在于文本，所以我们不能脱离文本。必须引导学生不断地扣问文本，品味语言，与文本展开充分的对话，由此产生情感的共鸣。比如说，我在引导学生感受父亲的了不起的片段，我就层层推进。“他挖了8小时、12小时、24小时、36小时，没人再来阻挡他。他满脸灰尘，双眼布满血丝，衣服破烂不堪，到处都是血迹。”先指导学生从时间上读出父亲的劳累；再接着从父亲的形象上读出他沉甸甸的爱和肉体的痛苦；继而在体验父亲内心的孤独与苦闷；最后探究父亲的精神支柱，读出伟大形象。学生在立体推进的朗读过程中，与主人公共同体验，共同感受，他们的心灵受到熏陶，从而实现文本的教学目的，感受文本的强烈震撼。

同时，我尽量让学生在课堂上有充分的时间读书，有足够的空间思考，有较多的机会进行言语实践。让学生在情感得到激荡的同时品味语言、积累语言。句子诵读扎实了，情感自然也淋漓尽致了。

3. 听说读写，融为一体

情感体验式课堂，语文的工具性同样不能背弃。我觉得再精彩的课堂如果没有听说读写这个基石，也就成为空中楼阁，课的质量也会或多或少受到影响。面对不同的课文，我们都应该寻找人文精神与语言训练的契合点，把听说读写扎扎实实列到课中。

在这节课中，我引入“听说练习”：请学生想象，在漫长的36小时里究竟会发生怎样触目惊心的场面？父亲怎么会变得伤痕累累、憔悴不堪？还设计了“想象写话”：漫长的30多个小时里，阿曼达在漆黑的废墟下会想些什么，说些什么？“吟诵练笔”：用一句话、甚至一个符号表达你心里最深刻的感受。这些环节的设计，都是想通过不同角度、不同训练点、不同教学方式帮助学生在具体的语言环境中得到人文熏陶和语言训练。

我认为语文学习不能游离于语言文字的品析运用之外，要书声琅琅，也要静思默读，还要妙笔生花。学生在探究的过程中，紧抠重点词、关键句，反复读，慢慢嚼，细细品，深深悟，用心写。让理性的语言伴随感性的形象深深扎根到学生精神世界中。尊重学生个性体验，做到情中有理，理中有情。达到以训练促人文，以人文促积淀的佳境。

四、《浅水洼里的小鱼》的教学

执教者：倪静川

第一课时

【教学目标】

1. 读准本课的会认字，识记“至”、“死”、“久”、“粒”四个会写字，并能够正确书写。

2. 通过对“困”的逐步理解，初步懂得同样的字词在不同语境中有不同的意思，渗透用字典的方法。

3. 重点学习第一自然段中“用不了多久，水洼里的水就会被沙粒吸干，被太阳蒸干，小鱼都会干死”一句，通过实验、“蒸”字的动画演示、想象说话等感受小鱼的困境，产生对小鱼的同情。

4. 适度渗透珍爱生命、感恩自然的意识。

(一)教学实录

1. 图片导入，以境激情

1. 上课前我们先来看一组图片：播放各种鱼儿在大海里自由生活的图片。

师：刚才你看到了什么？

2. 引题：大海是鱼儿们温暖的家，鱼儿们在海里幸福地生活。然而，并不是所有的鱼儿都能这么幸运。每当大海涨潮的时候，总有许许多多的小鱼(板书小鱼)会被带到沙滩上，当退潮的时候，有的能重回大海，有的就只能孤零零地留在沙滩上的浅水洼里(板书浅水洼里)而回不了大海。

3. 理解“浅水洼”，板画一个一个“浅水洼”。

师：孩子们，你们知道浅水洼吗？

师：洼，指一些低下去、凹下去的地方(画出)，这些低下去的地方有一点点水，咱们就把它叫做——浅水洼。

师：在涨潮的时候，沙滩上就会留下一个一个这样的浅水洼。(又接着在黑板上画了)，这节课我们就一起去看看那些被留在浅水洼里的小鱼。一起读课题。(生齐读)

师：念得很好，注意“里”要读轻声。

(再次范读，生跟读)

2. 读文识字，整体感知

师：咱们把书翻到132页，在读课文之前，老师想先问问大家，咱们在第一次读课文时一般给自己提怎样的要求？

师：作为二年级的小朋友，老师给大家的要求不高，第一次读咱们做到这两个字“正确”。把每个字的字音读准确，还要把每句话读通顺。

1. 学生自由读

2. 学习“甚至”和“蒸死”

师：这篇课文的生字不多，也不难记。可是，要把它读准了却不容易。老师先请出两个音节——(大屏幕出示“shèn zhēng”)谁能来拼一拼？

师:他已经注意到了,要注意区分什么?

师:两个都是翘舌音。第一个是前鼻音,第二个是后鼻音。咱们浙江人学普通话特别要注意区分前、后鼻音。你再来。

师:你做小老师带着大家读

师:这两个音节请出了这两个生字,(大屏幕出示"甚"和"蒸")谁能把它读准了?

师:除了要注意前后鼻音读准,也还要注意把平、翘舌音读准。出示"至""死"谁来?

师:大家发现了吗?刚才读的四个字正好可以组成这两个词(大屏幕出示"甚至"和"蒸死")谁来念念?

师:你一个一个读得挺好的,但是每个词语都是有味道的,你能读出词语的味道吗?来试一试!(师范读,生跟读)

3.学读词语"在乎"、"念叨"

师:请继续读生字(认读:"乎"、"叨")

师:组成了词,你还会念吗?(认读"在乎"、"念叨")

师:有不同的意见吗?

师:念错了不要紧,因为这两个词我们是第一次接触,"乎"和"叨"在这两个词语里,都念轻声。(师范读,生跟读)

4.复现巩固所有词语

师:刚才在拼音的提示下,我们把生字读准了,现在去掉拼音,你还能认读吗,一起来试一试!(出示小鱼形状的生字卡片)生齐读"甚至"。

师:读得真好(把小鱼卡片贴到了黑板上的浅水洼里,又出示了其他词语,并同样贴到了黑板上)。

3.精读课文,体会困境

1.抓"困"字体会小鱼的困境

师:孩子们,这就是小鱼被冲上沙滩,困在浅水洼里的情形,课文是怎样写的呢?请你认真读一读第一自然段,哪个句子打动了你,用波浪线画下来。(学生交流)

老师把这几个句子打在大屏幕上。大家一起来读一读。

出示句子:"它们被困在水洼里,回不了大海了。被困的小鱼,也许有几百条,甚至有几千条。"

(1)体会鱼多

师:谁来读一读第一个句子?(生读)

师:被困在水洼里的小鱼,有多少?

师:有几百条,甚至有几千条,作者用了一个“甚至”把几百条和几千条连接了起来,写出了被困的小鱼有很多很多。谁再来读一读?

师:我听出来了,被困的小鱼真的有很多很多。如果在这个地方语速越来越快,语调越来越高,就更棒了!(师范读,学生齐读)

师:这么多的小鱼,你能用上一个词语来表达吗?口头填空:

被困的小鱼(　　　　　)。

(预设:许许多多、数也数不清、成百上千、不计其数、成千上万、数不胜数)

师:(许许多多、数也数不清、成百上千、成千上万、不计其数、数不胜数)的小鱼被困在水洼里,回不了大海了。

(2)体会困境

(出示句子:它们被困在水洼里,回不了大海了)

句中的“困”字我们在第五课中学过的,当时课文是这样写的:

(出示句子:夜深了,星星困得眨眼。)

师:星星困得眨眼,这个“困”是什么意思?

师:孩子们,咱们一起来看,字典中就有这样的解释“疲乏困倦”,就是你们认为累了的意思。那咱们再来读读课文中的这句话。

师:小鱼困在水洼里,是指小鱼想在水洼里睡觉吗?这个“困”又是什么意思?

师:字典中就有一个解释“包围”,那小鱼是被什么包围了呢?

2.抓“蒸”字体会小鱼的险境。

师:孩子们,被困的小鱼仅仅是被水洼包围吗,他们还将面临怎样的危险?请你回到课文,再次认真地去读读第一自然段。

师:找找它们会遇到哪些危险?

出示句子:“用不了多久,浅水洼里的水就会被沙粒吸干,被太阳蒸干。这些小鱼都会干死。”

师:谁能正确地读读这个句子,这可是一个长句子。

师:小鱼面临着怎样的危险?拿起笔来圈一圈。(吸干,蒸干,干死)

(1)“蒸”

师:“蒸”是我们刚才学过的一个生字。大家发现了没有,“蒸”下面是一个什么?

师:你看看有四点水怎么会干呢?

师:古代造字时,四点底原先是一个火,四点底是由火演变而来的。所以凡是看到四点底的字大部分都和火有关。(演示"蒸"字由点变火的过程)

师:可我就奇怪了,沙滩上哪来的火啊?(课件演示在太阳底下,水洼下面好像一堆火在燃烧,水洼里的水一点一点蒸发的过程)没有了水,小鱼的处境就变得危险啦!

(2)"吸"

师:不光太阳会把水蒸干,还有呢?(沙粒会把水吸干)

师:为了让大家看清楚这一点,老师特别做了一个实验:看一下我在沙坑里倒水的情景。为了让大家看得更清楚,我把水染成了蓝色。(师演示实验)

师:用不了一下子水就没了。其实,沙子和沙子之间有很多很多的细小的缝,那些缝就像无数根吸管、无数张嘴把沙坑里的水给吸干了。没有水,小鱼的处境很危险。孩子们,让我们用心来看看这些小鱼!

师:你看,细小的沙子无情地把水一点一点地吸干了。太阳出来了,更是无情地把本来很浅的水一点一点地蒸干了,(板画)此时,被困在浅水洼里的小鱼,它们会说些什么?它们的感觉会怎样?

师:就请你来读读这句话,读出小鱼处境的危险。

师:那就请你急切地读一读!

(3)回扣"困"

师:让我们回头再来读读有"困"字的句子[出示句子]这"困"只是被包围住那么简单吗?你觉得还有怎样的意思?

师:在字典中还有一种解释:陷在艰难、痛苦里面。这些浅水洼里的小鱼就是陷在了艰难、痛苦里面。我们学汉字就应该这样,要学习它在不同句子中的不同意思,而且要学会根据不同的情况选择字典中不同的意思,把词语理解到位。

师:一个"困"字让我们读懂了小鱼的处境。读出了对他们的同情和关爱,老师为大家配上音乐,咱们一起有感情地读课文的第一自然段。(生齐读)

4. 拓展延伸,书写指导

师:孩子们,还有谁也像我们一样读懂了小鱼的处境呢?咱们下节课再继续学习。

师:今天,我们在这节课:学会了这两个生字(课件出示:"至"、"死")说说你是怎么记住它们的。第一自然段中,还有两个生字要求会写。(课件出示:"久"、"粒"。)

师:这两个生字,以前就认识的,今天要会写。在写字之前,咱们首先要提醒同学们注意的是——写字的姿势。首先,请小朋友来检查老师写字的姿势。"至"和"死"两个字都是什么结构啊?

师:大家可以检查老师拿笔的姿势,注意不要拿到太上面。(师示范写"至"字)看,"厶"刚好是在上半格。"土"呢?刚好是在下半格,要注意的是最后一笔要长一点。写好了,咱们跟书上的字去比一比,看看,有什么缺点,每一个字就这样认认真真地写两遍。"两遍"的意思就是说,写完第一遍,觉得它不好,没关系,你在写第二遍的时候写好就行了。千万不要用橡皮去擦。先摆正写字的姿势。等下,没有擦橡皮,并且能够一个比一个写得好的我们把它放在展示台上,给大家看一看,就写这四个字。

生:(写字)

师:"久""粒""至""死"就写这四个字。写完了第一遍,先不忙着写第二遍,先看看这第一个字有什么优点和缺点。

最后展示学生的字,进行评价。

第二课时

一、读懂男孩

师:课文中有没有人听到了小鱼的求救声,(板书:小男孩)去文中找一找哪一段在讲小男孩读懂了小鱼的心里话,在救小鱼?(出示课件)

出示句子:"他走得很慢,不停地在每个水洼前弯下腰去,捡起里面的小鱼,用力地把他扔回大海。"

1.师:我们一起来把这个句子读一读。

2.师:小朋友,你从句子的哪些词语中看出小男孩在拼命地救小鱼?(生说)

3.(出示课件)我们一起跟着小男孩来做做捡鱼的动作。

他来到第一个水洼前,弯下腰,捡起里面的小鱼,用力地把他们扔回大海。

他来到第二个水洼前,弯下腰,捡起里面的小鱼,用力地把他们扔回大海。

他来到第三个水洼前,弯下腰,捡起里面的小鱼,用力地把他们扔回大海。

他来到第四个水洼前，弯下腰，捡起里面的小鱼，用力地把他们扔回大海。

……

4.师：累吗？（生累）你们只做了四次动作，就觉得累了，但他不停地捡，不停地扔，不停地捡，不停地扔，他要重复无数次，为的是什么？是呀，小男孩在乎小鱼的生命。（为了能抓紧时间，救出更多的小鱼，因为他在乎小鱼的生命！）

5.师：可他虽然累得汗流浃背，捡得腰酸背疼，扔得小手都酸疼了。但他还是慢慢地地走到每一个水洼前，用尽全身力气用力地把小鱼扔回大海。为的是什么？是呀，小男孩在乎小鱼的生命。（为了不放过任何一个水洼，不想漏掉一条小鱼，因为他在乎小鱼的生命！）

6. 师：你愿意跟小男孩一起去捡浅水洼里的小鱼吗？

师：我替小鱼和小男孩谢谢你！让我们把想救小鱼的愿望行动读到句子里去吧！（出示课件）

二、深化情感

师：浅水洼里的小鱼，不止成千上万条小鱼在乎，小男孩也在乎，我们小朋友也在乎。（板书：小朋友）所有爱小鱼的人都在乎。（板书：爱心）

三、拓展导行

师：小朋友们，生命只有一次。最后，许多被小男孩救起的小鱼又回到了大海妈妈的怀抱里，给我们送来了写一首小诗歌《谁在乎》，我们一起来读一读！（出示课件）

每天清晨，当我们听到小鸟在歌唱，那有多好；
每到河边，当我们看到小鱼在游戏，那有多好；
每到之处，鲜花盛开，小草碧绿，那有多好；
生命只有一次，
小鱼在乎，小鸟在乎，花儿在乎，我也在乎。
让我们大家一起来珍惜生命、感恩自然的馈赠吧！

（二）教学反思

《浅水洼里的小鱼》讲述了一个小男孩尽力拯救那些困在浅水洼里的小鱼的感人场面。文中的这个孩子纯真、善良、感人至深，通过课文，要让学生感受到男孩的善良。我在设计时，抓住教材的情感点和学生的情感点，并努力在两者之者架设一座桥梁。在教学中，以下几点做得比较成功：

1. 创设情境，以境激情

课堂上，我充分地发挥了现代多媒体教学手段的优势，先播放鱼儿在大海里快乐生活的图片，学生兴奋地看着图片，嘴里不时发出惊叹声。接着我惋惜地说："然而，并不是所有的鱼儿都能这么幸运。每当大海涨潮的时候，总有许许多多的小鱼（板书小鱼）会被带到沙滩上，当退潮的时候，有的能重回大海，有的就只能孤零零地留在沙滩上的浅水洼里（板书浅水洼里）而回不了大海。"学生通过两个情境的对比体验，体会到小鱼的心情，再读"它们被困在水洼里，回不了大海了"就能读出难受的样子。再如，用实验演示"浅水洼"水越变越少时，我动情地说："小鱼儿，你们怎么样了？你们在想些什么，说些什么？"此时学生已经把自己当成了小鱼，师生完全融入到情景之中，许多学生在朗读"用不了多久，浅水洼里的水就会被沙粒吸干，被太阳蒸干。这些小鱼都会干死"时是红着眼睛读的。

2. 想象补白，以情激情

在课堂上我能用自己的情去激活课堂，激发起学生的学习热情。尽量让学生入情入境：如："现在大家就是被困在浅水洼里的小鱼，你们的心情怎样？担心、着急、伤心等不同的心情读出不同的感受。""下面的沙子要吸，上面的太阳要蒸，本来就只有一点点的水，很快就要干了！小鱼就要干死了。时间紧迫，情况危急，这危难时刻，小鱼们，你们在想些什么呢？""现在你就是那条被男孩救起，送回大海的幸运的小鱼，你想对他说些什么？"通过这样几次想象补白，学生与小鱼的情感已融为一体，体验角色的心理活动，强化感受，从而产生共鸣，在共鸣中入情，在共鸣中动情，在共鸣中生情。激活了学生的思维，让他们设身处地为小鱼着想，从中体会到小鱼的难受，进而生发珍爱生命、感恩自然的情感。

3. 以读为本，以读激情

本文感情鲜明，所以引导学生体会文章所抒发之情引起学生的共鸣，是很重要的。为此，我在教学上采取了步步深入的教学方法，充分利用情境体会小鱼的心情，体会小男孩的心情，并采用多种多样的朗读形式去充分表达、宣泄这种情感。有齐读、小组读、个别读、老师范读、配动作演读等。以读代说，以读促情，学生读得有声有色，有滋有味。

五、《最后一分钟》的教学

执教者：倪静川

【教学目标】

1. 通过自由朗读，读通诗句，整体感知诗歌内容，初步感受诗歌韵律。
2. 通过自主学习，借助材料读懂诗歌，体会诗歌表达的思想感情。
3. 通过自主发现，初步感知诗歌的表现手法，积累语言。

(一)教学实录

课前预热：哼唱《七子之歌》，听一听旋律，读一读歌词。

1. 揭示课题，引发思考

(1)由歌及诗。

师：许多优美的歌，歌词就是一首优美的诗。《七子之歌》的歌词就是近代爱国诗人闻一多写的组诗。今天，我们要学习一首诗歌，就与这七子中的一子有关。(齐读课题：最后一分钟)

(2)猜测质疑。

师：看到题目，你想知道些什么？

2. 初读诗歌，整体概览

(1)自由朗读诗歌。

师：让我们自由朗读这首诗歌，读准字音，读通诗句。

(2)交流初步感受。

师：读完诗歌之后请你说说你的感受。你认为这是怎样的最后一分钟？请将关键词写在黑板上。(学生板书)

(3)自主学习字词。

读准第一组词语，比较多音字的读音。

脊梁　悄然落地　旗杆

读顺第二组词语，寻找带韵脚的诗句。

风雨归程　叩问　嘴唇　伤痕　灵魂　沸腾　钟声

师：这些最后一个字韵母相同的词语，放在诗行的末尾，成为韵脚，就形成了诗歌的一大特点——押韵。读起来朗朗上口，老师把他们送回诗中，请大家找出这些带韵脚的诗句念一念，看看读起来是不是特别的有韵味。

读懂第三组词语，提炼相矛盾的问题。

欢腾——寂静 痛苦——欢乐 午夜——清晨

师：到诗中找出这3组词语所在的诗句，读一读，你有没有发现什么问题？

预设学生问题：万众欢腾又怎么会寂静？百年的痛苦又何来欢乐？既是午夜，又怎会是清晨？

3. 借助材料，自读自悟

师：有了问题不可怕，关键是想办法解决问题。平时，在学习课文的过程中，遇到问题我们可以怎么做？（根据学生发言罗列反复诵读、查找资料、同学讨论等常用方法）

师：由于条件限制，我们课堂上不能自由地查找相关资料。老师事先给每位同学准备了一份资料。请同学们借助刚才的学习办法，围绕黑板上的问题，反复研读，争取有新的收获。（学生借助材料，自主研读诗歌）

4. 聚焦画面，局部精读

师：通过刚才的学习，你已经有了哪些新的收获，一起交流一下。

预设交流点之一：感受“痛苦与欢乐”。

显示第三节：

我看见，
虎门上空的最后一缕硝烟，
在百年后的最后一分钟
才终于散尽；
被撕碎的历史教科书，
第1997页上，
那深入骨髓的伤痕，
已将血和刀光
铸进我们的灵魂。
当一纸发黄的旧条约悄然落地，
烟尘中浮现出来的
长城的脸上，黄皮肤的脸上，
是什么在缓缓地流淌——
百年的痛苦和欢乐，
都穿过这一滴泪珠，
使大海沸腾！

学生自由发言。

(1)读出痛苦。

圈点历史事件,感受百年屈辱。

师:在这首诗中,诗人回忆了哪些痛苦的历史,请你圈一圈。

师:关于这段历史,老师收集了一段资料,请看——(课件显示鸦片战争、签订一系列不平等条约和租界内中国人种种屈辱待遇的图片及影音资料)

师:看到这些,作为一个中国人,你的心情怎么样?(预设:辛酸、屈辱、难过、沉重、愤怒、悲哀、心痛)

反刍诗歌语言,读出百感交集。

师:诗人用哪些诗句表达了这种痛苦与屈辱?请你画下来,读一读。

师引读:这一百多年来,虎门上空的硝烟一直如阴霾般在我们每个中国人的心头挥之不去,直到百年后的最后一分钟,才——

但这段刻骨铭心的伤痛,如烙印一般深深地烙在我们每个人的心里,所以诗中说被撕碎的历史教科书——

(2)读出欢乐。

师:此刻,伴随着发黄的条约悄然落地,百年的屈辱、百年的痛苦终于画上了句号。你的心情又如何?(高兴,激动,兴奋,扬眉吐气)

师:在这最后一分钟里,曾经的辛酸、痛苦、屈辱、愤怒与此时的欢乐、激动、欣喜、兴奋交织在一起,所有的情感一齐喷涌而出,所以诗中说:百年的痛苦和欢乐,(齐读)都穿过这一滴泪珠,使大海沸腾!

预设交流点之二:体会“欢腾与寂静”。

显示第二节:

最后一分钟
是旗帜的形状,
是天地间缓缓上升的红色,
是旗杆——挺直的中国人的脊梁,
是展开的,香港的土地和天空,
是万众欢腾中刹那的寂静,
是寂静中谁的微微颤抖的嘴唇,
是谁在泪水中一遍又一遍
轻轻呼喊着那个名字:
香港,香港,我们的心!

学生解答问题,自由交流。

带着你的理解读一读相应的诗句。

看着五星红旗冉冉升起，你的心情怎么样？带着这份激动再读读这句诗。

①读出画面。

师：在这最后一分钟里，举国欢庆，万众欢腾，诗人就像一个摄影师，捕捉到了许多特写镜头，从诗中，你仿佛看到了哪些欢腾的画面？所以在诗人的眼里，

最后一分钟，是________________________________

师：从诗中，你又看到了哪些寂静的画面？寂静中，人们在想些什么？

师：是啊，在这最后一分钟里，许许多多激动人心的画面在我们的脑海里定格。

师引读：最后一分钟，我看到了旗帜的形状，看到了天地间缓缓上升的红色，看到了——

②凝成诗句。

师：孩子们，在这最后一分钟里，摄影师们还抓拍到了很多很多的精彩画面，一起欣赏一下。——(播放回归时刻精彩瞬间图片)

师：在你的眼里，这最后一分钟又是什么呢？(是绽放的礼花，是卷起走人的英军，是欢庆的锣鼓，是挥舞的旗帜)你能学着用诗的语言写一句吗？拿起笔，请你把它写在第二小节后面。

最后一分钟，是____________________________________

写得真好！一位小诗人诞生了！好诗好诗，不光要写得好，还要读得好！来，把你的诗句，大声地念一念。

③见证"万众欢腾中刹那的寂静"。

师：想一起见证一下这激动人心的时刻吗？来，全体起立！(播放交接仪式视频)告诉我，你在静静地等待着什么？这就是万众欢腾中刹那的寂静！

小结：看着鲜艳的五星红旗在香港的土地上冉冉升起，看着鲜艳的五星红旗映红了香港的天空，所有的中华儿女怎能不激动欢腾、寂静流泪？让我们一起用朗读铭记这一刻！

(同学们，又一个问题在我们的朗读声中解决了。)

预设交流点之三：解读"午夜与清晨"

显示第四节：

此刻，

是午夜，又是清晨，
所有的眼睛都是崭新的日出，
所有的礼炮都是世纪的钟声。
香港，让我紧紧拉住你的手吧，
倾听最后一分钟的风雨归程，
然后去奔跑，去拥抱，
去迎接那新鲜的
含露的、芳香的
扎根在深深大地上的
第一朵紫荆……

学生自由发言。

(3)读出希望。

师：解决了前两个问题，这个问题应该迎刃而解了。谁来说说你的理解？

师：告别午夜，迎来清晨，从诗里，你看到了怎样的一个香港？

(4)读出祝福。

师：让我们带着对香港未来的深深祝福，一起再来读读这句诗。

5. 回扣课题，升华情感

师：都说诗不是用笔写的，是用心写的。这节课，我们自己提出问题，并且通过阅读资料、同学讨论、反复诵读等各种办法自己解决问题，读懂了这最后一分钟里的浓浓情感。

这是万众欢腾、寂静等待的——生读：最后一分钟！

这是承载着香港百年的痛苦和欢乐的——生读：最后一分钟！

这是连接着香港的午夜与清晨的——生读：最后一分钟！

板书：

最后一分钟
痛苦—欢乐；
欢腾—寂静；
午夜—清晨。
反复诵读　查找资料　同学讨论

(附)学生课堂阅读材料：

香港的回归

1997 年 6 月 30 日午夜 23 时 59 分至 7 月 1 日凌晨零点整，香港会议展览中心灯火辉煌，举世瞩目的中英两国政府香港政权交接仪式在这里隆重举行。

6月30日午夜23时59分，英国国旗和香港旗在英国国歌乐曲声中缓缓降落。随着“米字旗”的降下，英国在香港一个半世纪的殖民统治宣告结束。7月1日零点整，伴着中华人民共和国国歌，中国国旗和香港特区区旗一起徐徐升起。全场肃立，鸦雀无声，大家屏息凝视，向鲜艳的五星红旗和紫荆花区旗行注目礼。许多人眼睛里噙满激动的泪花，雷鸣般的掌声经久不息。照相机、摄像机的镜头不停地闪动，记录下这一庄严的历史时刻。

香港的历史

香港(包括香港岛、九龙和新界)自古以来就是中国的领土。

1840年英国发动鸦片战争，打开了中国的国门。

1842年英国强迫清政府签订《南京条约》，永久割让香港岛。

1856年英法联军发动第二次鸦片战争。

1860年英国迫使清政府缔结《北京条约》，永久割让九龙半岛尖端。

1898年英国又逼迫清政府签订《展拓香港界址专条》，强行租借九龙半岛大片土地以及附近二百多个岛屿(后统称“新界”)，租期99年，1997年6月30日期满。

关于虎门销烟与鸦片战争

从乾隆后期开始，清朝的统治日趋衰落。外国商人为摄取暴利，从华南将大量鸦片走私输入中国。鸦片的泛滥，影响了民众的身心健康，使中国大量白银外流。1838年，道光任命林则徐为钦差大臣，在虎门海滩当众销毁二万余箱鸦片，这就是“虎门销烟”。

中国的禁烟措施，遭遇英国政府的强烈反对。1840年6月，英国发动鸦片战争。清军节节败退。1842年7月24日，清政府在英军的炮口下，被迫签订了第一份丧权辱国的不平等条约——《南京条约》，永久割让香港岛。

(二)教学反思

《最后一分钟》这篇课文近两年来，我上了不下15次，前后有3个不同的版本。这3个版本记录着两年来我在不同时期、不同的阶段，思考的重心和价值取向的变化。

第一版本：关注学生的认知水平，立足于学生的自主学习，努力体现

“三真”。

我的《最后一分钟》第一版本产生于两年前，2009 年 12 月，我代表金华市参加浙江省教改之星金奖决赛，临时抽签抽到这篇课文。抽到这么难的课文，我当时真的是傻眼了。于是，我就立足于学生的认知水平，努力体现“三真”——让学生真的提问题，提真的问题，真的解决问题。课堂上，简简单单三大板块，尝试让学生“真的提问题”，提“真的问题”，并让学生通过自主学习“真的去解决问题”，让学生实实在在经历一个从“不懂”到“懂”的过程。在“不懂”到“懂”之间，凸显课堂的增量。

第二版本：关注提示语，立足于语文学习方法的引领，凸显略读味。

第二版本产生于 2010 年 4 月。王春燕老师的《猴王出世》引发了小语界关于精读与略读教学的一系列研讨。当时，我刚好在杭州崇文实验学校挂职学习一个月，虞大明老师那段时间刚好致力于略读课文的研究。在他的建议下，我重新磨了《最后一分钟》。关注略读课文前面都有的“提示语”，在教学时，聚焦提示语，借助相关资料，培养学生在资料中获取有效信息的能力，努力在课堂上给孩子创设一个语文能力的训练场、习得所，努力凸显略读味。

第三版本：紧扣诗歌的情感线，在言语实践中品味诗歌的浓浓情感。

第三版本产生于 2011 年 4 月。语文情感体验式感恩教育研究成果推广会的课题研究课选定《最后一分钟》，紧扣诗歌的情感线，分入诗融情、深情诵读、反思语言三大板块，在读中品味诗歌的浓浓情感。

1. 整体观照

诗歌教学宜从诗歌的整体入手，强调学生在整体阅读中体会诗歌大意，在整体观照中领悟诗歌内涵与情感。因此，我在学生初读全诗、整体感知后，让他们说说自己最初的最直观的也是最真实的感受：“你觉得这是怎样的一分钟?”用一个关键词写在黑板上。由于学生个体的差异、原有文化积淀和认知水平的差异，这个时候，学生的感受是参差不齐的。大部分的孩子感受到这最后一分钟是难忘的、激动的、高兴的，这是比较浅层次的感受，也有小部分的孩子感受到这是漫长的、崭新的一分钟，这是比较深层次的感受。但不管是前者还是后者，都是贯穿于诗歌始终的情感线，也是贯穿教学始终的气脉。有了整体观照为基础，就为深入研读奠定了坚实的基础。

2. 意象感知

意象是诗歌重要的组成部分。诗歌依托生动的意象完成诗意的传达。因为诗歌讲究含蓄和跳跃，所以其中的有一些意象并不那么容易为孩子所直接感知，教学时需要教师借助相应的教学手段，将抽象的意象具象化，通过想象，将静止的文字还原成生动的声音、形象和色彩。教学时，主要采用了以下几种手段：

（1）图像补充。

香港百年的屈辱史是学生所陌生的，然而只有感受百年的痛苦，才能体会此刻的欢乐。教学中，我通过图片、文字补充鸦片战争、一系列不平等条约和租界内中国人的种种屈辱，帮助学生更快更好地进入诗歌意境。

当然，诗歌是想象的，是无尽的，适当的图像补充只是一种引领，一种载体，一种铺垫，而不是完全代替，更不能就此剥夺学生更多更丰富的想象空间。

（2）阅读链接。

诗歌内容很抽象，这就需要引进阅读资源进行支持和补充。课前我准备了关于香港回归和虎门销烟的阅读材料作为补充，帮助理解“虎门”“紫荆”等意象。

3. 言语实践

语文是实践性很强的课程，要把学生投入到语言的海洋中，在言语实践中渗透感恩祖国的意识。

（1）根据诗歌的体裁特点开展言语实践。

学生对诗歌的言语实践最重要的方式是诵读。在“初读诗歌、读通诗句”板块，我在自由朗读的基础上，安排了“读准词语，发现规律”这样一个环节。

读准第一组词语，比较多音字的读音。

读顺第二组词语，寻找带韵脚的诗句。渗透诗歌的一大特点——押韵。

读懂第三组词语，提炼相矛盾的问题。

欢腾——寂静　痛苦——欢乐　午夜——清晨

最后一分钟，某种意义上讲，本来就是一条界线，是寂静——欢腾 痛苦——欢乐　午夜——清晨的界线。这三组相互矛盾的词语出现在同一句诗里，是这首诗歌一种非常独特的语言现象，分别出现在前后三个小节中，并且贯穿始终。这也是此首诗歌的言语秘妙所在。课中，让学生在读中发现言语的秘妙，并且以此为载体，提炼深入研读课文的切入口。

（2）根据诗歌的表达特点开展言语实践。

在《最后一分钟》一课中，诗歌的第二小节“最后一分钟，是旗帜的形状，是天地间缓缓上升的红色，是旗杆——挺直的中国人的脊梁，是展开的，香港的土地和天空，是万众欢腾中刹那的寂静，是寂静中谁的微微颤抖的嘴唇……”是这首诗歌中最具有显著特征的诗歌语言形式，是学生语言学习的良好范本，也是学生情感体验的很好载体。教学中，在学生理解诗歌内容的基础上，我引导学生发现诗歌的语言规律，感知诗歌的语言形式。同时，让学生充分展开想象，在想象中提炼诗歌的意象，仿写诗句，用诗歌的语言将感恩祖国的情绪体验定格，文情兼得。

六、主题单元式教学

执教者：倪静川

内容：人教版课标本第二册第六组

课文组成：《识字 6 》、《吃水不忘挖井人》、《王二小》、《画家乡》、《快乐的节日》

单元主题：大感恩教育——感念祖国之恩

教学时间：两周

(一)授课思路

(1)“粗吞”——单元总览，整体感知全单元的主题：感念祖国之恩，珍惜现在生活。

(2)“细嚼”——通过精读、品读、赏读等阅读过程，兼顾识字、阅读、感恩主题和学习方法。

(3)“反刍”——举一反三，阅读同一主题相关课外文章。

(4)“内化”——联系自身生活实际，有所触动，形成体验，感念祖国之恩。

(5)“外化”——我口说我心，把内心的体验形成文字，转化为行动。

(二)教学反思

忆苦、思甜、感恩、升华

——《吃水不忘挖井人》教学反思

《吃水不忘挖井人》是篇传统革命题材的文章，它离学生生活久远，学生对毛主席是何人都不太了解，在教学中，我想方设法让孩子接近伟人，体会沙洲坝村民对毛主席的恩情世代不忘的情怀。另外，联想到有不少家长向我反映孩子在家里任性霸道的表现，这篇课文会是很好的感恩教育的素材。

1. 忆苦，了解背景

采用多种手段让每个学生都喜欢读书、主动读书，进而视读书为一种乐趣，是阅读教学成功的关键。《吃水不忘挖井人》是篇传统革命题材的文章，加上抽象的文字符号，很难引起学生视觉的快感，上课伊始我以童谣导入：沙洲坝，沙洲坝，三天不下雨，无水洗手帕。让学生想象没有水的苦恼，联系自己的生活谈谈："沙洲坝人民没有水……"学生带着缺水少雨的苦闷走进文本切切实实的生活场景中。

2. 思甜，丰富过程

随着对课文的理解，我让学生化身为跟随主席挖井的小战士，把教室又变成了另外一幅热火朝天的劳动场景："小战士，你拿的是什么工具？""咦？小战士，你的手怎么这么脏？""小战士，瞧你，满头大汗，休息一下吧？""哎呀，小战士，你的肩膀上都起水泡了，快停下来吧？"学生边和老师对话，边动作表演。我又出示了另一首民谣：红井水，甜又清，手捧清泉想恩人。与刚才第一首民谣的鲜明对比，多侧面地把村民不忘毛主席的恩情折射出来。

3. 感恩，想象练说

课文最后在碑文"吃水不忘挖井人，时刻想念毛主席"中升华。这看似通俗直白的一句话由于立碑传文而蕴含着深广的意蕴。学生在个性化阅读中，由于受心智水平、认知经验的限制，他的理解、体验往往不能一步到位，只是表层化的阅读。为了消除学生与文本间的隔阂、距离，我努力去寻找语言材料与学生经历的"共通处"，设法打开学生记忆的仓库，调动相关生活体验，激活学生头脑中储存的与语言文字相关的表象，使语言在鲜活的形象中获得生命，使课文情感与学生的情感熔为一炉。沙洲坝人民有了这口井会干哪些事？借以提供给学生几种人物：村妇、农妇、行人，把学生已有的生活经验引进阅读中来，从多角度、多层次交流中感受这口井给人们生活带来的便利，与当初沙洲坝吃水难形成了鲜明的对比，从心中涌起感谢毛主席的情怀。"吃水不忘挖井人"真正成为学生感于内而发于外的现实语言。

4. 升华，滋养灵魂

语文教学是一个动态的过程，一个感悟、体验的过程，一个生活的过程，语文教学就是一个将语文还原到一个具体的语文生活情境中，激活学生本原的情感和语用，在感性的实践过程中发展、形成语文素养和品德修养。《吃水不忘挖井人》这篇课文，沙洲坝的人民对毛主席心存一份感恩，立碑传世。现实中，为我们付出的有很多无名英雄，他们名声并不显赫，但也让我们满怀感激，我让学生模仿课题的说法，自由表达：过桥不忘——，吃菜不忘——，穿衣不忘——，……不忘——等。学生在表达中，活化了语言，滋养了心灵，课文中隐含的感恩思想因为与学生的情感交汇而得以外显和内化。在学生情绪激昂时，我也借机吟咏了一句汪国真的诗：让我怎样感谢你，/当我走向你的时候，/我原想收获一缕春风，/你却给了我整个春天。学生在感动中意犹未尽！

七、特殊节日大型体验式教育活动

执教者：倪静川

【特殊节日】：母亲节

【活动背景】：现在的学生大都是独生子女，在家过起了小皇帝、小公主的生活，却很少从父母的角度去体谅父母的艰辛与不易，还常常埋怨父母的唠叨、麻烦。因此，特设本次教育教学活动，来唤起孩子们对父母的感恩之心。

【活动目的】：

1. 让学生深入体会父母之爱，感受亲情的无私与伟大。
2. 让学生理解、关心、孝敬父母，以实际行动报答父母。
3. 引导学生由“感谢父母”到“常存感恩之心”的思想意识转变，学会感恩。

【活动准备】

1. 歌曲《父亲》、《母亲》等。
2. 课文《第一次抱母亲》、《妈妈的账单》。
3. 教室场景设计(含主题课件)。
4. 感恩调查问卷。

(一)活动过程

听歌曲《感恩的心》(听歌，浏览图片)

教师讲述《歌曲背后的故事》：

一个母亲独自抚养大一个哑女。那个小女孩从小别人有的，她都没有，过的是一个没有同伴玩耍的童年。她从小就没开口说过一句话，大家都以为她是个哑女，一直到她进了聋哑大学。有一天，她妈妈有事不在，她赶回家后发现妈妈的枕头下有很多的卖血单，她才恍然大悟，她的妈妈是以卖血供她上的大学。在她成长的过程中，她曾对她妈妈有很多的抱怨：为什么我会生长在这样的环境？所以她很封闭自己。见到卖血单后，她才深深地感到来自母亲的爱。她感动得一下子就喊出了“妈——”，于是就有了一首感人肺腑的歌曲《感恩的心》。

师：是谁，把我们带到这美丽的世界？是谁，呵护我们、保护我们、照顾我们？是我们的父母！可是，现在你是否觉得父母和你们的距离已经慢慢地拉大。你和父母是否已经没有了亲密感？今天，就让我们来感恩父母——感受亲情无价。

第一环节：回顾亲情——追寻成长的足迹

欣赏歌曲《父亲》、《母亲》，并课件出示一组家庭生活图片。

师：同学们，你想到了什么？你能用一颗感恩的心来描述父母对你的爱？

生1：爸妈为了我们，辛苦地工作！

生2：爸妈为了我们，宁愿自己受苦！

生3：我们应该爱父母，关心父母。

生4：我们应该多为父母着想，决不惹他们生气。

……

师：同学们，在老师看来父母对你们的关爱远不止这些，老师通过调查发现有些同学在家经常不听父母的话，让爸爸妈妈好伤心呀！这节课老师和同学们都要好好找找原因出在哪？

第二环节：体验亲情——亲情赞颂知多少

陈一卓读故事《“狠心”的娘》：

那天，她跟妈妈又吵架了，一气之下，她转身向外跑去。她走了很长时间，看到前面有个面摊，香喷喷、热腾腾，她这才感觉到肚子饿了。可是，她摸遍了身上的口袋，连一个硬币也没有。

面摊的主人是一个看上去很和蔼的老婆婆，看到她站在那边，就问：“孩子，你是不是要吃面？”“可是，可是我忘了带钱。”她有些不好意思地回答。“没关系，我请你吃。”很快，老婆婆端来一碗馄饨和一碟小菜。她满怀感激，刚吃了几口，眼泪忽然就掉下来，纷纷落在碗里。“你怎么了？”

老婆婆关切地问。“我没事，我只是很感激！”她忙擦着泪水，对面摊主人说，“我们又不认识，而你就对我这么好，愿意煮馄饨给我吃。可是我自己的妈妈，我跟她吵架，她竟然把我赶出来，还叫我不要回去！”

老婆婆听了，平静地说道：“孩子，你怎么会这么想呢？你想想看，我只不过煮一碗馄饨给你吃，你就这么感激我，那你自己的妈妈煮了十多年的饭给你吃，你怎么不会感激她呢？你怎么还要跟她吵架？”女孩愣住了。女孩匆匆吃完馄饨，开始往家里走去。当她走到家附近时，一下就看到疲惫不堪的母亲，正在路口四处张望。这时，她的眼泪又开始掉了下来。

有时候，我们会对别人给予的小恩小惠“感激不尽”，对亲人的一辈子恩情却“视而不见”。

师：爱如灿烂的阳光，炽热而光明；母爱似盎然的绿草地，芳菲而宜人。然而在日常生活中，我们总会与父母发生分歧甚至冲突顶撞，还常常埋怨你母亲的啰唆。请你描述一个自己经历的这方面的故事。

生1：母亲每天在我写作业前总唠叨：认真点，用心写，天天一套，不变样，很烦人。

生2：我也是，每天上学前，妈妈总爱重复：听老师的话，上课认真听讲，别和同学吵架。我每次都没好气地答道：“行了，行了……少啰嗦点！”

生3：你们多幸福呀！我妈妈在我很小的时候就和爸爸离婚了，连个唠叨的人都没有。

（生3的回答打破了班级的沉静，几个孩子的眼泪在打转）

主持人陈一卓追问：直到今天，你想对爸爸（妈妈）说些什么？

生1：妈妈，以后我会把你的唠叨当成优美的歌曲，用它来温暖我的心田。

生2：我会爱上妈妈的罗嗦，把它当成优美的乐章，很好地伴我成长。

师：老师知道有些父母不在身边的孩子，更渴望父母的唠叨，但老师告诉你，他们都是一样地爱你们，他们希望你们能快乐地学习、生活，愉快地成长。记住，无论发生什么事情，父母永远爱你们！

第三环节：回报亲情

1. 感恩方法大奉献

同学们，我们可以为一个陌生人的点滴帮助而感激不尽，却无视朝夕相处的父母给予我们的种种恩情，这实在是内心有愧！树欲静而风不止，子欲养而亲不待。感恩不待时，拿出我们的实际行动，向爱我们的人和我们所爱的人感恩吧！请同学们谈谈自己的具体做法。（学生发言）

生 1:我要学会为父母分忧。
生 2:我们要照顾好自己,让父母放心。
生 3:我们要学会做简单的家务,让父母省心。
生 4:我们要尊敬师长,团结同学让父母放心。
生 5:我们要努力学习,不断进步,让父母开心。
师:同学们说的太棒了,老师希望你们一定要说到做到。
2. 实施回报方案
学生讨论交流,并确定回报父母的最佳方案。
母亲节感恩父母方案推荐
(1)为工作劳累了一天的父母倒一杯茶,揉揉肩,讲讲笑话。
(2)每天好好学习,回家谈收获,讲感受,给父母一个好心情。
(3)多体谅、理解父母,不与父母争吵,多为父母着想。
(4)学会拥抱父母,说声"谢谢"。
(5)为父母分担一些家务和烦恼。
(6)学会节约,不浪费父母的劳动成果。
(7)每天反思,学会对父母说"对不起"。
(8)学会尊重、关爱身边的人。多做有心人,及时送上温暖……

(二)尾声

1. 感恩宣言
杜祎琳:同学们,我们学会感恩吧! 下面请大队长领读《感恩宣言》。
大队长:请同学们起立,右手握拳,一句句跟我读。
亲爱的爸爸妈妈:
从现在开始,
在学习上让你们放心;
在生活上让你们省心;
我们决不辜负父母心。
下面请我们的倪老师发言。

老师:同学们,通过这次活动,我很高兴地看见你们都长大了,能够理解父母的艰辛,懂得了怎样孝敬父母。那么让我们从爱父母开始,爱我们的老师,爱我们的班级,爱我们的国家。用一颗感恩的心去创造美好的明天!

2. 齐唱歌曲《感恩的心》结束

第四章

课外语文感恩教育的资源

教育活动是一项有计划、有目的的活动，教育活动的开展必须以一定的资源和手段为基础。在通常的概念中，我们一般将这些资源和手段称作课程。课程是培养人的施工蓝图，是组织教育教学活动的最主要依据。课程资源是相对于课程而言的，但是反过来，任何课程又都是以一定的课程资源为基础和前提的，没有课程资源也就没有课程，进而也就没有教育活动的开展。①

随着教育的发展，教育资源的开发与利用已经成为现代教师的一项基本技能与素质，成为教师专业发展不可忽视的重要内容，正如有的研究者所言："为了实现新一轮课改的目标，必须改变过去过分注重教科书、机械训练的倾向。加强课程教学内容与现代社会、科技发展、学生生活的联系，倡导学生动手实践、主动参与、探究发展、交流合作。必须开发和利用校内外一切课程资源，为实施新课程提供环境支持。树立全新的课程资源观，学生应该成为课程资源的主体和学习的主人，教师应该成为课程资源的开发者，成为学生利用课程资源的引导者"②。在笔者看来，开发和利用教育资源（本文之中，教育资源的概念等同于课程资源，笔者所秉持的课程观，是一种大课程观），不仅是教师的基本功，也是当前教育发展背景下对学生进行有效教育的必然选择。

对于感恩教育来说，如何提升感恩教育的实效性，使得感恩的思想能

---

① 启钟泉，张华. 为了中华民族的复兴，为了每位学生的发展[M]. 上海：华东师范大学出版社，2001:407.

② 高天明等. 课程资源开发：教师面对的新课题[J]. 现代中小学教育，2006(4).

够真正深入学生的内心世界，能够真正转化为学生的日常行为，这是每一个教师都应认真思考的问题。而在笔者看来，要实现这样的目标，最为根本的就是要变革说教式的、灌输式的教育方式。尽可能利用鲜活的、生动的、现实的、丰富的资源来打动学生的内心世界，使得感恩教育达到"随风潜入夜，润物细无声"的效果。这正是语文情感体验式感恩教育的初衷和精华。而这也似乎意味着，感恩教育资源的开发与利用必然成为语文情感体验式感恩教育模式的必然要求。

课程资源或者说教育资源的开发，是一项兼具科学性和艺术性的工作。其科学性意味着教育（课程）资源的开发有一整套完整的体系和方法，有独特的原则和基本的规范。这些体系、方法、原则和规范共同构筑了教育资源开发的基本框架。教师在开发教育资源的过程中，应该以这些基本框架为指导。其艺术性意味着教师在开发教育资源的过程中应该注意因地制宜，因校制宜，因时制宜。应该充分考虑自身和学生的现实情况，灵活、充分、合理地发挥自己的聪明才智，创造和开发出具有特色的教育（课程）资源。

第一节　教育资源的开发

随着新一轮课程改革的不断推进，各种问题也逐渐浮现出来。充分利用各种有利条件，及时解决这些问题，有效地实现这次课程改革的目标，已成为广大教师与课程改革的组织者、研究者必须面对的共同任务。在这个过程中，教育资源的开发与利用问题日益受到重视，学术界和教育实践领域对这一问题的探索也越来越多。

一、教育资源开发的内涵

"资源"一词在《现代汉语词典》中指"生产资料或生活资料的天然来源"，或者说是自然界和人类社会中能创造物质和精神财富的各种客观存在。教育资源是构成教育系统的基本因素，是指教育系统中支持整个教育过程达到一定教育目的，实现一定的教育功能的各种资源。[①] 当前，学术界关于课程资源和教育资源的表述多种多样，这主要是因为学者的研究视角以及对“课程”、“教育”的理解不同而导致的。这些表述兼顾了隐性与可能的资源以及不同类型资源的功能，对我们研究感恩教育资源的开发具有指导性意义。为了限定研究范围，同时也为了明确本书所使用概念的意义，我们按照沃尔夫冈·布列钦卡关于概念解释的四要素，通过词义分析和概念梳理[②]，我们认为感恩教育资源概念可精确化为：所谓感恩教育资源，是指在实施感恩教育的活动中，能够被开发利用的、有利于实现感恩教育目的的各种要素的总和。

“教育资源开发”源自英文 Educational resources development，而我们知道，Development 一词，本身就隐含着改进、进化、开发、发展、形成之意，这意味着 Educational resources development 是通过不断反省、持续改进、逐步提高，不断地从较低层次向较高层次的阶跃性过程。由于学生不断有新的发展需求，社会不断有新的发展，科技不断有新的飞跃，教育方法不断有新的变化，学校不断有新的进步，所以需要进行课程开发，需要进行课程资源开发。[③] 从这个角度上说，所谓教育资源开发，是指根据教育活动的需要，拓宽现有课程资源功能，或者挖掘潜在课程资源使之成为现实资源，最大限度为课程活动提供有效支持的行为。从这一定义中我们可以认识到，教育资源开发包含着如下两层含义：一是就教育资源开发的内容来说，既指对现在已有的、尚不能完全利用的教育潜在资源的挖掘，使之成为现实资源，或形成可以被直接利用的新资源；也指对目前已经能够利用的教育资源的未知功能作进一步的深入挖掘，从而发现新功能，以提高教育资源的可利用程度。二是就教育资源开发的目的来说，教育资源开发的目的是为人才培养服务，为人的全面发展服务。密切学生学习与生活的联系，密切历史、现实与未来的联系，丰富教育的内容和手段，实现新课程改革的各项基本目标。

① 段兆兵.课程资源的内涵与有效开发[J].课程教材教法，2003(3).

② [德]沃尔夫冈·布列钦卡著.教育科学的基本概念——分析、批判和建议[M].胡劲松译.上海：华东师范大学出版社，2001：75.

③ 石兰萍等.高职课程资源开发：内涵，原则与方法[J].黑龙江高教研究，2011(6).

二、教育资源开发的原则

新课程改革的深化和学校教育目标的实现，离不开丰富的、高质量的教育资源，这已经成为教育领域的共识。然而，教育资源的开发与利用，毕竟是近些年才提出的新的名词，很多教师对于这一概念尚没有形成清晰的认识。由此，我国在中小学教育资源的开发和应用过程中，还存在着诸如开发流程不规范、人员结构不合理、开发出来的资源不能真正满足教师和学生的需求等一系列问题。一方面导致现有的教育资源没有充分利用，教师和学生需要的教育资源又很缺乏的客观矛盾[①]，另一方面也直接影响了教书育人活动的开展。在这样的情况下，为中小学教育资源的开发和应用提供具体的指导是教育改革的当务之急，而在笔者看来，明确教育资源开发的基本原则，应该成为对教师的首要指导。

（一）开放性原则

教育资源的开发要以开放的心态对待人类创造的一切文明成果，尽可能开发与利用有益于教育教学活动的一切可能的教育资源。教育资源开发的开放性包括类型的开放性、空间的开放性和途径的开放性。类型的开放性，是指不论以什么类型、形式存在的教育资源，只要有利于提高教育教学效果，都应是开发的对象；空间的开放性，是指不论是校内的还是校外的，城市的还是农村的，国内的还是外国的，现实的还是虚拟的，过去的还是现在的，只要有利于提高教育教学质量，都应加以开发；途径的开放性，是指教育资源的开发不应局限于某一种途径或方式，而应探索多种途径或方式，应该充分发挥不同教育主体（教师、学生、家长等）的智慧和才能，并且能够尽可能地协调、配合使用。如在感恩教育补充教材中就整合了我国古代经典文化中的《弟子规》、国内外的诗歌作品、国内外的感恩教育小故事等，在选材时超越了时空的界限。同时，开发了网络、影音、图文等多种形式、途径的资源，供教师、学生根据需要选择。

---

① 徐恩芹，刘美凤．中小学教学资源开发与应用指导原则研究综述[J]．教育探索，2005(8)．

(二)经济性原则

教育资源的开发要尽可能用最少的开支和精力,达到最理想的效果,具体包括开支的经济性、时间的经济性、空间的经济性和学习的经济性。开支的经济性,是指用最节省的经费开支取得最佳效果,尽可能开发那些不需要多少经费开支的教育资源,不应借口开发课程资源而大兴土木,不计高昂的经济代价。时间的经济性,是指应尽可能开发那些对当前教育教学有现实意义的资源,而不能一味等待更好的条件或时机,否则就会影响新课程的实施。空间的经济性,是指课程资源的开发要尽可能就地取材,不应舍近求远,好高骛远。校内有的不求之于校外,本地有的不求之于外地。学习的经济性,是指尽可能开发能激发学生学习兴趣的教育资源。如果引入教育教学活动的资源晦涩难懂,脱离实际,远离生活,不仅达不到预期的目的,反而还可能加重学生的学习负担。如在感恩教育影音光盘中收录的一些感动瞬间视频、感恩演讲录、感人照片等就取材于本校的师生、家长,一些感恩歌曲、主题漫画等由学校的老师、学生自己录制、绘制。老师和学生们用起来觉得特别亲切,效果也就更好了。

(三)针对性原则

教育资源的开发是为了教育目标的有效达成,针对不同的教育目标应该开发与之相应的课程资源。一般说来,每一种教育资源对于特定的课程目标具有不同的作用和功能,不同的课程目标就需要开发不同的教育资源。但是,由于教育资源本身的多质性,同一的教育资源又可以服务于不同的课程目标。所以教育资源的开发就必须在明确教育目标的前提下,认真分析与教育目标相关的各种各类教育资源,认识和掌握其各自的性质和特点,这样才能保证开发的针对性及其有效性。如在学生十岁集体生日时,我们专门录制了母亲分娩的视频录像,让孩子们直观地感受母亲的伟大。同时,还分别制作了每个孩子的“十年成长之路”幻灯片,回放十年来成长过程中的点点滴滴。这样的资源对每个孩子来说都是很有针对性的,在“感恩父母——十岁集体生日”现场会中发挥了很好的教育作用。这一视频和PPT,应用在五年级上册《慈母情深》的课堂教学中,也收到了良好的效果。

（四）独特性原则

教育资源的开发不应强求一律，而应从实际出发，发挥地域优势，强化学校特色，区分学科特性，扬长避短，突出个性。教育资源的开发本身就是一项极具创造性的实践活动，没有个性，也就失去了创造性，教育资源开发就会流于机械主义和形式主义，这是教育资源开发需要特别加以注意的问题。当前开发本地、本校教育资源方面存在的问题是：视野比较狭窄，多是局限在介绍本地区物产资源、革命传统等方面，局限在介绍学校某一领域的教育成果和基本做法。少有考虑把本地、本校的教育资源作为课程实施的必要条件，或者把教育资源与学校课程有机地融为一体。在探索课程实施的新途径、新形式方面做的工作还不够，以至于课程实施形式单一、呆板，效果不佳。不同地区、不同学校的教育资源是独特而丰富的，因为不同区域、不同民族的文化是有差异的。从本地、本校教育资源中开发出更多的可以利用的教育因素，要保持文化的独特性，同时，又要引导学生学会理解和尊重多样文化。在组织相关的教育教学活动时，可以让学生走入现实的社会生活，亲自去感受和体验本土文化的丰富性与深刻性，学会不同文化之间的沟通和理解，并逐步学会从不同文化中汲取营养。

（五）适度性原则

教育资源的开发要避免“走马观花”、“浅尝辄止”等做法。教育资源是十分丰富而深厚的，在教育资源中可以根据需要开发出多种多样的教育内容和功能，关键在于不能把教育资源当作可有可无的条件，而是把它当作教育活动实施和教育目标达成的必要条件。[①] 因此，在开发教育资源上，存在着开发广度与深度的适度问题，即需要考虑从教育资源中选择合适的对象、提取适宜的内容以及内容所涉及的范围、呈现方式的适切性等问题。一般而言，针对不同的目标，对教育资源开发的策略是有所不同的。若是要从教育资源中提取尽可能多的同类事物，那么提取的内容要有较大范围的覆盖面。若是要从教育资源中挖掘与某一内容相关的更深刻的内涵，那么对有关内容的挖掘就应该向纵深发展，透过表层的内容去

---

① 范蔚.综合实践活动的实施与课程资源的开发利用[J].课程研究，2002(1).

揭示更深刻的内涵。[①] 例如在《感恩教育补充教材》的开发过程中，我们就比较重视所选取内容的覆盖面，尽量兼顾古今中外的感恩资源，让补充教材更全面、更完善。

三、教育资源开发的途径

教育资源开发的上述原则不是一定的，笔者所提供的只是一种粗略的、普适性的体系。教育资源开发的成功与否，重要的是应该掌握教育资源开发的基本方法。只有掌握了一定的方法，再加上教师自身主观能动性的发挥，教育资源的开发才能由理想变为现实。

教育资源的开发，首要的关键问题是教师要形成正确的教育资源观。教育资源观就是人们对教育资源的态度和看法。课程（教育）资源观直接影响人们认识和开发教育资源的积极性，也影响教育资源开发的程度和效果。可以说，正是教育资源观对教师开发教育资源起着导向、维持和监督作用，成了影响教育资源有效开发与利用的关键因素。美国哲学家赫舍尔在解释存在的意义时说："最高的问题不是存在，而是对存在的关切"。"对存在的关切超越存在"，"一切存在都是被阐释的存在"。[②] 教育资源相对于人来讲是外在的、对象性的，它不会自觉地进入教育领域，需要主体发挥意识活动的能动性去认识和开发。同时，教育资源具有价值潜隐性，如果离开了人的意识活动，教育资源隐藏的价值就难以被认识，更谈不上有效开发与利用。

正确的教育资源观之所以成为教育资源开发的关键是有多种原因的。首先，对教育资源的研究和探索还处于初始阶段，教师的教育资源观尚未完善。目前，人们对教育资源还存在模糊认识，有的教师在连什么是课程、什么是教育也不清楚[③]的情况下，教育资源对他们来说就更是一个陌生的词语。如果不帮助教师树立正确的教育资源观，不帮助教师去分析和探索教育资源的内涵、性质、种类和在教育目标实施中的价值，教育

---

① 肖国刚，胡海燕．试论课程资源的特征及其相应的开发原则[J]．内蒙古师范大学学报，2003(5)．

② 薛晓阳．知识社会的知识观[J]．教育研究．2001(10)．

③ 钟启泉等．课程改革促进教师专业发展的个案研究[J]．全球教育展望，2002(8)．

资源的开发就是一句空话。其次，新一轮课程改革的特点决定了必须要帮助教师形成正确的教育资源观。这次课程改革的目标是要改变课程过于注重书本知识传授的倾向，要加强课程内容与学生生活以及现代社会、科技发展的联系，关注学生的学习兴趣和经验，并要适应不同地区和学生发展的需求，体现课程结构的均衡性、综合性和选择性，要增强课程对地方、学校及学生的适应性。这对长期习惯于依赖教学参考书进行教学的教师来讲，将是教学行为方式的变革，是一种角色的转换，是一种范式的自我更新过程。这就要求教师要创造性地开发和利用一切有助于实现课程目标的资源，把教育资源当做实现新的教育目标的载体，充分发挥其在课程实施过程中的作用。如果没有对教育资源明确而清醒的认识，没有切实有效的开发、利用方式，这种变革、转换和更新就不可能实现。第三，这也是教师专业成长的需要。专业的自觉和理性是影响工作成效的重要因素。思维方式和认识水平等主观领域对教师工作成效的影响越来越受到人们的关注。教师要有效地开发教育资源，首先需要去分析教育的目标、内容、方式和方法，也要分析教育资源开发与教育目标实现的关系，要去认识可以开发的教育资源的种类、分布，还要设计开发的程序和方式，估计开发产生的效果。也正是在教育资源的开发过程中，教师的知识结构得到优化，能力得到发展，对教育、教学、课程，特别是对教育资源的认识水平得到提升，最终形成科学有效的教育资源观。也就是说，通过教育资源的开发，实现教师的专业成长。当然，也只有教师得到良好的发展，才可能实现对教育资源更有效的开发与利用。

当前，学校之中开发教育资源可以着重从以下几个方面入手进行思考：

（一）立足课堂教学，开发教材资源

一是深层次地钻研教材。教材是由教育管理部门、学科专家、教材审议专家等人员在深入研究学生和社会的基础上，立足学生实践，并根据学科的科学体系而编著的。它体现了课程标准的精神，为教学提供了基本的教学内容、方法、规范和要求，是教师教学、学生学习的重要载体。因此，教师要提高课堂教学的效益，首先要尊重教材，深层次地钻研教材，明确教材的基本思路、框架、体系和内容。在此基础上，立足教材，又跳出教材，从学生的经验、兴趣出发，将教科书的内容与相关历史、生活、社会、经

济相联系，从而生成丰富的课程资源。也就是说，教育资源的开发不是一种无意识、无目标的行为，而是应该立足于教育教学实践，应该以教材为基础。从某种程度上说，教育资源的开发，特别是课外教育资源的开发，应该是教材的一种有益补充。这种资源的开发不能脱离教材，脱离了教材也就脱离了学生的成长实际。

二是创造性地使用教材。教材的编写是以对学生、社会普遍性研究和一般特征的把握为基础的，不可能适合所有地区、所有学校和所有学生。教材内容的相对固定性，也使得它难以适应瞬息万变的时代变迁。因此，在开发教育资源的过程中，教师的一个重要任务就是对教材进行"再创造"。教师应该树立起教育资源开发的意识，认识到教材作为一种文本性资源本身的价值，教材的内容是可以选择、拓展、补充、延伸的。因此，教师在教学的过程中，应该按照教育资源开发的基本原则，贯彻新课程的基本理念和标准，以促进学生的全面发展为目标，创造性地使用教材。而从某种意义上说，教师对教材的这种创造性使用，其过程本身也正是教育资源开发的过程。

（二）提高自身素质，用活教师资源

在教育资源开发的过程中，教师往往容易将目光聚焦于静态的资源，而忽视了一个重要的现实，那就是教师本身也是重要的教育教学资源，开发教育资源，应该注重提升教师的自身素质，用活教师资源。作为教育资源的教师，包含两个方面的内涵：其一，教师的人格是一种教育资源，教师的人格能够影响学生的人格，利用教师良好的人格对学生进行教育，是实现"身教"的一种基本途径；其二，教师的视野和能力影响着学生的发展，教师自身素质的高低在某种程度上决定了其所培养的学生质量的高低。对于一所学校或者一个班级来说，教师理应成为一种重要的教育资源。教师的课程意识、开发能力、人格魅力、专业知识和技能等，都直接影响着他们所教授的学生。由此可知，教师不仅决定着教育资源的选择和利用，是素材性教育资源的重要载体，而且教师本身就是课程实施的基本条件性资源。教师作为教育资源，不仅为学生提供了学习的典范，而且还在潜移默化地影响着学生对学习的兴趣，对学生素质的全面提高起着不容忽视的作用。因此，教师要掌握具有时代气息的新知识、新技术，要学识渊博，视野开阔，努力拓展教学技能，要在教学中对知识的应用做到游刃有

余、挥洒自如。同时,作为新时期的教师,必须不断勤奋学习,不断接受新的教育理念,加强道德修养,增强人格魅力,成为学生的楷模。

(三)运用现代媒体,开发网络资源

网络的快速发展,不仅彻底改变了人们的生活方式,也对教育教学工作产生了重大的影响,有效利用网络资源开展教育活动已经成为现代教育的必需。网络资源信息量大,内容丰富,包罗万象,充分利用网络资源,可以突破传统的课程与教育资源的狭隘性,突破教育资源时间和空间上的局限性。网络上充足的信息可以使学习者的思路变得开阔,多媒体强大的模拟功能可以提供实践或者实验的模拟情境和操作平台,网络便捷的交互性可以使交流更及时、更开放。更为重要的是,网络资源的灵活性和新颖性,使得这些资源能够更为贴近学生的现实生活,能够更好地引发他们的学习兴趣和积极性。将网络资源引入感恩教育,可以很好地克服传统感恩教育内容陈旧、方式落后的弊病,切实提升感恩教育的成效。因此,在开发教育资源的过程中,教师要充分重视网络资源,引导和鼓励学生以合理的方式通过网络进行学习,丰富感恩教育的资源库,提升感恩教育的成效。

实际上,网络资源仅仅是新型教育资源的一种,教师应该在教育的过程中,充分关注周围的新鲜事物,开发新型的教育资源。从教师的层面看,新课程实施要求转变教师的教学方式,有效地实施教学方式的转变,就离不开新型教育资源的开发利用,如与新教材配套的资料、课件和各种信息资源,备课资源和辅导资源等;从学生层面看,要有效实施学习方式的转变,也离不开新型教育资源的开发、利用,如实践活动资源、电子教材、网络资源和学具等。这就要求政府、教育行政部门、教研部门、学校和教师,在教育资源开发上要更为积极主动。①

(四)注重学生体验,挖掘生活资源

作为现实的生命个体,学生有着较为丰富的生活经验和情感体验,从根本上说,每一位学生都是带着自己独特的生活经验和情感体验走进学校进行学习的,教学活动只有充分重视学生的经验与体验才能够最终成

① 杨宝山等.新课程实施中课程资源的开发利用现状[J].教育科学研究,2005(2).

功。每一位学生都是一个知识源，蕴藏着巨大的开发与发展的潜能，每一个学生的独特的成长故事都可能会成为感恩教育过程中充满活力的资源和素材。

注重学生的生活与情感体验，还应该从学生生活的社区、环境之中寻找感恩教育的素材。从某种程度上说，教育资源的开发与利用最终是要从学校走向社会和自然的，这是从文本走向体验课程的一个表征。不同地区、不同学校在办学条件、师资水平、生源质量等方面存在较大差异，教育资源的开发与利用要根据本地区、本学校的实际情况，因地制宜。通过资源调查、资源分析、资源建设规划等一系列措施，有组织、分步骤地开发与利用课程的社会资源与自然资源，逐步建立以校为本的教育资源的开发与利用机制。实现这一目标，首先要进行资源调查，建立教育资源库。调查是对教育资源进行整体盘点的过程。根据教育目标和内容，要明确当地拥有哪些可供开发和利用的资源。在调查的基础上，进行资源分析，将各种资源进行系统归纳，分辨优劣，综合考虑各种因素，从而实现优化利用。值得注意的是，广大教师的专业权力之一就是开发和利用教育资源，教师和学生又是教学活动实施的主体，因此，开发和利用教育资源的一个重要策略，就是使教师和学生参与进来。教育资源开发与利用的过程本身就是教育活动的实施过程，从某种意义上说，重要的问题不在于学校为教师和学生提供了怎样的教育资源，而在于教师和学生在多大程度上参与到教育资源的开发中来。如此，教育资源的开发与利用才会有针对性、实效性。①

第二节　语文感恩教育资源的开发与整合

当我们运用教育资源开发的理论视角来审视语文情感体验式感恩教育模式之中感恩教育资源的开发问题之时，我们能够欣喜地看到不仅在语文课文之中存在着丰富的感恩教育素材，在课堂之外，也存在着大量语文教学过程中可供借鉴和使用的感恩教育素材。如何开发和整合这些课

① 邓友平.课程资源开发与利用的问题与对策[J].课程教材教法，2009(3).

外的资源，是语文情感体验式感恩教育模式能否取得成功的关键。

面对浩如烟海的素材和资源，我们主要采用了优选法和整合法来确定小学语文情感体验式感恩教育的资源。

所谓优选，就是按照一定的准则和目标从大量的教育资源中，通过认识、比较、确定元素的异同关系，精选出合适的感恩教育内容的方法。优选的本质是比较。通过比较，辨别异同，达到去伪存真的目的。不同的开发主体，由于各自的经验背景、开发的层次、开发的目的及看问题的角度等方面的差异，在具体操作上可能会有所侧重。优选的结果一般表现为数量上的变化，而非质量上的变化。我们在利用优选法确定感恩教育的资源库时，所依据的基本原则有两个方面：其一是经济性，或者说是低成本性，也就是说我们尽量寻找和使用免费的、易得的资源，这会大大降低感恩教育的成本，也容易获得其他学科相关教师的支持与认可；其二是现实性，或者说生活性，也就是说我们在确定感恩教育的资源时，特别注重从现实生活之中取材，我们所选取的资料都是学生熟悉或者比较熟悉的，一方面便于他们通过这些资源更好地吸收其中的感恩教育精髓，另一方面也能够充分引发他们的情感体验，引导他们以更高的积极性投入到语文情感体验式教学活动之中，从而切实提升感恩教育的实效性。

所谓整合，又称为统整或统合，是指从整体观出发，将教育资源的某些要素进行建构或序化，形成新的教育内容的方法。即是说，整合是从无序经过重组到有序的程序，并形成一个合理的、有序的感恩教育资源关系结构，从而发挥出感恩教育资源的最大功能。一般来说，教师所收集到的感恩教育资源是零散的、不系统的，这样的资源如果原原本本地呈现给小学生，则很难体现出感恩教育的系统性和整体性特征，小学生自身的情感发展层次与水平也决定了他们面对零散的教育资源的时候往往难以全面深入地汲取其中的营养。由此，在开发语文课外感恩教育资源的过程中，我们注重以体例为标准，对收集到的资源进行分类梳理和整合，编辑形成语文情感体验式感恩教育补充教材。在使用的过程中，这些教材与感恩题材的课文相得益彰，取得了很好的成效。

我们所梳理的语文课外感恩教育资源主要包括以下几种形式：

一、课外感恩教育文本资源

我们将所收集到的课外感恩教育文本素材进行了分类梳理，编辑成《小学语文感恩教育补充教材》，一方面，提供给教师、学生在进行相应感恩侧重点的课文学习时使用；另一方面，提供学生课外拓展阅读时使用。

在教材的扉页上，我们写道：

感恩之心，是人类心灵中最真、最善、最美的种子。

古有小黄香在寒冷的冬天，先用自己的体温暖了席子，才让父亲睡到温暖的床上；今有伟人毛主席，邀请他的老师参加开国大典；朱总司令蹲下身，亲自为妈妈洗脚；还有居里夫人，寄去机票，让她的小学老师——欧班来参加镭研究所的落成典礼，还亲自把老师送上主席台……他们都共同拥有一种美好的心理品质——感恩。

感恩，是一种认同；感恩，是一种回报。感恩是一种美好情感；感恩是一种处世哲学。感恩伟大的祖国，感恩和谐的自然，感恩美好的生活，感恩无私的父母，感恩朝夕相处的伙伴，感恩孜孜不倦的老师，感恩身边的亲人，感恩所有曾经帮助过你的认识和不认识的人……

播下感恩的种子，开出爱心之花，结出智慧之果，相信你会拥有更美好的人生！

这样一段话，不仅表达了我们所认为的感恩教育的真谛，也表达了我们作为教师对学生常怀感恩之心的殷殷期望。

（一）感恩主题名言

此部分内容，主要是以感恩为主题的格言、名人名言等。名人名言的价值不在于它们出自名家之口，而在于它们自身所包含的哲理，这些哲理经过实践变得生动而有意义，成为感恩教育的一种重要素材。如“感恩不一定要感谢大恩大德，感恩可以是一种生活态度，一种善于发现美并欣赏美的道德情操”（文立芳语）；“我是春蚕，吃了桑叶就要吐丝，哪怕放在锅里煮，死了丝还不断，为了给人间添点温暖”（巴金语）；“受人滴水之恩，当以涌泉相报”；等等。

(二)感恩诗词经典

此部分内容,主要是以感恩为主题的诗词经典。诗词经典是最为精练的语言,也是最富智慧和哲理的语言,诗词经典朗朗上口,意蕴久远,是对学生进行感恩教育的有效题材。如"谁言寸草心,报得三春晖"(孟郊《游子吟》);"父母呼,应勿缓,父母命,行勿懒"(《弟子规》);"谁知盘中餐,粒粒皆辛苦"(《悯农》);"投我以桃,报之以李"(《诗经·大雅》);"礼尚往来,往而不来,非礼也;来而不往,亦非礼也"(《礼记》);"父兮生我,母兮鞠我,拊我畜我,长我育我,顾我复我,出入腹我"(《诗经·小雅》);等等。

(三)感恩主题故事

此部分主要是感恩主题的历史故事、哲理小故事等。故事取材于现实,其所表达的思想往往又高于现实,每一个故事都能够拨动学生的心弦,每一个故事都能够启发学生的思考。故事是学生最为喜闻乐见的文学形式,也是与学生实际生活最为紧密相关的形式。利用故事对学生进行感恩教育,往往能够得到学生发自内心的认同。如《东郭先生与狼》、《农夫与蛇》、《衔环结草》、《陆绩怀橘遗亲》、《诸葛亮鞠躬尽瘁》等等,这些故事或真实、或虚构,但都很容易进入学生的内心世界。

(四)感恩主题文章

此部分主要是以感恩为主题的散文、随笔等文章。经过文学加工之后的故事,其立意和价值更为明显和真切。如《第一次抱母亲》、《手术费＝一杯牛奶》、《世界上最幸福的感觉》等文章,不仅具有丰富的感恩教育价值,而且其本身也是写作精美、构思精巧、妙笔生花的佳作。利用这样的文学素材对学生进行感恩教育,不仅有助于学生深刻地领会感恩的真谛,而且对于学生阅读能力、写作能力以及其他相关方面语文素养的提升都有着积极的作用。

(五)其他感恩主题材料

其他一些感恩主题材料,如感恩节的由来、关于父亲节(母亲节)的小资料等,这些资料主要来源于网络,具有新颖性和时代性的特征,符合学生对新生事物和新知识的渴望。

二、感恩教育网站

灵活利用网络资源，有助于提升感恩教育的生动性和实效性，在开展感恩教育的过程中，我们可以将感恩教育专题网站添加到校园网和班级网站上，一方面，提供教师、学生在进行相应感恩主题课文学习时使用；另一方面，提供学生课外阅读使用。

（一）http://www.ganenedu.net/——中华感恩教育网

中华感恩教育网是专门从事感恩教育、青少年健康成长研究的专业教育网站，主要通过举办大型心理教育活动、专家心理咨询、青少年心理健康指导、亲子教育训练等方式，对青少年进行集体教育与特殊培训，使广大青少年学会感恩、学会求知、学会做人、学会做事、学会成才，以帮助青少年健康成长。

（二）http://www.ganenedu.com/——中国感恩教育网

中国感恩教育网是一家专业从事感恩励志教育活动，以主题讲座、素质特训、心理咨询等方式帮助广大青少年“明伦理，扬美德，励心志”的教育研究网站，通过“观念导航——潜能开发——心灵体验——角色扮演——案例分析——总结感悟”的方式，使广大青少年学会感恩，学会励志成才，成为人格健康、心理健康、有高度责任感的有用之才。

（三）http://www.21gxedu.com/——中国圣学教育门户网站

中国圣学教育门户网站是南宁关心下一代教育研究所以及有关教育专家、社会知名人士的积极倡导、热心支持和帮助下组建的教育网站。2004 年 12 月正式启动感恩教育，成为广西乃至全国第一家针对大专院校、中小学率先普及感恩教育的机构。

（四）http://www.moe.edu.cn/edoas——中华人民共和国教育部门户网站感恩教育板块

中华人民共和国教育部门户网站专门设立了感恩教育板块，鼓励学生在承担责任中感恩，在学会感恩中奉献。鼓励学生参与义务家教、志愿献血、爱心募捐、绿色环保、助残行动等公益活动，学生们的参与热情普遍很高。网站倡导在日常生活中渗透感恩教育，将感恩教育融入生活，使学生认识到感恩不是一种义务，而是一种让心灵获得满足的享受。让学生真切感受到，播一粒“感恩”种，孕一朵“报恩”花，结一颗“施恩”果，才能让自己的生命之芽迸发出真正的光华。

三、感恩教育经典图片、影音资源

在现代教育的理论视域中，如何将教育教学活动变成一项真正能够吸引学生兴趣的活动，是关系到教学有效性的一个关键问题。在开展感恩教育的过程中，我们始终认为，单纯的说教对于学生心灵的震撼作用是相对微弱的。我们力求通过视觉、听觉、触觉等丰富的感觉体验，对学生进行多元化和全方位的教育与感染，尽可能提升学生对感恩的理解和体验。

在开展感恩教育的过程中，我们主要是以歌曲、视频、图片和动画为载体，丰富感恩教育的呈现形式，提升感恩教育实施的时效性，扩充感恩教育的课程资源体系。实际操作中，我们将感恩教育经典图片、影音资源刻录成光盘，供教师进行感恩主题课文的教学时选用，也供学生进行感恩主题课文的学习时使用，这种以电子媒介形式存在的感恩教育资源，不仅丰富了感恩教育的内容体系，提升了感恩教育实施的实效性，也同样彰显了现代教育信息化发展的要求，符合现代教育的基本理念。

(一)感恩歌曲专辑

新课程标准建议教师要采用灵活多样的教学形式及运用现代化教学手段，为学生营造一个良好环境，来激发学生的兴趣。歌曲情感丰富，给人以激情、愉悦和美的体验。不同时期、不同主题的歌曲都具有其鲜明的时代特征和丰富的教育意义，在教学中恰当运用能够营造合适的气氛，引发学生的思考，拓宽学生学习和探究的空间，增添课堂和教学的魅力，从而实现打造高效课堂的最终目标。

随着我国社会主义文化的大发展和文艺工作的繁荣，歌曲的创作也越来越呈现出繁荣的景象，不同主题的精品层出不穷，为教育工作提供了丰富的资源。在各种歌曲中，感恩主题的歌曲不在少数。它们或赞美祖国的大好河山，或赞美父母的养育之恩，或赞美自然的馈赠之情。歌曲的聆听和演唱，能够更好地激发学生的感恩情怀，使之萌发更为积极的感恩体验。我们注重收集感恩主题的歌曲，编辑感恩歌曲专辑，收纳了《感恩的心》、《烛光里的妈妈》、《懂你》、《父亲》、《感谢你》、《母亲》、《米兰》等 30 多首感恩经典曲目，在实施感恩教育的过程中，通过歌曲的形式，让学生在美妙的旋律中体会浓浓的情感。

当前，歌曲已是人们生活中不可或缺的一部分，学生们普遍热爱音乐，把歌曲引入到感恩教育的教学活动之中，能活跃教学气氛，提高教学效果，同时会促进课内与课外的有效衔接，使感恩教育更加合乎生活的节拍，也有利于学生们乘着歌声的翅膀，在感恩教育这方神奇美妙的天空自在翱翔。

(二)感恩教育视频专辑

当今时代美国最受关注的教育新事物是由萨尔曼·可汗创立的"Khan 学院"。这是一家非营利机构，它以向全社会的任何人、任何地区无偿提供世界级教育课程为使命。2004 年起，Salman Khan 开始向 YouTube 网站上传数学辅导视频，至今已上传了 2800 多个小型教育讲座，主题覆盖了数学、物理学、金融、生物和当代经济学。平均每日的观看次数超过 10 万，平均每堂课有 1 万余人观看，观众来自世界各地。对于可汗的成功，人们从多种角度进行了分析，对于笔者来说，我最为关注的是可汗学院传递出的一个信息：利用视频改变教育。

相比较于歌曲，视频的优势更加明显，它集声音、动作等于一体，能够向受众更为直观地展现某一主题思想。随着现代信息技术的发展，视频运用于教育教学活动已经不再是新鲜的事情。但是随之而来的一个问题就是面对浩如烟海的视频资源如何取舍和选择，以便有效提升视频教学的实效性的问题。面对这样的思考，在实施感恩教育的过程中，我们一方面非常重视视频对开展感恩教育的积极作用，努力将视频纳入到感恩教育的内容和途径范畴体系之中；另一方面，注重发挥教师的积极性，鼓励他们利用课余时间选择和甄别感恩教育的主题视频，并通过感恩教育动画专辑主要由学生喜闻乐见的感恩教育动画小故事、感恩教育专题片、感恩教育演讲录、感动瞬间、感动中国人物等序列予以编排，以便师生在教学中加以灵活选择和利用。

视频教学的引入，进一步体现了感恩教育的时代特征，也给学生呈现出了一个更为丰富和生动的感恩教育情境。在有声有色的教育环境中，感恩教育实施的有效性方可得到保证。

（三）感恩教育图片专辑

小学阶段的教育教学活动有其独特的性质。作为这一阶段的受教育对象——小学生，从身心发展的特点看，优美的语言、生动的教材、美观的画面和动听的音乐都能调动学生情感，使他们进入情境，积极主动地投入学习，这是实施感恩教育或者其他任何教育活动都必须要遵循的一个重要规律。

图片，作为一种静态而直观的形式，也深受学龄儿童所喜欢。学生通过图片的绘制，能够表达自己对感恩的独特理解，能够亲身参与感恩教育之中；教师通过图片的展示，能够节省视频和音乐播放所需要的大量时间，提升感恩教育的效率。由此，在丰富感恩教育的歌曲和视频的同时，我们也制作完成了感恩教育图片专辑。专辑主要由感恩教育宣传画、感恩主题漫画、感恩主题图片、感动瞬间照片等组成，这些图片很多是由学生提供的，充分彰显了学生是感恩教育主体的价值和意义。

第三节　语文感恩教育资源的运用

教育资源伴随着教育实践，不断积累着、扩展着、丰富着自身精神的和物质的内涵，成为教育不断进步、发展的基础和土壤。如何开发教育资源是教育发展的一个重要问题，而如何有效地运用经过开发的教育资源，显然又是另外一个值得思考的问题。

感恩教育资源类型丰富，在实际使用的过程中，应该根据感恩教育的不同目标，灵活利用这些丰富的资源。有的资源，可以直接作为开展感恩教育的素材；有的可以作为教材内感恩主题课文教学时的链接、拓展、补充；有的则可以此为素材，设计更为形式多样的活动，从而提升感恩教育的实际效用。一般来说，在语文情感体验式感恩教育的过程中，感恩教育资源的运用通常有以下几种方法。①

一、依托情感故事，激发学生的感恩情怀

故事教育法能引发广大青少年的兴趣、思考、讨论，达到培养感恩意识的目的。教师可以选取富有感恩意义的寓言故事、名人感恩故事，让学生明白感恩的道理。故事教育法对于青少年来讲，生动又有趣，吸引力很大，效果也非常显著。针对不同孩子的特点用相应有意义的故事给予教育，会起到意想不到的效果。教育工作的一项基本指导思想就是要从受教育对象的身心发展现实出发，尊重他们的身心发展特点和独特需要。小学生的身心发展特点决定了对于他们来说，很多时候，给他们再多的道理，不如给他们一个故事，一个小小的故事在他们心里的影响是深刻的。老师通过讲述短小、精美的感恩主题的寓言故事、童话故事、名人故事或根据学生言行中带一定普遍性而编制的故事，让学生讨论、热议，写周记、谈看法，达到教育目的。

应该指出，任何一种教育方法都不是无目的性的行为，必须要始终围绕一个核心的目标组织和开展。这也就意味着，故事法不单单是给予孩子一个故事，其实也是给他们人生上的一堂课。让孩子们懂得：只有谦卑的心态才能学习和容纳更多的东西，只有宽广的胸怀才能悦纳这个世界。附录三所列举的感恩小故事，虽然都比较短小，但却都隐含了较为丰富和深刻的感恩哲理。这样的故事本身，就是一种重要的感恩教育资源。对于故事的聆听和讨论，能够激发学生的感恩情怀。教师应该多注意收集这样的小故事，特别是那些融合了时代因素和当今学生兴趣点的故事，在课堂内外呈献给学生。让他们在故事的阅读中体会感恩的真谛。

二、脱离文本局限，增加学生的情感实践

对于教师来说，开发的感恩教育资源，往往是以静态的形式存在的。但是，就感恩教育，乃至一切道德教育来说，学生自身的情感实践与体验才是最为重要的。我们反复强调，对学生进行感恩教育，最为重要的不是

---

① 李建兰. 当代中国青少年感恩教育初探[D]. 江西师范大学硕士论文，2009：33.

让学生学会感恩的知识，背诵感恩的文章，而是要结合活动丰富情感体验，从而逐步内化为他们的感恩意识，并通过感恩行为表现在现实的生活和实践活动之中。因此，在利用感恩教育资源的时候，教师要学会跳出文本、图片的局限，将资源与学生的现实生活世界相结合，尽可能让学生在实践中体会文本的内容，丰富学生的感恩情感体验。对青少年来说，“感恩”意识的形成，不可能完全从书本上获得，更应该在实践活动中培养，到社会活动中耳濡目染。因此，教师可以将感恩教育的目标和内容设计成学生可参与的、生动的各种各样的活动，让学生在活动中加深认识，在活动中接受考验，在活动中得到锻炼，在活动中培养感恩品质。

感恩教育的实践锻炼法有多种表现形式，教师可以根据自己所开发的感恩教育资源灵活地设计。比如，在学习感恩父母类型的文章时，教师可以鼓励青少年亲自动手做一些感恩卡片，在父亲节、母亲节的时候送给父母，或是在特定日子(如父母的生日等)为他们做一些令其感动的小事情。此外，作为语文学科的教学过程，教师应该将感恩教育与语文教学切实结合起来，在感恩教育中提升学生的语文能力与素养，在语文能力与素养的提升中强化学生的感恩意识。比如，教师可以鼓励学生在每周或每月把别人为其做过的比较感动的事情写成周记或作文在班上宣读，或者举办“我最感动的人和事”感恩作文竞赛；与家长、老师进行换位，做一天家长或老师，从而感知父母、老师对自己的恩情；利用各种机会，引导青少年对给予我们提供各种服务和帮助的人员表示感激；通过给父母写感恩信，父母也给孩子回信，拉近父母与子女之间的心理距离等。这样的做法，可以达到感恩教育过程中一举多得的效果。

三、创设感恩情境，丰富学生的感恩体验

前文之中，我们已经强调过创设情境、采用情境教学在感恩教育过程中的重要意义。但是，对于很多教师来说，教育情境的创设是一项非常困难的工作。特别是要充分考虑到情境的现实性、可能性、教育性、生活性、创新性等问题，很多教师对此会顾此失彼。然而实际上，感恩教育资源已经为我们提供了很丰富的感恩情境。不论是一篇文章、一则报道、一张图片，还是一段视频、一首歌曲，其本身就构成了我们对学生进行感恩教育的良好情境，这样的情境大多取材于现实，不存在脱离实际的问题。

比如，在学习《第一次抱母亲》这篇文章的时候，教师除了让学生通过阅读感受文章中表现出来的母子深情之外，还可以创设这样的情境：播放背景音乐，启发学生想象说话：如果你是文章的作者，你在抱着母亲入睡的时候，你会想些什么？如果要你对母亲说一些话，你会说什么等等。这样的情境中，学生会很自然地联想到自己的母亲，自己的现实生活，这样真切的情感体验，其效果将远远超过单纯的文本理解和解读。当学生都沉浸在对母亲关爱的回忆中时，伴着音乐，适时播放出生、哺乳、学走路、看病等成长过程中母亲对孩子无微不至的关怀的图片（视频）和母亲抱着孩子的各种温馨图片，在各种感恩资源的共同作用下，学生的体验就愈加深刻了。

设计利用各种感恩情境，唤醒学生的感恩意识，寻找能打动学生内心的感恩教育内容和方法，让学生产生共鸣，这是情境教育的一种基本思路，也是感恩教育应该遵循的基本法则。情境教育法一般包括精心设置情境、理解情境、感悟情境、认知深化四个环节。以感恩教育资源为基础，利用各种资源设计一些感恩教育情境，让学生自己去体会“感恩”的重要意义很有必要，这其实也是感恩教育的一种重要手段。

四、分配教育资源，拉长感恩的教育战线

当前，对于感恩教育在中小学中的实施方式问题，依然存在着一定的争议。有的研究者认为，感恩教育应该作为一种主题鲜明的教育形式，通过开发独特的教材，采用灵活的方式，以常态化的形式在学校教育体系中开展，即希望将感恩教育作为一种独立的教育活动；有的研究者则认为，感恩教育不应该成为一种独立的教育形式，学校任何形式的教育、任何学科的教学都应该担负起感恩教育的职能，学生感恩情怀的培养是教师群体性劳动的成果。笔者所秉持的是后一种观点，在语文学科中探索感恩教育的做法也正是来源于此。

正因为感恩教育不是某一学科、某一教师的独有性工作，那么在实施感恩教育的过程中，丰富的感恩教育素材也就不应该仅仅为少数的教师所拥有，将教育资源进行有机地分配，在不同类型的学校活动和学科教学中灵活运用，有助于以教育活动为载体，时时刻刻向学生渗透感恩教育的思想精髓。教育者要在日常的学科教学、班级管理、集体活动中渗透感恩

教育，将直接渗透与间接渗透、重点渗透与随机渗透有机结合，提高教育的针对性和有效性。学校每一位教育工作者都有责任在日常的学科教学尤其是人文学科的教学中渗透感恩教育，在年段班级管理、集体活动和学校生活中渗透感恩教育。另外，还可以请相关的名人名家进行感恩教育的专题讲座；可以在学校的文化艺术节、体育节、文艺汇演等集体活动中渗透感恩教育；班会课既可以安排专题的感恩教育活动如主题班会，也可以在其他教育内容中渗透感恩教育。

五、举办专题活动，扩大感恩的教育成果

应该说，随着新课程改革的实施，教师们大都已经认识到类型丰富、主题鲜明的活动是学校教育工作的重要组成部分，通过活动的组织和举办，能够锻炼学生多方面的能力与素养，这样的理念也同样可以运用到感恩教育的过程之中。对于很多教师来说，如何设计活动的主题是一件令人头痛的事情，要确保活动的教育性，又要确保活动对学生的吸引力，这并不是容易实现的目标。教师的智力和体力都是有限的，但是，我们所搜集到的感恩教育资源却是无限的。它们之中的很多素材能够给我们启发，使得我们在设计活动主题的时候能够迸发出灵感。

专题活动法注重的是主题性，利用其主题来开展一系列活动，最终达到开展此项活动的意义。中国的传统节日给专题活动的开展提供了丰富的内容，我们可以利用春节、父亲节、劳动节、教师节、重阳节、国庆节等重大的节日开展感恩教育，以扩大感恩的教育成果。学校还可以组织学生开展感恩教育主题班会、布置墙报，充分利用宣传窗、校园广播、电子显示屏等各种宣传阵地营造感恩教育的氛围，如在每周一歌中教唱感恩歌曲，做到人人会唱感恩歌曲。还可以利用假期开展“帮父母做家务、为父母说一句感恩的话语”和“自己争当义务社区服务员”以及“迎接父母下班”等具有感恩教育意义的活动。课内、课外齐致力，主题课文教学、专题教育活动相结合，学校、家庭、社会同努力，就能形成一个强大的感恩教育的“场”，帮助每个孩子形成感恩自觉。

第五章

语文体验式感恩教育实践成效

从中外教育史来看，教育教学改革无疑是一种常态，改革往往被看作是教育发展的一个必然途径，“没有改革就没有发展”似乎已成为一个世界性的共识。改革的一个基本假设是，改革前的某些状况是不好的、是存在问题的，通过改革可以改善不好的状况，从而达到发展的目的。当然，这只是其中一个原因。更重要的原因在于，教育承载着培养人的重任，“人兴则国旺”。当社会出现一定问题时，人们常常将视角转向教育改革，期望通过改革教育来培养社会所需要的人才。同时，一些教育家也将教育当作改革社会的重要手段，甚至认为社会所出现的某些问题本身就是不合理的教育制度所造成，希望通过改革教育来革除社会弊端。例如，赫尔巴特即反对通过暴力革命来粉碎封建等级制度的枷锁，认为相比于其他手段，教育更有希望实现社会的道德进步，乃至社会的进步[①]。如此，教育改革蕴含着使教育朝好的方向发展之意，从而被赋予了达成“革故鼎新”之美好理想的使命。

然而，正如钱理群教授所质疑的，“改革就是一切”真的是一个硬道理么[②]？改革之后就真的要比改革之前要好么？这确实是两个不容易回答的问题。在笔者看来，教育领域的改革不同于其他领域，因为教育所关涉的是每一个生命的成长，涉及的是每一个家庭的幸福，教育改革马虎不得，必须要确保取得良好的成效。而这样的良好成效，显然需要有一个合

---

① 李其龙.赫尔巴特文集·前言[M].杭州:浙江教育出版社,2002:10.

② 钱理群.中国大学的问题与改革[A].刘琅,桂芩.大学的精神[C].北京:中国友谊出版公司,2004:241.

理的判断标准。

对于学校来说，教育教学的改革也是学校教育工作不断发展的基本保障。同样，这样的改革，通常也都是基于教育问题的出现，是一种旨在化解问题的创造性活动。笔者本书所探讨的语文情感体验式感恩教育的新模式，就是一种旨在改变传统的德育或感恩教育低效状态的尝试。作为一种微观形态的教育改革，它同样需要经受改革是否成功的拷问。而要判断这样的改革是否成功，首先需要明白的是我们应该以怎样的标准来判断一项改革是否成功。

第一节　教育教学改革成功的标准

判断语文情感体验式感恩教育是否是一项成功的改革，需要从两个方面入手：其一，语文情感体验式感恩教育改革，从属于教育改革的大范畴，其成功与否，应该参照判断教育改革成功与否的标准；其二，语文情感体验式感恩教育，从属于学校的道德教育层面，判断其成功与否，应该参照德育教育有效性的相关标准体系。本节之中，笔者将着重从上述两个方面入手，在探讨教育教学改革成功标准的基础上，研究语文情感体验式感恩教育的基本成效。

一、成功教育改革的基本标准

社会评估应当预期并描述社会效果，以尽可能在早期实行管理，以平衡变迁带来的成本和收益。但是，对一项教育改革成效作出客观评价是相当困难的，谁来评价、依据什么标准来评价、什么时候评价比较适宜都不易达成共识。同时，教育改革还具有现实效应和潜在效应，这更增加了改革成效评价的难度。笔者试图提出几条基本的评价标准。

（一）教育改革付出的代价要最小

经济学中，衡量一项活动的收益一般是通过“成本——收益”分析法(Cost-Benefit Analysis，简称 CBA)来进行的。“成本——收益”分析是指在替代方案的成本和收益均可用货币来进行度量时，对替代方案做出的评估[①]，由此来分析一个方案是否值得。如果是值得的，它所产生的收益必须超过成本。一项纯粹的经济行为的“成本——收益”是容易测算的，如投资多少、收入多少，收入减去投资即为净收益。但并非所有的社会行为都如同经济行为那样可以明确测算收益并用货币标志，特别是诸如教育改革之类的社会行为。教育改革所产生的效益不仅指教育改革所产生的经济效益，还包括它对社会非经济领域的影响。衡量一项教育改革的“成本——收益”并非易事，每一次的教育改革投入不一样。其投入也是多方面的，包括政府、社会组织、家庭等，要准确算出每一次教育改革的投入几乎是不可能的。同样，教育改革的产出也是多方面的，要准确计算其产出也非易事。使用“成本——收益”或“成本——绩效”分析方法的评估者必须了解在特定领域使用效率分析会遇到的特殊问题，并应该了解“成本——收益”或“成本——绩效”分析的局限性。

教育改革是发生在教育领域的一项人为活动，它既有与社会其他子系统相同的改革逻辑，如一般要经历决策、启动、反馈、评估几个阶段，又同时具有自身的特殊性。其特殊性在于教育改革的根本目的是促进人的发展，最终带来社会的发展。因同时关涉到众多个体的利益，所以很难简单套用经济领域中的计量公式来衡量教育改革的得与失。但很难衡量并不代表无法衡量，我们可以通过其他途径来综合衡量教育改革的成效。其中，代价无疑是一个很好的视角。任何行动都不可能是十全十美的，得与失总是相对的。代价是一种替代的价值，是为实现某种进步或获得某种收益所作出的牺牲或承担的消极后果，是相对收获而言的。“教育改革的代价是指教育改革在为实现某个或某些改革目标的过程中，所产生的负面影响、消极后果，即教育改革所产生的副作用。”[②]我们承认教育改革必然付出代价，但并不意味着可以任由代价的产生。成功的教育改革必须是在可预见的范围内，预计改革潜在的风险，综合考虑一项教育改革措施可能会给社会和教育中的人带来什么，权衡利与弊、得与失，不做无谓的“牺牲”，将代价控制在最小范围之内。

---

① [美]亨利·M.莱文，帕特里克·J.麦克尤恩.成本决定效益：成本——效益分析方法和应用[M].金志农，孙长青，等译.北京：北京希望电子出版社，2006：12.

② 朱丽.论教育改革代价的公正分配[J].教育科学，2007(4).

(二)教育改革要以人的全面发展作为最高目标

实践中,教育改革的措施往往包括制度的修订、经费的投入,以及教材、课程、教学方式等的变革。但无论是对什么内容进行改革,其本身并不是目的,而只是手段,是为了更好地促进人的发展,可以说改革的落脚点在于人。人在教育改革中的首要性决定了教育改革必然要致力于生命的成长。人的发展应该是一种什么样的发展呢?在马克思看来,人的发展应是一种全面而自由的发展。他所认为的人的全面发展包括了三层含义:个体本性的自由全面发展,个体与社会的协调发展,部分人与社会所有成员的协调发展。从这点说,教育改革应该围绕这三个方面展开,以促进人的全面发展为最高目标。

教育不仅具有工具价值,而且也具有内在价值。从教育的工具价值来看,教育与政治、经济有着天然的联系,应该服从于、服务于政治、经济的发展;从教育的内在价值来看,教育以培养人为最终宗旨,应致力于人的发展,而教育改革应该服务于这种宗旨。教育的这种内在价值,决定了教育应对政治和经济保持相对的独立性,不能完全以政治权力、经济思维来主导教育改革,或者将政治改革、经济改革等社会改革的模式简单推衍到教育改革中。教育改革服务于社会政治、经济发展的同时不能忘了教育的目的,不能忽视了甚至以牺牲人的发展来换取政治、经济的发展。当教育的两种价值发生冲突时,应该以其内在价值为根本,因为以人的牺牲换来的社会发展是不可能长久的。

(三)教育改革要立足于特定的时空背景

从中外历史来看,每一次教育改革都是发生在不同的社会背景之下,也即发生在不同的"场域"中,总会受到当时、当地的政治、经济、文化等因素的影响,会随着整个社会经济、政治、文化的发展、变革而发展、变革,脱离了一定的历史背景谈论教育改革的成功与失败是没有意义的。正如阿普尔(Michael W. Apple)所言:"我们需要尽可能把一切放置到更大的背景中去,包括我们传授的知识、支配课堂的社会关系、作为文化、经济保存和分配机制的学校，以及在这些背景中工作的我们。"[1]因此，判断一项教育改革是否成功应该尽可能地还原其实施的时空背景，从背景中去查找改革的动因。但如果将背景考虑进去，无疑会极大增加教育改革成效评估的难度。如从时间维度来看，什么时候进行评价比较适宜？教育是一个培养人的长期过程，而人的发展是一个缓慢的过程。因而改革特别是教育改革的成效具有显著的滞后性，有些成效需要一段时间才能显现。另外，一项行动不仅产生现实效应，还会带来一些潜在效应，而这些潜在效应（可能是积极的，也可能是消极的）的显现可能需要更长一段时间。每一项教育改革制度旨在解决某一问题时，可能埋下了新问题的"隐患"，但在当时的时代背景下只能如此为之。比如，我国的重点学校制度，在人才极度匮乏的年代，集中优质资源建设若干学校合乎实情，也是可以理解的，但这却是造成今天校际差异、城乡差异的重要原因之一。对于重点学校制度的产生，不能脱离其产生的时代背景，完全以今天的眼光来评判它及其产生的效应。但随着时代的发展，在重点学校制度的使命完成之时，应该适时让其退出，以更公正的制度来替代它，否则难以说其是成功的[2]。

二、成功德育教育的基本标准

长久以来，教育理论界和实践界对德育教育的有效性一直颇有微词，这其中一个重要的原因就是我们似乎很难有一个一致性的标准来判断德育教育的有效性。因为作为思想领域的事物，德育教育涉及的因素太多、太杂。从笔者的角度看，判断学校德育教育是否有效，可以从以下几个角度出发：

（一）可检测的标准

学生的成长是一个复杂且漫长的过程，是多种因素长期综合作用的结果。很难说出前一阶段的哪种教育教学行为造成了学生今天的发展状

① ［美］迈克尔·W.阿普尔.意识形态与课程［M］.黄忠敬译.上海：华东师范大学出版社，2001：3.

② 朱丽.什么是成功的教育改革［J］.教育发展研究，2011(6).

态。因此,不能简单地把学生的成长作为判断学校课堂教学德育有效性的标准,而应把课时目标作为判断教学行为有效性的基本依据。这个标准要求任课教师在备课时必须认真研究课时目标,使课时目标在知识、能力和情感态度价值观要点上具体明确,而且可检测。不能把德育的育人总目标作为评价学校课堂教学德育有效性的标准。还要注意课堂教学过程中的检测形式要多样化,不能局限于知识性的问答。如果每一节课的课时目标都能达成,那么德育课程将会在学生的发展中发挥重要作用。

(二)能观察的标准

能观察的标准,主要是看课堂中学生主体性发挥的程度。德育教学是否有效,并不是指教师有没有教完内容或教得认真与否,而是指学生有没有学到什么或学得好不好。如果学生学得不好,即使教师教得很辛苦、很认真,也是无效或低效的教学。德育课堂教学是否有效可以从学生的课堂学习表现观察出来。如果学生表现积极、思维活跃、合作友爱,能够主动融于教学过程之中,就表明学生学得好,教学有效;如果学生在德育课堂上昏昏欲睡或无所事事,那么教学必然是无效的。简而言之,就是要使学生在德育课堂上"动起来"和"活起来",把爱表现出来。

(三)促发展的标准

促发展的标准,主要是看学生对德育课的兴趣和教师的成就感。学校德育教学对学生的影响是通过学生思想接受来实现的,学生越是自觉地接受,教学效果就越好。而是否实现这种自觉又是可以通过学生对德育课程教学的兴趣来衡量。当学生对德育课程教学产生兴趣后,德育课程教学对学生的发展就会起到积极的推动作用。同样,当德育教师能够带着成就感走出教室的时候,表明教学是有效的。如果学生对德育教学产生厌烦心理,那么这样的德育教育可能就是低效的。

上文之中,笔者主要从感恩教育作为一种一般意义的教育改革和感恩教育作为一种特殊意义的道德教育两个角度入手,对探究学校感恩教育实施效果的角度进行了初步的梳理。这种理论上的建构,有助于我们用一种更为理性的视角去思考语文体验式感恩教育模式在现实教育生活中的实施成效。在笔者看来,上述几个方面的维度,实际上可以概括为学生、教师和社会影响三个角度。因为学校之中的任何教育改革,实际上归根到底都是教师和学生互动合作的结果，其积极意义也总是要体现在教师和学生生命情态、知识能力、思维方式等。同时，任何一项有意义的教育改革，势必都会引起一定的社会反响，能够对包括学生家长在内的社会群体产生积极的影响。由此，笔者认为，可以从学生、教师和社会影响三个方面去描述语文情感体验式感恩教育的实施效果。

第二节　语文体验式感恩教育的成效检测

教育活动，之所以被认为是一项有目的、有计划、有组织、有意识的活动，其中的一个重要特征就是教育活动往往是以一定的目标为导向的，这种目标也体现在了教育活动所达成和实现的成效之中。伴随着语文情感体验式感恩教育的实践，我们越来越深刻地感受到了，这样一种感恩教育的持续开展对于学生、教师的影响和它所展现的社会影响力。

一、学生的发展是根本目标

在任何类型的学校教育教学改革推行之前，追问改革背后的目的是非常必要的。关于教育教学改革目的是什么的讨论是一个非常复杂的问题，但同时也是一个极为重要的问题。

目的性是人类社会行为的典型特征，是人的行为区别于动物行为的一项重要标志。人的行为与动物行为不同之处在于人能够对自己的行为进行理性的控制与规划，并使之向着预定的目的与方向发展。马克思曾以蜘蛛与织工、蜜蜂与建筑师的活动进行比较，说明了目的性是人与动物行为根本区别之所在，也为我们理解学校教育教学改革的目的提供了一种基本的思路和视角。

教育教学改革的目的是指教育教学改革之前在人们的意识中就已经存在的，对人们的行为具有指导与支配作用的一种价值取向，是人们期望在教育教学改革行为结束后产生的一种结果[①]。应该说，不论是宏观的

① 苏君杨.理性定位与审视教育改革目的[J].民主，2011(7).

教育改革，还是微观的教学变革，其目的都可能是多种多样的，这或许与教育教学工作本身的复杂性有关，但是，不论任何形式的教育教学改革，其最为根本的目的应该是促进学生的发展，也就是说，学生始终应该是教育教学改革的核心指向。

教育发展的历程表明，满足各自国家在政治、经济、军事等方面发展的需要乃是各国不同时期教育和课程实施首要的追求目标。而学生的发展则被置于次要地位。然而，由于新技术革命的发展和产业结构的变化，从20世纪80年代起，教育受到了各国政府前所未有的关注。知识经济的到来和人本主义的深入人心，使教育目标、课程目标都发生了深刻的变化。有关调查显示，20世纪90年代以来，世界各国在制定培养目标时，不再忽视学生发展的需要，不再简单地把学生看作是装载知识的容器，或攫取自然资源、进行物质生产的工具，而是更加关注公民的个人责任、个性发展与生产能力，创造力与批判性思维，交流、合作与团队精神，信息素养、国际视野。中国作为构成世界发展整体中重要的一员，必然也要顺应历史发展潮流①，以一种全新的学生观去审视和重建学校教育教学的变革，这不仅意味着学校应该加大贯彻和落实新课程改革理念的力度，也同样意味着，教师和学校管理者更多的应该以一种立足于学生发展的视角去甄别和判断学校教育教学改革的成功与否。

语文情感体验式感恩教育，是一种依托语文教学开展的感恩教育模式。依托语文教学是最能体现这一新型的感恩教育模式独特优势的地方。也就是说，通过语文情感体验式感恩教育，首先应该实现语文教育本身的本体性和工具性目标。

语文教育目标是教师对学生进行语文教育活动的总的质量标准，在整个语文教育理论系统中居于特殊的地位。这是因为语文教育目标对落实语文课程纲要、制定语文教学计划、明确语文教学方向、组织语文教学内容、选择语文教学方法、预设语文教学过程等都起着重要作用。语文情感体验式感恩教育，在彰显感恩教育独特魅力的同时，达成学生语文素养的提升是基本的目标。

语文素养的提升包括语文教育客体和语文教育活动本身对语文教育主体所产生的知识的获得、能力的形成和智力的拓展等要素，所注重的是

---

① 王晓芸．教改是为了学生的发展[J]．中国外语教学，2010(7)．

语文教育的基础性。这就要求语文教师在制定语文教育的目标要素时，应对知识、能力、智力这三个方面予以充分考虑。语文知识是指从事语文活动的主体在实践中所获得的认识和经验的概括，它是语音、文字、词汇、语法、修辞、逻辑、文章、文学等知识的总和。语文能力是指从事语文活动的主体在实践中所表现出来的特殊本领，它是阅读、写作、聆听、说话等能力的总和。注重学生的语文能力的训练，既有助于促进学生的阅读能力、聆听能力等语文吸收能力的形成，也有助于促进学生的写作能力、说话能力等语文表达能力的形成，更有助于促进学生的语文整体水平的提高。语文智力是指从事语文活动的主体在认识过程方面所表现出来的智慧，它是观察力、记忆力、想象力、思维力等智力的总和。注重学生的语文智力开发，既有助于促进学生的观察力、记忆力等一般语文智力的拓展，也有助于学生的想象力、思维力等特殊语文智力的拓展，更有助于学生的语文整体水平的提高。因此，作为一名语文教育工作者，一定要在教育过程中设法创造特殊的环境和条件，将学生语文知识的习得、语文能力的提高、语文智力的开发置于语文课程语境中加以重视。

语文情感体验式感恩教育始终依托语文教学开展，在教育活动的实施过程中，教师能够创设独特的环境给予学生言语实践的机会。在这些环境和机会中，学生通过听说读写等语文的方式，语文文字水平、阅读表达水平、逻辑修辞水平、观察体会水平、思维想象水平等都得到了锻炼，进而实现语文综合素养的整体提升。

应该说，语文情感体验式感恩教育设计的初衷正是因为学生感恩意识的淡漠和感恩行为的缺失。这样的设计初衷使得语文情感体验式感恩教育在设计、组织、实施、管理的过程中势必要时刻围绕学生的需要和学生的身心发展。以学生德行发展为导向是语文情感体验式感恩教育的重要特征。在教育教学的过程中，通过充分利用语文教材中丰富的感恩教育教学资源，整合课外的感恩教育资源，创设情感体验的各种平台，引导学生感恩、知恩、报恩和施恩，逐步形成了良好的感恩教育氛围，提高了学生的品德修养和文化修养，促进了学生感恩意识、感恩品质和感恩行为三个方面的重大变化。

(一)学生感恩意识的逐步增强

意识是行为的先导，只有具备较强的感恩意识，才能够在日常生活和学习中常怀感恩之心，并在合适的场合之中做出恰当的感恩行为。语文情感体验式感恩教育的一个重要成效就是培养了学生的感恩意识。因为对于小学生来说，真实的情感体验往往是最能够深入他们内心世界的，通过情感体验而获得的感恩意识能够长久地停留在学生的头脑之中，并为他们感恩品质和感恩行为的形成奠定良好的基础。

通过近五年的感恩教育实践，我们认为，在语文情感体验式感恩教育的作用下，学生的感恩意识逐步增强，研究数据证明了我们的预设。我们请学生家长分别就学生在教育措施实施前、实施中期及实施后感恩意识变化情况填写《儿童感恩意识的发展状况调查表》(结果见下表)。从表中的数据可以看出，除“爱他人”一项在实施过程中学生态度没有明显变化外(P＞0.05)，其他四项在实施前后学生的态度均有显著的变化。这提示我们，通过感恩教育活动，学生的道德认识、道德观念、道德理想和道德情感都得到一定程度的发展。

儿童感恩意识的发展状况调查表

问卷项目	爱亲人			爱他人			爱集体			爱自然			爱家乡		
	好	中	差	好	中	差	好	中	差	好	中	差	好	中	差
实施前	15	9	6	20	7	3	18	9	3	18	12	0	13	12	5
实施中期	19	6	5	25	3	2	23	7	0	19	11	0	17	10	3
实施后	28	1	1	28	2	0	29	1	0	29	1	0	28	1	1
x^2 检验	$x^2=13.914$ P＜0.01			$x^2=7.644$ P＞0.05			$x^2=14.717$ P＜0.01			$x^2=12.612$ P＜0.05			$x^2=17.865$ P＜0.01		

或许静态的数据难以全面地表征语文情感体验式感恩教育模式对学生感恩意识形成的影响，那么我们再来看看经过感恩教育之后的学生在日记、作文、书信中的真情流露。

在家长会前夕，我们请每个学生写了一封信给父母，向父母汇报自己的收获和新年的计划。很多同学都在信中表达了这样的想法：平时自己太不懂事，爸爸妈妈很辛苦，而自己却没为他们做什么。如徐成凡同学在信中写道：

我亲爱的妈妈，对不起！我在这里向你们真诚的(地)道歉，为我不认真对待学习，为我总是打游戏，为我不能替你们分忧、还让你们操心而道歉，我不会再浪费你们给予我的生命，我要努力学习加油！从此，我要踏上成功的道路，来回报你们对我的爱和为我付出的心血……

陈林涛同学写道：

亲爱的爸爸，一直以来，我从未想过要养大一个人有多难。以前的我从未去理解您，只是固执地认为只要我想的，就是对的。而您除了限制还是限制，就像一个监狱。让我从此失去自由，无法做自己想做的事。现在，我知道错了！儿子以前是多么的任性，多么的自私。从来只考虑自己，从未为您考虑。当我与同学出去玩，过了时间都不愿意回家，那时开开心心的我却忘了家里的您，忘了您焦急的样子，忘了您担忧的样子……

很多家长在看完信后热泪盈眶，他们欣慰地看到自己的孩子在取得学识上的进步的同时，也懂得了爱别人和尊重别人。孩子们在信中的真情表白，昭示着感恩教育的初步成功。通过一系列有针对性的教育，学生的确长大了，懂得去体贴、关心长辈了，明白了自己身上的重担，懂得去奉献爱心、体悟生活了，感恩意识已在他们脑中逐步形成。

（二）学生的感恩品质逐步形成

在学生感恩意识形成之后，语文情感体验式感恩教育继续致力于学生感恩品质的形成。从教育的目标来看，有显性和隐性的区别。感恩品质的形成也既有显性的因素，又有隐性的因素。教师的教学设计干预和学生的内省，是感恩品质形成的重要成因。

我们分别在教育措施实施前和实施后对实验班学生的感恩品质情况进行了调查。请学生、家长、教师填写《学生感恩品质变化情况调查表》，并对调查结果进行了统计分析(结果见下表)。从表中的数据可以看出，与教育措施实施前相比，在教育措施实施后，学生的孝敬长辈、关心同学、热爱班级、保护绿化、乐于助人、与人为善和努力进取等感恩行为有了明显的增加(教育措施实施前后比较，上述感恩行为出现的差异均达到显著或极显著的水平)。这从一个侧面反映出，通过感恩教育，学生良好的感恩品质正在逐步形成。

学生感恩品质变化情况调查

问卷题目内容		孝敬长辈	关心同学	热爱班级	保护绿化	乐于助人	与人为善	努力进取
很不符合	实施前	4	4	2	2	0	2	3
	实施后	1	0	0	0	1	0	0
较不符合	实施前	7	4	4	3	5	3	3
	实施后	0	1	0	1	0	0	0
符合	实施前	8	5	8	9	7	12	7
	实施后	6	2	6	5	5	10	11
较符合	实施前	6	4	8	8	9	8	10
	实施后	12	6	3	5	6	7	6
极符合	实施前	3	11	6	6	7	3	5
	实施后	9	19	19	17	16	11	11

学生的感恩品质形成的另外一个重要的标志就是他们学会了用感恩的行为准则去衡量、审视、反思自己的言行。感恩品质初步形成之后，学生们往往对自己之前思想、行为之中感恩意识的缺乏表示出极大的愧疚之情。他们在反思过去的同时，越来越深刻地认识到感恩情怀是人的健全的思想价值体系中不可缺少的重要组成部分，也在构想着自己应该在现在、未来的学习和生活中展现出怎样的感恩行为。很多学生将这样的思想和情感的变化过程用文字的形式加以记录，让我们在感动之余更加深刻地理解了语文情感体验式感恩教育带给学生的思想升华。

一个叫胡雅雯(注：化名。在此章节中出现的学生、家长姓名均为化名)的女孩，在自己的生日那天给爸爸、妈妈写了一封长长的信。

亲爱的爸爸、妈妈：

你们好！

今天是我的生日，我怀着一颗感激、愧疚的心来给你们写信。这是我第一次给你们写信吧！因为我现在才体会到：当我一降临到这个美好的世界上时，你们就开始为我忙碌、为我操劳。在这三千多个日日夜夜中，是你们含辛茹苦将我抚养长大。在这里，我从内心深处向你们说一声：爸爸、妈妈你们辛苦了！

妈妈，在我成长的过程中，您不知为我付出了多少，那点点滴滴都刻在我心中。记得有一次，我早早地睡了，凌晨两点多的时候，我突然觉得很热，就把被子踢了。这点小小的动静就惊醒了熟睡的您，您马上起床，试了试我的额头。发现有些烫，就为我量体温。见有些发烧，就找来感冒药，倒来一杯温开水，让我把那药喝下去。我怕苦不肯喝，您告诉我良药苦口利于病，喝了药病才会快快好起来。我乖乖地喝下了药。这时，我看见您笑了，笑里透着欣慰。在您温暖的怀抱里我静静地又睡着了……第二天早上，我发现您十分疲倦，眼圈黑黑的，我知道，因为担心我，您一定一夜没有合眼。

可怜天下父母心。爸爸，您虽然视我为掌上明珠，但对我要求却十分严格，特别是要求我做事认真。记得前不久，爸爸您帮我检查作业，见我粗心大意把数学题目抄错，就严厉地批评了我："做任何事都必须认真，你看你现在做作业连题目都写错，今后做事那还不知道会出什么错了。如果做事不仔细，那就会失之毫厘，差之千里。"爸爸，您那天的话狠狠地敲打着我，我暗自下决心，今后做事一定要认真。

三千多个日日夜夜啊，怎能忘记，牙牙学语时妈妈的关爱；怎能忘记，蹒跚学步时爸爸的鼓励；怎能忘记，你们给予我的快乐和幸福！

"谁言寸草心，报得三春晖。"爸爸妈妈，感谢你们把我带到这美好的世界，并给予我无私的爱！你们的爱是我快乐的摇篮，你们的爱是我避风的港湾，你们的爱是我前进的动力，激励我在人生的道路上破浪扬帆。

今天是我的生日，假如这世界上真的能许愿成真的话，我最大的愿望就是你们——我的爸爸、妈妈开开心心的过一辈子，永远健康长寿！

祝你们身体健康，工作顺利，万事如意！

爱你们的女儿：雯雯

童年时期，人的很多精神意志和心理品质都没有发育完全，心智上的不成熟使得他们在学习和生活的过程中往往会不断地犯错误。也正是因为如此，孩子的成长离不开家长和教师的提携与帮助。但是，很多时候，孩子并不能真正地理解教师和家长的苦心，甚至导致了很多类似我们在本书第一章中提及的那些极端的现象发生。但是，伴随着语文情感体验式感恩教育的实施，我们发现孩子们的心智开始成熟起来，他们对于父母和师长的帮助更多地开始采用一种感恩而非抵制的态度，他们中的很多人为自己从前对父母和师长的不理解、为自己的幼稚行为留下了后悔的眼泪。如用语文情感体验式感恩教育模式学习了《"精彩极了"和"糟糕透了"》这篇课文后，胡雄升、章舒畅（化名）等同学给自己的父母写了一封封充满情感的信：

亲爱的爸、妈：

我对不起你们，真的对不起你们！

这十多年来，我只知享受，从来没有帮你们分担过痛苦。每当我伸手向你们要钱买衣服时，总是狮子大开口，一要就是两百。可我却不知道，你们为了这两百块钱，花去了多少汗水和精力。当你们好不容易挣来这些钱，却被我为一件衣服而挥霍一空。我是多么不孝顺啊！

记得有一次，我没经过你们的同意就跑到别人家去玩，爸爸找了我一整天，一整天啊！当爸爸找到我时，我居然还对爸爸大吼："你干嘛来找我，难道我不知道回家的路吗?!"在和爸爸回来的路上，我边生气边抱怨，可爸爸却一脸无奈。爸爸！对不起！真的对不起！你们为我担惊受怕，我却这样对待你们！

爸爸妈妈，你们赐给我的恩典，我怎么也报答不完，我只能诚心诚意地说三个字："对不起！"从今以后，我不会再让你们失望，我要让你们看到一个全新的儿子！

你们的儿子：胡雄升

亲爱的爸爸妈妈：

妈妈，从小到大，我从未想过要养大一个人有多难。那是一个多重的担子啊！我知道我错了，而且错得很严重。我从未去理解您，只是固执地认为只要我想的，就是对的。而您却除了限制还是限制。我总是抱怨妈妈就像一个监狱，让我从此失去了自由，无法做自己想做的事。而父亲，我亲爱的爸爸，对于您，我真的不愿把心底想说的告诉您。我认为告诉您，您除了说一通大道理，还能有什么？

爸爸妈妈，女儿知道错了！女儿知道女儿以前是多么的任性，多么的自私。从来只考虑自己，从未为你们考虑。你们让我做一点点家务，我能不做就不做，能拖就拖，拖不了的，一边嘟嘟囔囔地抱怨，一边懒洋洋做几下动作，就跑了。除了看电视，除了玩电脑，我的生活似乎就没有其他的什么乐趣了。把学习扔在一旁，无论你们怎么催促，怎么提醒，像耳边风似的，听完就忘，让你们在一旁担忧、担心却又无可奈何。我与同学出去玩，过了时间都不愿意回家。在外面开开心心的我忘了家里的你们，忘了你们焦急的样子，忘了你们担忧的样子。

爸爸妈妈，当老师因为我的错误与你们联系时，你们的担心、羞愧，我却根本不理解。我只知道，噢！天呀！等下回家肯定要挨打、挨骂，待会儿最好小心点。爸爸妈妈，那时的我，心里只想着我自己，却让你们一次又一次地失望……

爸爸妈妈，当我哭泣时，你们安慰我；当我伤心时，你们开导我；当我受委屈时，你们教导我。这一切的一切，我不光没有报答，却一次次地伤你们的心……

爸爸妈妈，我知道我错了，我真的不想让你们再失望了！爸爸妈妈，真的对不起！这么多年，我一次又一次地伤你们的心，伤得那么彻底，那么绝望！爸爸妈妈，我真的知道错了，我不会再伤你们的心了！爸爸妈妈！你们听到了吗？

你们的孩子：章舒畅

在学了《我最好的老师》这一课后，刘亦伟(化名)同学在周记中写了篇文章，向自己的数学老师表达了悔过之意：

林老师：

我怀着很抱歉的心情给您写这封信。在这个学期之前，我一直认为您不是一个好老师，因为您总是要让我做这、做那。但是，现在，我终于明白自己的想法是多么的幼稚。

记得有一次，我的家庭作业没有认真完成，您批评了我，我心里很不服气，还在同学们面前顶撞了你。我以为自己这样很酷，但是，却深深地伤害了您。现在，我知道了，您之所以这样辛苦地教育我，甚至批评我，都是为了我能够更好地学习。

在语文课上，我明白了我们应该做一个懂得感恩的孩子。我第一个就想到了您，想到了我跟您顶嘴时您伤心的眼神。现在我很后悔。老师，真的对不起，请原谅我的过错。在我心里，您是最好的老师，我一定会好好学习数学，在期末考试中用一个优异的成绩来回报您的教育之恩。

学生：刘亦伟

(三)学生的感恩行为逐步养成

改变学生的行为，是教育教学改革的最终目的。我们一直强调，对于小学生来说，感恩不能只停留在意识层面，而要转化为现实的感恩行为，要体现在日常的学习和生活之中。上表的数据告诉我们，通过感恩教育，学生的感恩行为正在逐步形成。学生在父母忙碌时帮助干家务，减轻父母的负担；在老师上课喉咙沙哑时，会递上润喉片；在进行野外活动时，会绕过草坪；在每个节假日，会给敬老院的老人送去祝福。这些都是感恩行动的外显行为。许多同学还在活动后，在周记本上写下自己的感受，用语文的方式将感恩行为的效果、感恩教育的成果物化。以下就撷取一些片段，我们可以从这些学生的日记及教师、家长的感言中发现，经过语文情感体验式感恩教育之后，学生的感恩品质和语言表达能力都得到了共同的发展。

学生日记选一：

父母和老师对我很好，我内心很感激，但却不知如何报答他们，到底是说一些好听的赞美之词，还是去行动呢？其实，感恩是要我们去行动的，而不是只说好听的话。

妈妈除了上班，每天还要做许多家务，很辛苦。昨天中午放学后，看见妈妈很忙碌，我告诉妈妈，晚上要帮她做几件力所能及的家务事。等到晚上的时候，我却忘掉了这件事，只顾看电视。妈妈突然问我："你今天中午不是说，要帮我做几件家务事的吗？"我这才想起来。就在这个时候，老师的话在耳边响起："要行动起来，因为感恩重在行动，要用自己的实际行动去感恩。"对，有道理！于是我帮助妈妈做起了家务事：扫地、抹桌子、倒垃圾。虽然都是一些小事，却让妈妈非常高兴，我也开心地笑了。这时，我对于"感恩重在行动"这六个字的感受与理解比以前更深刻了。

对，感恩最主要的是行动，只有行动了，你才能够真正地感动他人。

（学生：应一冰）

学生日记选二：

"感恩的心，感谢命运，花开花落，我一样珍惜……"听着这首《感恩的心》，我开始了此次的感恩行动。我带着新年的祝福去看望老师。当我踏进老师家门的那一刻，我感受到了她见到我的喜悦和欣慰。聊天中，我向老师汇报了寒假里的学习、生活和各方面的情况。寒假的感恩行动对我心灵的触动是巨大的。当我接过"感恩"接力棒时，我不禁想：感恩，我会每天去做。

（学生　童萧逸）

父母感言：

当我看到女儿有生以来第一次给我写的信，很激动。舍不得放下手中的信一遍一遍地读，泪水就像断线的珠子往下掉，此时此刻的心情无以言表。谢谢老师，让我的孩子长大了、懂事了。我从来不知道我在孩子心中的地位，也不知道孩子心里在想些什么。是你们让我的孩子知道做人的道理，拥有一颗感恩的心，让我们家长和孩子的距离拉近了。看到女儿这样懂事、聪明，这样理解母亲，说明女儿已经长大。孩子的理解，是我无法用金钱代替、衡量的财富。相信我的女儿会在老师的精心培育下，更健康地茁壮成长。相信她将来一定会有出息的，我会为她骄傲和自豪！再次谢谢老师和学校！

（吴玲玲家长：吴立言）

教师感言：

“感谢明月，照亮了夜空；感谢朝霞，捧出了黎明；感谢春光，融化了冰雪；感谢大地哺育了生灵……感谢母亲，赐予我生命；感谢生活，赠友谊爱情；感谢苍穹，藏理想幻梦；感谢时光长留永恒公正……感谢你，我衷心谢谢你，我忠诚的爱人和朋友！感谢你，我衷心谢谢你，这旋转不息蔚蓝色的星球！感谢生活，感谢和平！感谢这一切一切的所有，感谢这美好的所有！”这是我和孩子们最喜欢的一首歌《感谢你》。在这首歌的旋律中，我欣喜地发现，这群乐观、向上、善良的孩子——我的学生们，发生了巨大的变化。王圣，这个虎头虎脑的小子，在运动会的烈日下，摘下自己头上的太阳帽就往我的头上扣；王姚姚——一个文静的女生，每天总是第一个来，放下书包，就开始到办公室默默地扫地、擦桌……孩子们的改变，我看在眼里，甜在心里。

（倪静川）

二、教师的发展是持续动力

百年大计，教育为本，教育大计，教师为本。从全球范围看，随着人类社会政治、经济与文化的进步，教育越来越被置于前所未有的重要位置，成为世界各国经济社会发展的基石。时代的前进，呼唤教育的变革与创新，特别是在当今时代社会变革风起云涌、经济全球化业已形成的背景之下，教育变革与创新更是一跃成为时代的最强音。实施教育改革与创新，归根到底要靠教师。作为教育工作的最直接实践者，教师的工作从根本上决定了教育质量的高低和学校育人目标的实现，而这，正是一个国家与民族繁荣昌盛的必备基础和条件。

自上世纪中叶以来，随着人们对教师工作理解的愈加深刻，教师职业的专业性特征逐渐得到明确。作为一种专门化的职业，教师有自己的理想追求，有自己的理论指导，有自觉的职业规范和成熟的技能技巧，具有不可替代的独立性。教师不仅是知识的传递者，而且是道德的引导者，是思想的启迪者，是心灵世界的开拓者，是情感、意志和信念的塑造者。教师不仅需要知道应该传授什么，而且需要知道怎样传授，知道如何针对学生的差异实施不同的教学策略①。当然，这样的目标并非一个容易实现的目标，教师要在教育教学实践中真正担负起时代赋予的重要使命，就必须依靠持续不断的自我发展，以提升自己的综合素质和多元能力。

从历史发展的角度审视，无论是中国最早兴办私学、广收门徒的孔子，还是西方最早倡导并实践个人办学的苏格拉底，由他们算起，教师职业的出现已经有了几千年的历史。几千年的变迁使得教师的形象、角色、能力、地位等均包含了深厚的历史沉淀。今天的教师已经远非过去的模样，教师的各方面发展也呈现出日新月异的变化。但是，对于教师专业发展这一概念的明确提出和研究却是最近几十年的事情。20 世纪 60 年代之前，教育领域对于教师专业发展的认识还只是零散的、不系统的。教师的专业化问题并没有吸引研究者足够的重视，仅有的研究也更多的集中于追求权力、地位、利益、工作条件等，并试图通过这种追求来实现教师地位的提升。进入 20 世纪 80 年代之后，教育质量问题开始成为教育领域研究的热点问题，研究者们在批判教育质量下滑的同时，开始敏锐地认识到教育质量保障的关键因素在于教师，“没有教师的参与，任何教育改革都不可能成功”②，只有教师专业水平的不断提升才能造就高水平的教育质量，而只有教师专业化才能促进教学的专业化。自此之后，以“专业”主义为基础的教师专业发展开始占据主导地位，相比较于教师的权力和地位，教师的责任与素质开始受到教师专业发展领域更多的关注，教师专业

---

① 郅庭瑾.为思维而教[M].北京：教育科学出版社，2007：1.

② 陈永明.教师论[M].北京：人民教育出版社，1999：169.

发展也就从此进入了一个崭新的发展阶段[①]。

当我们用专业化的视角来审视当今中国基础教育教师队伍的时候，我们能够明显地感觉到，中国基础教育教师队伍专业化程度整体较低是不争的事实。教师素质有待提高，教师能力有待提升，“尊师重教”的口号与社会对于教师职业的轻视已经形成了鲜明的对比。其实，早在1993年中共中央国务院发布的《中国教育与改革发展纲要》就已经明确指出：“建设一支具有良好政治业务素质、结构合理、相对稳定的教师队伍是教育改革与发展的根本大计”。但是，长期以来，我国教师队伍改革的力度仍然不够，教师专业的地位和价值仍没有得到应有的认识和重视，教师队伍的整体水平仍难以达到教育发展和学生成长的需求。这其中的原因自然是多方面的，但最为根本的，恐怕还是对于教师专业化的界定不明和对教师专业发展的重视不够[②]。

在笔者看来，教师的专业发展是教师一生永恒的追求，学界对于这一问题的理论研究成果已经汗牛充栋。在如此丰富的理论成果面前，教师必须要学会选择和甄别，以便合理、灵活地确定自己的发展方向和发展目标。从根本上说，教师的工作是一种实践性的工作。教师的发展也必须要根植于课堂，扎根于学校，立足于现实的教育生活之中。近年来，随着各级各类学校对科研工作的重视，教师申报课题、参与科研的积极性得到了很大提升。教师的科研工作与专门的教育研究者不同，实践性是其根本的属性，现实情境中的教育问题是其研究的基本内容。这样的一种状况，使得课题研究成为促进教师专业发展的一种有效途径。实际上，本书的核心内容也正是基于笔者多年来的课题研究成果——语文情感体验式感恩教育的实践研究。在课题研究的过程中，笔者深刻地感受到语文情感体验式感恩教育对教师专业发展提出了三个方面的要求。

（一）转变教育理念

理念是人们对客观事物的本质性的认识、态度和观点。教育理念是人们对教育教学及其发展的本质性的认识、态度和观点。传统教育的目

① 朱新卓.教师专业发展观批判[J].教育理论与实践，2002(8).

② 袁锐锷.教师专业化与高素质教师：经验、理论与改革实践[M].广州：广东高等教育出版社，2007：1.

标以基础知识扎实、基本技能熟练为核心的。以知识传授为核心的教育理念是在大工业背景下产生的，是为了满足培养专门人才的需要。在此教学理念指导下，教师是知识文化的传授者与权威，是课堂教学的主体，学生是被动接受的容器。随着经济全球化、科技发展突飞猛进，知识的更新速度超乎人们的想象。以知识传承为本的育人理念显然已经不适应经济与社会发展的需要。而以人为本的教育理念能够培养出适应未来工作需要、能够终身学习的人。培养适应社会发展变化的人才是当今教育的主要目标。因此，现代教育理念最核心的内容是以人为本。对于教师来说，要转变教育理念，最为根本的也就是要摒弃过去过于注重知识传授的思想，树立起以学生的发展为中心的全新的教育价值观①。

教育以人为本，主要体现在两个方面：一是学会站在受教育者的立场思考，即尊重的教育；二是注重学生全面发展，即素质教育。任何教育行为都是以教育理念为指导的，它贯穿于教育教学的全过程。教育教学理念直接影响着教师教学改革的方向与动力、教学的组织与设计、教学方法与手段的选择、教学效果的优与劣，进而影响着教学目标的实现、教师执教能力的提升，最终影响人才培养规格与水平。甚至从某种意义上，我们可以认为，教师的教育理念，是创新型教师的重要特征，也是决定了教师把教育工作做成"工匠型"还是"专家型"的关键因素。

教师要树立正确的教育理念，必须站在社会发展与时代的前列，认识、把握现实的变化和新的教育思想与观念，做教育改革、创建新型教育和新型学校的积极自觉的参与者。教育理念对教师工作具有基础性价值②，促使教师教育理念的转变也同样是新课程改革的基本要求。然而，一个值得注意的问题是，理念作为意识层面的事物，其形成和更新必须源自实践，单纯的说教和理论学习很难让教师的教育理念发生根本性的转变。也就是说，只有教师在教育教学实践之中真正体会到先进教育理念的优势、找准自己实践性知识与教育理念的切合点时，教师新的教育理念才能够根深蒂固。

尽管课程改革的东风早已吹遍了大江南北，但是很多教师的教育理

---

① 翟晶.教育理念的更新是提升教师执教能力的关键[J].中国电力教育，2011(13).

② 叶澜.创建上海中小学新型师资队伍决策性研究总报告[J].华东师范大学学报(教育科学版)，1997(1).

念并没有实现根本性的转变。从老师的教学现状与问卷调查中我们发现，不少教师的教学仅仅停留在知识的传递上，他们中的很多人甚至认为，教师的工作就是传授知识，只要学生的考试成绩提高了，教师的工作就算实现目标了。在这样的理念下，教学"三维目标"之中过程与方法、情感态度和价值观等领域的目标没有得到很好的重视。在开展语文情感体验式感恩教育研究的过程中，教师不仅可以学会语文情感体验式的有效教育教学方法，更为重要的是从学生需求和学生全面发展的角度去重新思考和构建自己的教育理念，并以此为指导改革自己的教育教学活动。笔者希望广大教师从基于语文情感体验式教学的感恩教育研究中得到启示，形成以学生发展为本的教育理念，在教学的过程中，不再单纯地追求知识的传授，更注重学生能力的提高、思维的形成、情感的发展和人格的健全。

教育理念是教育理论的精髓。尽管，长久以来教育研究者和教师分别作为教育理论者和教育实践者的身份而相对独立地存在。但是，如今，二者之间的界限已经变得模糊。虽然，我们的教师很难具有专业的教育理论研究者那样的理论高度，也不太可能拥有完善的理论体系。但是，我们一线教师要努力通过转变教育教学行为，时时刻刻践行科学的教育理念。这种转变，很大程度上，可以通过参与课题研究来实现。

正如一位青年教师在参与语文情感体验式感恩教育研究后所言：

通过研究，我进一步明确了作为一个语文老师，在努力提高学生语文素养同时，一定要时刻将育人装在心中。感恩是一种情感，更是一种人生境界的体现。不知感恩，是一种潜在的危机。对学生进行感恩教育让孩子感恩父母、感恩老师、感恩祖国、感恩社会、感恩自然、感恩拥有，这是学校精神文明建设的重要组成部分，也是时代的要求，是学生个性健康、人格健全发展的必要，所以，也是每一个语文老师的重大责任。

（二）提高教学能力

教学能力是教师的基本能力，是教师顺利完成教学活动所需的个体心理特征，是通过实践将个人智力和教学所需知识、技能转化而形成的一种职业素质。教师的教学能力主要由以下七个因素构成：完善的知识结构及知识更新能力、驾驭学科内容的能力、学术研究的能力、培养学生终身学习的能力、哲学思辨能力、熟练地操作现代教育设施设备的能力、有效获取资料的能力及较高的阅读理解能力等[①]。在教师的专业发展过程中，教师的教学能力始终被视作一种核心的能力受到格外的重视。可以说，加强教师队伍建设，促进教师的专业发展，最为根本的就是想方设法提升教师的教学能力。

教师的教学活动是一种复杂性的活动，提升教学能力也自然而然地成为一种复杂性的工作。当前，学界对于教师教学能力的提升进行了大量的探讨，在这其中不少人都提到了参与教育科研活动这样一种方法。实际上，从笔者本人的成长经历看，教育科研活动确实能够有效提升教师的教学能力。通过语文情感体验式感恩教育模式的课题研究，笔者认为，至少可以促进语文教师三个方面能力的提升。

(1)提升教师完善知识结构的能力。教学过程不能被视为简单的知识传递和再现，教师必须结合学生特点和社会需求对所授知识进行再造和更新，教育科学研究是教师知识体系丰富、完善的过程[②]，是教师自我完善与发展的过程。在语文情感体验式感恩教育的课题研究中，探索语文情感体验式的教学模式既要兼顾学生语言的习得和运用，又要用语文的方式引导学生在体验中感动，在感动中感恩，这就需要教师学习大量相关的教育教学理论、方法等相关业务知识作为支撑。还有，在感恩教材的选用、编制、使用过程中，也需要教师付出艰辛的劳动，需要通过各种渠道搜集、筛选、整合各种资源。很多的知识实际上已经超出了语文学科的范畴，涉及其他学科领域，甚至是社会科学发展的前沿性知识。这样的过程，不仅丰富了教师自身的学科知识体系，更为重要的是，教师可以通过运用相关的业务知识，把这些新的学科性知识贯穿到课堂教学之中，进而增进学生对新知识的了解，扩大学生的知识面，开拓学生的视野，提高学生的学习兴趣，并最终提高教学质量。

(2)提升教师教学方法创新的能力。笔者一直认为，语文情感体验式感恩教育研究的成果，固然首先体现在提供了一种可供借鉴和具体操作的感恩教育模式。但是，其背后还显然存在着更为深刻的意义，那就是提示广大教师明白，教学工作是一种创造性的工作，教师应该投入智慧、投

---

① 余承海，姚本先.论高校教师的教学能力结构及其优化[J].高等农业教育，2005(12).

② 田小梅.教育科研促进教师教学能力的发展[J].中国电力教育，2011(4).

入精力，想方设法地去研究和改革自己的教学行为。教师可以通过参加课题研究和实践，结合学生的特点和语文学科的特点，以超越经验做法的视野重新审视自己的教学实践。比如在备课和授课时发现或领悟某种教学方式不合时宜、甚至已经过时，那就可以通过新一轮的科研创新去探索、去掌握本学科教学中的许多教学规律和教学艺术，去思考培养应用型创新人才的有效途径，进而提出一些更有利于学生接受的、效果更佳的教学方式、方法。这无疑是一种令人欣喜的良性循环。

(3)提升教师驾驭学科内容的能力。驾驭学科内容的能力是指教师对所授学科的内容能够从整体上把握，并能够根据情况灵活地处理使用教材，使教材为学科教学目标服务的能力。它包括具备本学科的广博的专业知识的能力、理论联系实际的能力、跟随追踪所授学科发展前沿的能力、评价所授学科的能力及学科联系的能力等①。教师上述能力的提升是一项系统工程，而从事研究活动则是一种良好的方法。从事教育科学研究的教师肯定要学习理论、要了解信息、要对同类研究进行文献查询。在此过程中，教师可以获得具有先进性、科学性的知识，开阔思路、学习别人的经验，加深对本专业、本学科的理解和认识，进而提高从整体上把握所授学科的内容、科学地组织教学内容和理论联系实际的能力，使所讲授的课程显得生动、具体、适度而富于吸引力，从而顺利地实现本学科的教学目标。另外值得一提的是，语文情感体验式感恩教育模式相应实施策略的探索，从某种角度上，也为广大教师进行实践性研究提供了一个参考，引发广大教师对课程、课文、课堂进行更为深刻的了解，不再从单一的视角来观察和定位自己的教学活动，逐渐掌握从整体上驾驭学科教学的思路和方法。

(三)提升科研水平

现代教育的一个重要标志就是教育行为对教育科学研究的依赖性。现代教育不再是单凭经验，而是更多地依赖科学的决策，而教师的每堂课无不与决策有关。在实施新课程的背景下，教师参与教育科研从来也没有像今天这般急切，教师的教育科研能力从来没有像今天一样受到如此

① 孙钰华.高校教师教学能力研究的回顾与反思[J].中国大学教学，2009(8).

多的重视①。但总体来说，中小学教师普遍缺乏教育科研能力也是不争的事实。由此，提升教师的科研能力和水平已经成为中小学教师队伍建设的一个重要方面。近年来，针对如何提升教师科研水平的问题，研究者们提出了很多富有建设性的意见，其中很多都已被应用到实践领域并取得了良好的成效。但是，笔者始终认为，一线中小学教师的科研工作与专业的教育研究者有着很大的区别。教师的科研，不能单纯的成为一种理论性的思辨工作，而是要植根于教育教学实践。将教育教学中发现的问题提炼成课题，以课题为载体推进教育教学改革，并最终将研究的成果运用于教育教学之中。通过课题研究的带动，让教师真正实现在“做”中学，在“做”中提升。史密斯将教师做研究定义为：“教师对学校和课堂工作的一种系统的、有目的的探究，是教师与研究者、教学与研究的统一”，这一定义实际上将教师的研究与一般教育研究者的研究做了区别，突出了教师科研活动的平民化和实践性取向②，也决定了教师只有不断地实践才能最终提升自己的教育科研水平。

对于教师科研水平的提升，课题研究的确可以发挥重要的作用。以语文情感体验式感恩教育模式这一课题为例，教师在参与课题研究的过程中加深了对学生语文素养的正确认识，也进一步激发了发现教育问题的兴趣和思考教育问题的积极性。随着研究的深入和成果的推广，教师的思想水准和理论基础、科研水平也得到显著提高，逐渐由“经验型”向“科研型”、“学者型”转变。从此项课题研究中得到启示，借助课题研究，广大教师的科研水平可以在以下几个方面得到提升：

(1)学会借鉴与模仿。教育研究活动是一项创新性的活动，实施的过程需要教师创造性思维的参与。然而，创造性思维的火花不是时时刻刻都能存在的，课题研究往往会陷入没有思路的困境。面对这样的情况，教师需要做的就是学会借鉴和模仿。在语文情感体验式感恩教育课题开展的过程中，很多其他学科的老师，也认识到学科教学是对学生开展感恩教育或者道德教育的有效载体，纷纷模仿我们课题研究的思路和方法，申请和参与了其他类似的课题，极大地调动了老师们参与教育科研的积极性。同时，在研究的过程中，老师们通过阅读教育类专业期刊，在对不同期刊

① 郑彩国.基于校本的教师教育科研能力的提升[J].现代教育科学，2007(3).

② 刘涛：教师成为研究者：三个急需澄清的问题[J].教育发展研究，2012(12).

的类型、特点进行系统分析的过程中，逐渐学会选择适合自己的刊物，并通过持续不断的阅读增加自己的知识涵养，提升自己的科研能力，为科研工作奠定良好的基础。特别值得一提的是，在课题研究中，教师的迁移能力也得到了培养，许多教师在阅读他人的研究内容时，学会有意识地去寻找自己课题研究的方向和灵感。例如阅读到学校管理的相关理论成果，可以适当运用到教师管理、学生管理、课堂管理的研究过程之中；又如阅读到语文学科教学的相关研究，可以迁移到数学、外语等其他学科，这在很大程度上减轻了教师科研工作中选题的难度，增加了教师的科研积极性。

(2)提升科研的素养。教育科研活动是一项严肃而规范的工作，需要研究者具备相应的素质与能力。一般来说，教师参与教育科研，首先应该是学科教学和学生管理领域之中的有心人，在学科教学、学生管理的过程中反思和探索教育理论层面的问题。也就是说，较好的教育教学反思能力实际上应该是教师参与教科研活动的基础性能力。除此之外，教师参与科研活动，还应该较为系统地了解教育理论、教学论以及教育研究方法方面的理论知识，掌握常用的教育研究方法，这些都是教师成为研究者的必要的工具性条件。在开展语文情感体验式感恩教育的过程中，通过专家指导、讲座和同伴交流等，教师的科研素养在很大程度上得到了提升。同时，随着研究的深入开展，老师们的科研能力在实践中得到了整体发展。

(3)培养科研的心境。根据价值的强度和持续时间的长短，人的感情可以分为心境、热情和激情三种不同形式。同热情和激情相比，心境的强度较低，但持续的时间较长。它是一种微弱、持久而带有渲染性的情绪状态，往往能够在一段时间内影响人的言行和情绪。教师教育科研能力的提升不是一朝一夕之功，也不是仅靠一时的热情甚至激情就能够最终实现(实际上当前很多教师参与教育科研凭借的恰恰就是一时的热情和激情)。由此，在实际的教育生活中注重培养从事科研活动的心境就显得十分必要了。语文情感体验式感恩教育的课题研究，从提出构想到最终成果的形成，经历了将近五年的时间，五年的时间不长也不短，但是对于教师科研心境的培养却实实在在地发挥了很重要的作用：一方面，教师对所从事的教育工作的热爱越来越执著，形成了一种融入个人生命价值系统的专业情感；另一方面，教师对研究教育教学领域的问题充满了兴趣和热情，能够不断打破自我屏障，不断进行系统思考，能够在投入解决问题的探索过程之中感受到快乐①。将科研活动视作一种发自内心的主动建构，而非迫于压力的被动行为。将教育研究视作一种内心召唤而在此过程中激起活力并深受鼓舞。最后，教师还能够主动加强理论学习，从已有的研究中汲取营养，提升自己对教育问题的基本认识。能够正确对待研究过程中出现的困难和挫折，以积极健康的心态迎接科研工作中的各种挑战。能够摆正科研工作的心态，摒弃功利主义的影响，真正将研究的旨趣指向教育问题的解决和个人的专业发展之上。研究是一种态度，Buckingham 认为："教育研究不应该是专业人员的领域，它没有不同于教育自身的界限，实际上，研究不是一个领域，而是一种态度"②。对于一线教师来说，笔者认为，以课题研究为载体，让教师具备科研的基本能力和技巧固然重要，但更为重要的，恐怕还是培养教师良好的科研心境。

三、广泛的认可是应用推广的前提

一项研究成果是否真正有意义、有价值，要得到时空的检验。对于一项有意义的研究成果来说，在一定的学生和教师群体之中产生良性影响之后，会通过学生、教师等因素作用于家庭、学校、区域内兄弟学校、社会。在得到广泛认可之后，可以考虑适时、适度、适当地发挥影响和辐射作用，影响其他的社会因素。一方面，让研究成果受益于更多的学生、教师、学校、家庭，一方面也是从更为广泛的视角去检验课题研究的成果，并为后续的相关研究寻找新的思路。

基于语文情感体验式教学的感恩教育研究，促进了学生的发展、教师的发展，也在家庭、学校、区域内兄弟学校、社会中产生了良好的反响。

（一）促进了家庭感恩意识的提升

同任何的教育活动一样，感恩教育目标的实现不能仅仅依靠学校教育，家长能否树立起感恩的思想，能否体会和检验学生的感恩行为，也在

---

① 胡兴宏. 走教师自己的教育科研之路[J]. 人民教育，2008(20).

② Carol M. Santa. & John L. Santa. Teacher as Researcher, Journal of Reading Behavior. 1995, Vol. 27, No. 3.

很大程度上决定了感恩教育的实施成效。应该说，感恩教育的初衷是为了让学生学会感恩，但是随着感恩教育研究的开展，我们发现，不仅孩子们的感恩意识得到了强化，孩子与家长的关系得到了融洽和升华，就连家长自身的感恩意识也得到了一定的培养。感恩教育从学校开始走进每一个家庭。很多家长一开始不理解感恩教育的真正目的，认为学校教育只要管好学生的学习就行。现在他们中的绝大多数在体会到了感恩的甜蜜之后，逐渐认识到感恩教育是从小在孩子的心里埋下"美"的种子，让他们懂得如何去感恩、报恩、施恩，从而使孩子的心灵更善、更美、更健全。他们越来越深刻地认识到道德品质的形成对于孩子成长的意义，并且开始通过自己的行动参与到感恩教育的大课堂之中。

随着感恩教育的实施——

有的家长明白了自己从前并不明白的道理，懂得了自己从前没有承担的责任，周雨馨(化名)同学的家长写下了这样的感言：

感恩是一种生活态度，是一种美德。如果人与人之间缺少感恩之心，必然导致人际关系冷淡。所以作为家长的我们，更应培养孩子学会感恩，有一颗感恩的心。

家庭中，我们家长对孩子的影响最为持久、深远。日常生活中的小事最真切、最具说服力，孩子的感受也是最深刻的。因此，家长的身体力行胜过一切言语，榜样的力量是无穷的。

作为家长，我们应该自然而然地建立积极向上的亲情关系。比如，家长努力与孩子之间建立宽容而不纵容、关爱而不溺爱、平等民主、严慈相济的亲子关系；家长对老人充满尊敬、关爱与感恩之情。这些情感关系不是说出来的，而是用实际行动体现出来的。在一般的家庭中，尤其是我们对待老人的情感态度和行为对孩子的爱心、感恩之心的影响最为直接、最为深刻。日常生活中，我们自然而然做的，比如：经常带着孩子看望老人，还和孩子一起给老人买礼物、生活用品等，经常陪老人散散步、给老人捶捶背揉揉肩、给老人洗衣做饭、打扫卫生等。这些细小的事情，孩子很小时，就会看在眼里；当孩子稍大些时，在力所能及的情况下，就可以鼓励孩子去做这些事情。在做这些小事的过程中，孩子会逐渐体会到家长对老人的孝敬、关爱之心、感恩之心。也正是在日常生活的影响、熏陶下，孩子那颗感恩之心的萌芽逐渐长成一棵小树。

感恩不仅仅是一种外在的行为，不是勉强做出来给人看的。感恩是内心的一种情感。感恩教育就蕴藏在生活之中，就蕴藏在生活的点点滴滴中。关键是，我们家长要做个有心人，从自身做起，抓住教育的契机，以榜样的力量影响孩子。任何心灵教育、育人教育都不是一蹴而就的事情，而是持之以恒进行熏陶、感化的自然结果，感恩教育也不例外。

有的家长用心记录了在感恩教育实施过程中自己的感触、感动，翁艺文（化名）同学的妈妈就与孩子一起享受了这份感动，并记录下来与家长们共享：

前几天，学校开展了"感恩母亲"教育活动，使我在教育孩子方面开阔了视野，思想上得到了进一步的提高。在教育孩子的问题上结合本次活动谈一下我个人的体会，与各位家长共勉！

感恩是内心的一种情感。当务之急我们应该教会孩子树立这种内心的情感，懂得感恩父母，感恩老师，感恩社会。当我们家长自己学会感恩的时候，就会自然而然地形成感恩教育的场。正如专家所讲，给孩子营造一个良好的学习环境，关注她的思想和心理成长。首先给她一个和谐、温馨、宽松的家庭环境，让她在快乐中成长，在愉悦中学习。培养她的学习兴趣，让其用一种积极向上的心态去对待生活、做每一件事，让其对生活和未来充满向往。其次，要学会欣赏她，培养她的自信心。再次，教会她学会处事，学会对他人的认同。加强孩子人际关系培养，多和老师、同学们交流。善于表达，相互学习，才能够茁壮成长。

以上是我参加会后的一点体会。孩子的健康成长是一个复杂的、长期的过程，需要学校、家庭、社会等多方面共同努力。现在，最关键的是我们学校、家长共携手、多交流、多沟通，培养好孩子。因为孩子是我们的未来、我们的希望。

有的家长则在感恩教育的启发下，开始自己主动地探索家庭之中开展感恩教育的有效方法，陈思哲（化名）同学的家长就认为，应该通过言传身教的方式，将感恩的观念植根于孩子的内心世界：

如果一个人没有感恩观念，那将会怎样？他也许会对父母为其付出的心血视而不见，把一切视作理所当然。对大多数乐于奉献的家长来说，很少想过要向小孩索取什么回报，小孩是否对大人怀有感恩之心似乎并不显得那么重要，一般也不会太过介怀。但是，若小孩带着一颗不懂得感恩的心离开家，那情况会变得很糟。

所以这就要求我们在教育中同样倾注一份力，将感恩观念深植于小孩的心中。

感恩意识的形成，不可能仅仅从书本上学到，而须从大人身上耳濡目染，去感受、效仿。也就是说，必须是用大人的感恩行为，不断地对他们进行潜移默化的熏陶。

但我们看到如今的社会，对小孩的“熏陶”却是影响极其恶劣的：大人获得救助而不知感恩回报，有时甚至上演忘恩负义的悲剧。现在的不少家庭，没有给予孩子什么积极影响.有一些家庭充斥着冷淡和漠不关心，在那样环境下成就的小孩自然也不会用心去体会别人的帮助与爱，感恩无从谈起；还有一些家庭过分溺爱小孩，家长一味地“做牛做马”，让小孩觉得其他所有人都该是他的牛马——也不知感恩。这些影射到小孩们身上，便出现了令人心惊的不知感恩的影子。所以作为与小孩朝夕相处的家长，我们必须做好感恩的榜样。

我们家长应该以真诚的感恩行动和良好的道德表现引导小孩学会感恩。我们也并不需要把事情做得很大。我的意思是说，我们往往只要往小处着手即可。我查到一份调查资料，上面显示，像革命先辈或先进人物事迹那么大的事，却很少让现在的小孩真正被触动。我想那实在是离现实有点遥远。而生活中发生的一些真实但不起眼的小事，却是学会感恩最好的教材。

我们可以用生活中的点点滴滴作表率。比如在一个家庭中，我们父母首先要细心地体会其他家庭成员所做出的哪怕是微不足道的奉献，并且用感激的言语或行动表示我发现并且感谢别人的付出。家长们一旦有了这样的细心、感恩心，孩子便能也学着去观察，去发现。我们父母为孩子付出的辛劳也就能为他们闪亮的眼睛发现，孩子也就能更加理解父母的爱，更加懂得回报，更加珍惜家庭的幸福。推而广之，在学校，在社会，他们也能发现一些以前视而不见、视作理所当然的事，并心存感激。

我想，以上所说的以身作则，应该是教育孩子学会感恩最核心、最重要的一点。“言传身教”——除了身教，必要的言传也能起到推波助澜的效果。我们家长也可以寻找适当的时机与孩子探讨一番关于感恩的话题。不过，言语“终觉浅”，为了更加深入，我们需要“绝知此事须躬行”。

我们可以根据现实状况，让孩子践行，如指导孩子承担一定的家务劳动，体验父母的辛劳等等。

培养孩子的感恩观念，应该还有很多路可走。而无论走哪条，我们的共同希望是一致的。希望教育出来的孩子能是一个知恩图报，有一颗感恩心的人，长大之后，与所有人构建一个和谐、友好的社会。

(二)产生了积极良好的社会效应

课题研究产生了良好的综合社会效应。我们的感恩教育引起了电视台、报社等媒体的关注，产生了良好的社会影响。教师、学生、家长用各种各样的形式，记载了参加研究以来的点点滴滴，生动真实。小学语文情感体验式教学研究课也在许多教学展示活动中，受到了好评。值得一提的是，我们的研究成果还受到了浙江省人民政府的表彰，这确实给了我们很大的激励。

日前，从浙江省教育厅传来好消息，永康实验学校倪静川负责的课题成果《利用语文课程资源进行儿童感恩教育的研究》荣获浙江省第四届基础教育成果一等奖。浙江省基础教育教学成果奖是浙江省教育成果的最高奖项，每四年评选一次，由浙江省人民政府颁奖。评选方法是由全省各地、市及各大专院校层层选拔，好中选优①。

(三)形成了学校德育的特色品牌

学校品牌是一种有特定学校名称和标志、跨越时间和空间、在与社会各界的互动关系中产生的精神凝结和文化积淀，是集知名度、美誉度、认可度和忠诚度于一身的无形资产，对于促进学校的可持续发展，有着极其重要的作用②。因此，学校品牌建设已经成为家长、学校管理实践工作者和教师普遍关注的问题③。家长之所以关注学校品牌，是因为他们对“好学校”存在着强烈的渴望，认为只有“好学校”才可能有好的教育质量，也才能更好地培养自己的孩子成长成才；学校管理实践工作者之所以关注学校品牌，是因为学校的品牌决定了学校在激烈的竞争环境之中能否立

① 金珊珊等.四项教育教学成果获浙江省人民政府奖[N].金华日报，2012-9-5.

② 刘阳.学校品牌的开发与维系[J].教学与管理，2012(1).

③ 张连生.学校品牌建设的冷思考[J].教育科学研究，2011(5).

于不败之地，也决定了学校能否为教师、家长和社会所认同；教师关注学校品牌，是以为学校的品牌与声誉在很大程度上能够影响自己的职业幸福感，甚至会影响自己的经济收入和社会地位。

然而，现实之中，在打造学校品牌的过程中，出现了一些急功近利的做法，甚至一些学校单纯的以硬件的建设来打造所谓的学校品牌。在笔者看来，教学工作是学校的核心工作。学校品牌的建设，必须要围绕教学，为了培养人服务。只有如此，才能确保正确的价值取向和发展方向。从这个意义上说，科研工作及其成果的取得，是一种创造学校品牌、提升学校声誉的有效方法。作为感恩教育的一种有效途径，语文情感体验式教学具有其科学性、合理性和可操作性。学生文质彬彬，形成了良好的德行，受到社会的广泛称道和好评。基于语文情感体验式教学的德育体系的构建逐步成为学校德育的特色品牌。

2012 年 7 月，《永康日报》发表题为“别用分数把孩子压得抬不起头”专版，其中专门对我校情感体验式感恩教育进行了报道：

> 良好的品行是快乐教学、幸福人生的基础。实验学校注重对学生的品行培养，将感恩教育渗透到各学科的教学中。76 篇感恩类课文分别被归入了感恩自然、感恩社会、感恩父母、感恩伙伴和感恩师长等类别。通过体验式教学，让学生在体验中感悟，在感动中感恩。同时，学校还编写了课外感恩教育补充教材，开设了感恩教育专题网站，开发了感恩教育的多媒体资源，并结合“母亲节的惊喜”和“植树节，我给大地披新衣”之类富有人情味的感恩作业，促进学生良好品质的形成[①]。

(四)发挥了持久深远的辐射作用

在语文情感体验式教学中渗透感恩教育的做法已得到了同行们的认同和仿效，而且对周围学校产生了一定的辐射作用。宁波、丽水、绍兴等地一些学校的老师们相继借鉴此法，开展感恩教育。

正如丽水的吴老师所说：

> 以前也觉得感恩教育重要，但是一直苦于没有很好的持久性策略，在语文情感体验式教学中渗透感恩教育，简便易行，一举两得。

① 陈晓苏.别用分数把孩子压得抬不起头[N].永康日报，2012－7－13.

作为金华市"领雁工程"骨干教师的实践培训导师，笔者在金华市"领雁工程"骨干教师的实践培训中，将课题研究成果进行了介绍，得到了各县市"领雁工程"骨干教师的充分肯定。学员们将我们的研究成果带到了自己的县市，带领所在学校、所在县市的老师们一起进行感恩教育的研究。通过成果推广与再实践，我们充分享受到了科研带来的幸福！

永康教育城域网等网站对成果的介绍与推广工作进行了报道，通过对周围学校和教师的辐射引领，我们希望更多的孩子能享受感恩教育的恩泽：

10 月 13 日，永康市实验学校倪静川老师受兰溪市教师进修学校、兰溪市教科所之邀，赴兰溪为该市教科研骨干教师作教科研优秀成果介绍和科研专题报告——《教育科研与一线教师专业成长》。

据悉，倪老师已先后应邀在今年 3 月的浙江省立项课题负责人会议和 8 月的金华市教科研骨干教师培训暨结题指导会议上作相关经验介绍。

"课题可以源于教育教学，源于教育教学中的问题。一个优秀的一线教师要善于把教育教学中遇到的问题变成课题，并且以课堂为主阵地，通过研究去解决，最终又将研究成果服务于教学。"

"获奖只是副产品，教育科研的目的是为了更好地教育教学，为了更好地服务于我们的孩子！"

倪静川老师以获省 2010 年度教科研成果一等奖的省教科规划重点课题《基于语文情感体验式教学的儿童感恩教育研究》和近两年主持的省教科规划课题《用儿童诗推进儿童习作启蒙的实践研究》为例，介绍了一位普通一线教师 17 年的科研心路和研究过程中感受最深的几点体会①。

① 梅德田. 倪静川老师应邀为兰溪市教科研骨干教师授课[EB/OL]. http://www.ykedu.net/data/2011/1017/article_9897.htm

第六章

语文体验式感恩教育的特色与展望

教育研究工作是一项先后相继、循环往复的工作，可以说，它没有实际性的终点。具体的课题研究有结题的时候，但是对研究结论的实践性检验和完善、对研究的深化和扩展包含了大量的工作。在前面五章中，笔者已经较为详细地介绍了语文情感体验式感恩教育的起源、理念、策略、成效等相关问题，相信读者已经能够通过阅读对这一研究的全貌有了一个直观的了解。本章，笔者将着重对语文情感体验式感恩教育的特色进行阐述，并对研究与实践的全过程进行系统的反思和展望，以期更为全面地认识这一研究的独特性和利弊得失。

第一节 语文情感体验式感恩教育的特色

论述语文情感体验式感恩教育的特色，首先应该对“特色”一词进行词源学上的解读。也许是因为“特色”是一个太过平常的词汇，其意思也是比较清晰明确的，很多的词典之中并没有“特色”的确切解释。笔者查阅了相关典籍，仅在罗竹风主编的《汉语大词典》中找到了“特色”这一词条，解释为“事物所表现出来的色彩、风格等”。从这样的解释看，在词汇学上，“特色”一词具有中性的意义，引申为事物区别于他者的不同之处。但是将“特色”一词运用于教育领域，由于教育事业的独特性质，显然教育研究的特色也就不可能仅仅被理解为一种中性的意义。也就是说，教育研究的特色不仅应该是一种表征某种教学研究成果不同于其他教学研究成果的事实陈述，而更为重要的是要表征这种不同背后所彰显的积极向上的价值意义。这就意味着评价一种教育教学改革是否具有特色，不仅要从“区别”、“差异”、“特别”的角度去聚焦于这一研究成果的“特别之处”，而且要发现隐藏在这些特别之处背后那些有利于教育目标实现的“出色之处”。

一、感恩教育载体的语文性

对学生进行感恩教育的载体、途径可谓多种多样。语文教学中的感恩教育，最核心、最独特的地方就是依托语文课程资源、借助语言文字这一载体进行情感熏陶。语文体验式感恩教育，挖掘的是语文教材内的资源，补充的是语文的课外资源，主阵地是语文课堂，凭借的是一篇篇的语文课文，咀嚼的是一段段的文字。在一段段文字中、在一篇篇的课文中、在一堂堂语文课中、在一次次的言语实践中去渗透感恩之道，所依托的都是“语文”的元素。这也正是语文体验式感恩教育区别于其他感恩教育的最本质特色。

二、感恩教育方式的语文性

在语文教育中进行感恩教育，用的是听、说、读、写等语文学习的基本方法：在语言文字中体验、在语言习得中感动、在言语实践中强化。充分凸显了语文学科的特点，也真正体现了“文以载道”这一语文教育渗透德育的基本原则。

（一）在语言文字中体验

感恩类的文章一般描写细腻具体，意境优美，贴近生活，能够很好地帮助学生达成良好的语文素养、正确的价值观和审美观。语文教育中的感恩教育，根据教材特点，在老师的引领下，让学生抓住文章优美的语言文字和生动的艺术形象，借助自己的生活经验，展开联想和想象，去体验、感悟文章的优美意境。在此基础上，引导学生通过有感情地朗读，进一步深化对文章思想感情的体会，从而产生思想认识上的共鸣。

(二)在语言习得中感动

1. 重语言的积累。感恩类课文语言质朴而生动形象，想象优美而富有动感。教学时，教师应该在引导学生理解课文内容的过程中，通过读、圈、说、拓，让学生积累丰富的语言。让他们既陶醉于文章的优美意境，同时又深切体会到祖国语言文字的无穷魅力。教学中可结合多媒体，让学生从文字，从感官，全方位体会文章的语言美、情感美。在丰富多彩的语言活动中，激发学生学习语言、积累语言的兴趣。

2. 重情感的体验。在教学过程中，可以让学生抓住重点词句、语段，借助自己的生活经验，在具体的语言环境中加以理解，帮助学生在语言习得中更好地感受语言的变化之美、文脉的起伏之美。

(三)在言语实践中强化

学生从语言文字中获得情感体验的同时，教师应该创设适宜的言语实践平台强化学生的体验。如课前预习时可布置学生回家收集资料、或向家长了解情况。课中可抓住语言文字，在听、说、读、写中学习作者观察的细致、刻画的精确、运用语言的精妙。课末可以推荐学生阅读、查找资料、汇报交流等。让学生在熟悉的生活场景中、在广阔的天地里学习语言、汲取感恩的营养。使语言的习得和情感的熏陶在听说读写中得到融合，促进学生语文素养、道德情感的整体推进和协调发展，实现语文人文性与工具性的统一。

三、感恩导行策略的语文性

语文体验式感恩教育与其他感恩教育的区别之处还在于，课堂教学之后的感恩导行策略都以语文的方式进行，充分彰显了语文性和语文学科的优势。

(一)感恩意识用语文的方式导行

对学生进行感恩教育，还要让学生将心灵上的自我感受、自我体验转化为自我行动。语文体验式感恩教育过程中，教师用语文的方式多方位、多形式、多场合地进行正面导行，让学生通过表达、倾诉、宣泄，把情感升华到报恩和施恩的层面。主要方法有：保持角色本色、深入角色、变换角色倾诉，引导小练笔或进行说话训练；以日记的形式记录心灵的感悟、变化；用书信、便签等方式互动、交流等。

（二）感恩言行用语文的方式物化

经过一段时间的正面导行，学生渐渐将感恩意识转化为自觉行为。我们还引导学生用日记、新闻、简讯、小报等语文的方式记录自己或他人的感恩言行，这既是感恩教育成果的一种物化，又进一步通过交流、展示等对学生的感恩言行予以正向肯定，推动了学生感恩品质的稳定形成。

四、教育目标达成的语文性

审视语文情感体验式感恩教育的特色，除了聚焦它的“特别之处”以外，还要着眼于这一研究成果对于教育目标实现的价值和意义。笔者在本书中花了大量篇幅论述这一教育模式对于学生感恩意识、感恩品质、感恩情怀和感恩行为培养的意义，这些意义的存在，从人文性和德育的角度证明了情感体验式感恩教育的价值所在。

但是，作为一种依托语文教学进行的感恩教育，仅仅具备人文性的意义显然是不够的。小学语文课程标准指出：现代社会要求公民具备良好的人文素养和科学素养，具备创新精神、合作意识和开放的视野，具备包括阅读理解与表达交流在内的多方面的基本能力，以及运用现代技术搜集和处理信息的能力。语文课程应致力于学生语文素养的形成与发展。语文素养是学生学好其他课程的基础，也是学生全面发展和终身发展的基础。工具性与人文性的统一，既是语文学科的基本性质，也是判断语文教育教学领域一切改革是否有效的重要标准。

语文情感体验式感恩教育，是一种依托语文课堂教学开展的感恩教育模式，除了感恩教育所应该体现的德育教育目标之外，自然也应该蕴含语文教育的本体性、工具性目标。也就是说，通过语文情感体验式感恩教育，除了培养学生的感恩情怀、感恩意识、感恩品质和感恩行为之外，还实现了语文教育本身所需要的多维度目标，实现了语文教育人文性与工具性的有机结合，这也是语文情感体验式感恩教育的最显著的特色所在。

第二节　语文体验式感恩教育的推广价值

长期以来，教育研究者和教师分别以教育理论者和教育实践者的身份孤立地存在着，这使得教育领域很多的研究成果与现实的教育教学情境存在鸿沟，教育理论指导教育实践的积极作用受到限制。语文情感体验式感恩教育研究这一课题源于教育教学中的问题，在语文情感体验式感恩教育的探索过程中，统和了研究者、一线教师两种身份，以课堂为主阵地，通过研究去解决问题，最终又将研究成果服务于教学。既注重通过理论研究提升这一感恩教育方式的理论高度，又充分重视这一研究的现实操作性，实现了以下几个方面的创新：

一、文以载道，创新了感恩教育的有效途径

伴随着我国社会转型发展过程中各类社会矛盾的显现，作为道德教育范畴的感恩教育在中小学越来越受到广泛的重视。但就目前来看，包括感恩教育在内的道德教育，在内容和方式上都普遍存在理论与实际相脱节的现象。教育过程中展现的材料往往远离学生的生活实际，让他们很难形成感恩的真实感受。

而语文情感体验式感恩教育，其教育的素材主要来源于语文教材和相关的阅读材料。选入语文教材的课文及其相关的补充、拓展素材，都是经过层层筛选和反复琢磨的，比较符合青少年学生身心成长规律。利用这样的教材对青少年开展感恩教育，能够紧密结合生活实际，不至于让学生感到空洞和乏味。

同时，从教育资源的有效利用原则上看，灵活地利用语文教材中的感恩资源对学生进行感恩教育，也符合最大限度地利用教育资源的原则。同样的材料，在不同的教学设计中达成不同的目标，这充分体现了教育者的教育智慧。

总之，用语文教学和语文文本素材承担起感恩教育的责任，在语文教学中渗透感恩教育，弥补了以往感恩教育流于形式、效果不高的缺憾。同

时，语文教学互动、多样、开放的教学过程更为实施感恩教育提供了大量契机。以语文教学为依托进行感恩教育是一种符合道德教育规律和青少年身心发展特点的有效方式，它不仅使感恩教育有了一种可持续依托的有效载体、提升了感恩教育的有效性，更彰显了富有智慧的语文教学的独特魅力。

二、情之所动，突破了感恩意识形成的瓶颈

近年来，很多德育领域的研究都将视角聚焦到了德育的低效性问题之上。笔者认为，造成德育低效性的原因是多方面的，但是最为根本的是，很多德育教育的过程中，教育者没有很好地把握德育教育的独特之性。道德教育取得实效的基础不是知识，不是技能，而是情感。从根本上说，道德教育是以情换情的教育，没有充分的情感体验，是难以真正提升道德教育有效性的。同样，对于感恩教育来说，感恩教育是一种以德报德的道德教育，更是一种以情动情的情感教育，一种以人性唤起人性的教育。传统德育或者感恩教育之所以柔弱无力，很大程度上是因为没有真正触及孩子的心灵，引起情感共鸣。由此，要突破感恩教育的瓶颈，必须从丰富学生的情感体验入手。语文情感体验式教育就是通过视觉、听觉、触觉等感觉的综合运用，极大程度地丰富学生的情感体验，让学生进入到一个充满感恩的情境之中，实现由外烁到内省的过程。语文情感体验式感恩教育立足于情感体验，使学生在体验中感悟，从而形成道德认同，实现由“知恩、感恩”到“报恩、施恩”的转化。这种以情换情、以情动情的感恩教育模式，突破了传统德育中情感体验缺乏的弊端，真正提升了感恩教育的有效性。

三、导之以行，强化了优秀稳定品质的形成

道德教育的目标不仅在于学生情感的丰富、知识的积累、体验的增加、意识的强化和品质的形成，其所追求的最高目标应该是学生良好行为习惯的形成。也就是说，语文体验式感恩教育应该是一种文而化之、由内而外的教育，其效果最终应该落实到学生的日常行为中。

在感恩教育的过程之中，学生所受到的感化和鼓舞往往是比较明显

的，初步的感恩意识和感恩品质已经能够借以形成。但是，如何确保学生将这些感恩意识和品质转化为现实的感恩行为，这又是值得认真思考的。

在语文情感体验式感恩教育的理论视野中，感恩意识最终要转化为一种自觉行为，才能形成一种稳定的优秀品质。为防止孩子们"听听很激动、想想很感动、回去没行动"的现象发生，语文体验式感恩教育特别注重课外感恩教育的延伸策略。结合家庭作业、节假日、语文趣味活动等方式，尝试以语文的方式让孩子在感动中报恩，强化孩子的感恩意识。

同时，在语文情感体验式感恩教育看来，报恩不应只局限于以一人报一人，以一事报一事，报恩的最高境界是把爱的薪火传承，用施恩的爱心、施恩的善举去回报整个社会、整个人类。因此，语文情感体验式感恩教育还应在知恩、感恩的基础上，引导学生将感恩意识、报恩行动升华为施恩行为，让感恩的心最终转化为一种稳定的优秀品质。这种通过行为得以外化和彰显的感恩教育，改变了过去道德教育重内不重外的弊端，促使了学生良好感恩行为的养成。在这种感恩行为的激励下，学生其他方面的道德素养也会得到系统地提升。

四、双向互通，达成了语文教育的多维目标

对于一项教育行为来说，其设计的初衷通常是为了解决教育过程中某一方面的问题，这是教育行为的主要目标，或者说是显性目标。但是通常来说，教育活动是一项复杂的活动，各维度的目标交织在一起。一项真正有效的教育行为，应该是综合体现多维度教育目标的行为。对于语文情感体验式感恩教育来说，其设计的初衷是因为社会转型发展、各类矛盾突出以及教育理念存在问题所导致的青少年感恩意识、感恩品质和感恩行为缺乏、缺失的现实，开展感恩教育的主要目标自然是为了培养学生的感恩意识、感恩品质和感恩行为。

但是，对于语文情感体验式感恩教育来说，在实现上述几个方面目标的过程中，同样注重了语文教育工具性目标的实现，体现了语文教育的本体性价值。这是因为，语文情感体验式感恩教育所采用的素材大多来源于语文教材，在解读和理解这些文本过程中，学生更好地理解和掌握了文本的语言；在感恩教育实施过程中，学生也通过语言表述自己的感恩行为，通过文字记录自己的感恩情怀，通过交流表达自己的感恩体验，学生

在听说读写之中很好地锻炼了自己的语言文字能力和交流表达能力，提升了自己的语文素养，在形成良好感恩品质的过程中也提升了自己语文学习的有效性。这种将语文教育工具性和社会性相融合的教育模式，这种一体两翼的操作方式，克服了工具性与人文性“两张皮”、“两条路”的弊端，实现了德育、智育的双向互通。同时，学生在丰富的感恩体验和深刻的文本理解之中，也能够增加美的享受，提升自己发现美、享受美和创造美的能力，实现了语文教育的美育目标。这种通过一种教育行为达成语文教育多维目标的行为，无疑是符合新课程改革理念和现代教育理念的。

五、简单易行，开创了特色感恩教育的捷径

对于一种教育方式来说，其操作上的简易性是决定了它能否在更大的范围中发挥作用的一个重要因素。语文情感体验式感恩教育就充分体现了这一教育方式自身的可操作性。语文情感体验式感恩教育有三大方面普适性的优势：

其一，每一个学龄儿童都可以成为感恩教育的受益者。语文，每个孩子都要学，语文课，每天都要上。依托语文教学进行感恩教育，是一种长期的、持续的、有效的便捷途径，每一个学龄儿童都可以成为感恩教育的受益者。

其二，每一个语文老师都可以成为感恩教育的播种人。作为一名语文老师，利用自己的学科优势，并以此为载体，对学生进行感恩教育，是一种享受，更是一种义务！依托语文学科教学，每一个语文老师都可以成为感恩教育的播种人，为每个孩子的人生奠基。

其三，每一所学校都可以拥有感恩教育特色德育体系。语文情感体验式感恩教育的模式、策略简单易行，基于语文情感体验式教学的德育体系完全可以成为每一所中小学的德育特色品牌。以此为依托，将情感体验式教学、特色德育体系构建、促进儿童感恩品质的形成三者有机统一，致力于每一个孩子的健康成长。

语文情感体验式感恩教育的操作策略简单易行，便于模仿和借鉴，这也为在更大范围内使用这一研究成果提供了基础和可能。

第三节 语文体验式感恩教育研究之反思

反思，顾名思义，意为反省认识[①]。英国教育家洛克认为，反思或反省是获得观念的心灵的反观自照，在这种反观自照中，心灵获得不同于感觉得来的观念的观念[②]。自20世纪末期开始，反思被引入教育领域，成为促进教育发展和教师专业能力提升的重要策略。特别是在进入新世纪之后，伴随着快速变革的教育环境，前所未见的教育矛盾层出不穷，及时反思就更加成为学校实现跨越式发展的必备要素。

反思的方法是多种多样的，比如撰写工作日记、交流、互动等，对于同一教育事件，反思的方式不同，反思的主体不同，最终获取的反思成果势必也不尽相同。在本章之中，笔者将分别立足于一线教师和研究者的双重身份，对语文情感体验式感恩教育模式进行反思，力求通过反思更详尽地描绘这项研究的全貌，更深刻地总结这一过程中形成的可供借鉴的基本经验，更直接地发现这一过程中存在的问题，并积极探索问题的化解策略。

在语文情感体验式感恩教育模式的实践研究过程中，笔者以极大的热情和精力投身于这一改革实践中，亲身感受到了这种教育模式给师生的教学带来的巨大变化。在这个过程中，应该说，笔者的感受是很多的，集中起来，可以得出以下几个方面的基本观点：

一、研究应兼顾现实性与前瞻性

通常来说，任何一所学校的主要管理者，在学校办学问题出现的时候，我们一般都能够及时地发现并商讨对策。这方面的工作相信很多学校管理者都能够得到师生的一致认可。教育教学中的问题也是如此，我们往往是在学生出了问题、教学出了问题、教师出了问题之后，才会去静

① 李三福.教育科研评价反思的理性思考[J].湖南科技大学学报，2010(4).

② 洛克.人类理解论[M].北京：商务印书馆，1959：39.

下心来思考教学模式的构建和教学理念的变革。我们所研究和阐释的语文情感体验式感恩教育模式,实际上归根到底也是因为学生们感恩意识的缺乏和感恩情怀的丧失,因为学校教育对感恩的漠视。是一种问题产生之后的"治愈式疗法"。但是,从一名教育研究者的角度出发,我却深深地认识到,及时化解问题进而提出新的教育教学方式方法只是一种针对现实的思考。而真正有远见、有魄力的学校管理者和教师,在审视自己办学理念的过程中一方面需要兼顾现实,另一方面也同样需要着眼未来。强调教育教学改革的前瞻性,突出在问题尚未呈现时候的"预判式疗法"。只关注现实,往往会使得教育教学和科研工作难以保持持久的生命力,只关注未来,往往会使教学改革失去生存的根基,脱离实际。因此,如何在教育教学研究的过程中兼顾"现实性"与"前瞻性"是每一个教师都应该认真思考的问题。

二、改革应兼顾外来性和本土性

对于很多教师来说,特别是新入职的教师,对学校环境、学生情况的不了解往往使之难以在短时期内形成清晰的教育教学思路,教育教学改革更是无从提及。在这样的情况下,很多教师都会选择模仿别的学校、别的教师的教学思路,或是直接学习他人的做法。特别是在国外先进的教育理论以及国内教育研究成果不断出现的大环境下,教师在选择和形成自己的教育教学模式和风格的过程中不可避免地要受到外界的干扰,或多或少地打上"外来"的特性。然而,通过本次课题研究,笔者越来越明确,学习他人先进的理论和好的做法固然无可厚非。但是每一所学校都有自己的个性,每一个学科都有自己的特点,每一个教师都有自己的风貌,完全模仿和移植某种教育教学研究成果到另外一所学校和另外一个学科能否最终取得成功这是很难说的。对于教师来说,在教学模式和教育改革的探索过程中,更重要的是要学会立足实际,认真分析自身特色,充分发挥师生的群体智慧,在学习他人的基础上,创建富有本土特色的教育教学方式方法。总之,在学校教育教学改革过程中,如何兼顾"外来性"和"本土性"又是一个值得思考的问题。

三、模式应兼顾理论性和实践性

就教学模式自身的概念和内涵看，它所包含的标准和内容是多元化的，这其中不仅有实践层面的标准，也同样有理论层面的意蕴。也就是说，作为一项完整科学的教学模式，情感体验式的感恩教育，不仅要向人们说明在教育教学和学校管理的过程中应该怎么做，也同样需要说明为什么需要这样做，这样做的理论依据是什么。但是，就目前我国中小学教育教学研究成果的探索现实看，很多学校都注重在探究的过程中教会师生应该怎样做，注重了教学模式构建过程中实践层面的工作，而对于理论层面的构建却呈现出了不够重视甚至不闻不问的不良状态。诚然，对于中小学来说，教书育人的实际工作是最为重要的。但是，就一种完善成型的教学模式来说，仅有实践层面的表征，不仅是不完善的，而且会使得这种模式的可推广性、科学性打上一定的折扣。鉴于此，如何在教学模式的形成过程中兼顾“理论性”和“实践性”就成了教师应该注重思考的第三个问题。

四、成果应兼顾个适性和推广性

对于一个有责任心的学校教育工作者来说，一种新的教育教学研究成果，绝不仅仅是为了实现本学科和自己学校的发展，更为重要的是，要通过这一研究成果的推广惠及更多的学校和受教育者。一般来说，对于一种成型的教育教学研究成果，它们通常是具有很强的个适性的，对于某一种学科和某一类教师、学校的发展能够起到很好的方向性作用。但是，如何使之在更为广阔的空间中发挥作用，如何确保在不一样的教育环境中该研究成果同样能够生存，却是另外一个值得思考的问题。当然，教学研究成果的推广性研究，不仅仅是一个教师和一所学校的事情，它呼唤着教育研究者和教育行政部门的共同关注。只有如此，科学先进的教育教学研究成果才能够真正得到推广，在更广阔的平台上发挥自己的作用。

第四节　语文体验式感恩教育研究之展望

在多年的感恩教育研究与实践中，教师、家长都明显感觉到学生的变化。通过问卷调查，前后测对比等方式对研究结果进行检测，结果表明语文情感体验式感恩教育这一模式已经在学生教育工作中发挥了积极作用，取得了很好的成效。在感恩教育已经初见成效的状态下，我们依然需要保持冷静，依然需要以批判和发展的眼光审视感恩教育的研究与实践。学生感恩意识的形成是一项持久的工程，要在整个小学阶段乃至整个教育阶段持之以恒、常抓不懈，必须保证持续的熏陶、沉淀、累积。这样实际上为后续的感恩教育研究提供了新的思路和视野。

一、完善感恩教育共享资源库，拓宽德育网络

在感恩教育的实施过程中，我们感觉到，感恩教育资源库的建设是一个亮点，为学校实施感恩教育提供了丰富的素材，也符合现代教育的基本理念。但是从目前看，我们所创设的感恩教育资源库，基本上还是以学校教师的劳动和智慧为主的，教师是资源库建设的主要力量。实际上，我们感到，感恩教育带来了学校教育的诸多变化，特别是家长的变化令人欣喜。很多家长从一开始不理解感恩教育的真正目的，甚至怀疑感恩教育会影响正常的知识传授和学生成长，到现在能了解感恩教育的理念和目标，认识到感恩教育是从小在孩子的心里种下“美”的种子，是让学生懂得如何去感恩、报恩、施恩，从而使孩子的心灵更美、更健康。在此基础上，他们渐渐地认识到道德品质的形成对于孩子成长的意义，在这样的认识下，他们也愿意将自己的部分精力和智慧投入到学校感恩教育的实践过程之中。以此为契机，在今后的研究和实践中，有必要更深入地挖掘家长的教育资源，继续完善感恩教育共享资源库。利用网站、德育基地等拓宽德育网络，构建学校、社会、家庭三位一体的德育体系，从而为情感体验式感恩教育的实施创设更为丰富的资源和更为广阔的平台。

二、拓展感恩教育的学科延伸，形成教育合力

感恩教育从属于德育教育，德育教育的一个重要特征就是难以通过单一的学科教学实现其基本目标。由此，对学生实施感恩教育，仅仅依靠语文学科是不够的。我们知道，当今时代的教育活动，倡导学生"知识技能、过程方法以及情感态度价值观"三个维度目标的实现，这种要求势必反映在各学科教材的编写和教学活动的组织之中。这也就意味着不仅语文学科，其他的很多学科也都被赋予了德育教育的使命，也都蕴含了丰富的感恩教育和其他方面教育的资源。我们的情感体验式感恩教育，是否也可以向其他学科延伸发展，从而在学校之中构筑起完善的德育教育网络，形成对学生教育的合力，这是值得我们继续讨论和研究的重要课题。

三、扩大特色教育的社会效应，做大学校品牌

树立品牌意识，是当今时代学校教育发展的必然选择。学校的特色和品牌，应该基于学校的发展需要，应该彰显和落实在教育教学活动之中。应该说，作为感恩教育的一种有效途径，语文情感体验式教学具有其科学性、合理性和可操作性。在语文情感体验式教学中渗透感恩教育的做法已得到了许多同行的认同，而且对周围学校产生了一定的辐射作用。语文情感体验式感恩教育正在成为我们学校的一张名片，发挥着越来越重要的品牌效应。我们将继续努力，深化语文情感体验式感恩教育研究，扩大特色教育的社会效应，为中华传统美德的传承而努力，为孩子们的成长奠基！

附录Ⅰ 感恩意识状况调查问卷、结果分析及反思

一、学生感恩意识状况调查问卷(家长卷)

学校________ 班级________ 家长姓名________

1. 你的孩子是否独生子女? A. 是 B. 否

2. 他(她)的性别是? A. 男 B. 女

3. 您的孩子知道您的生日吗?

A. 知道 B. 不知道,但我想应该让他知道

C. 不知道,我觉得这个无所谓

4. 您的孩子会在您生日时向您表达祝福吗?

A. 每年都会 B. 有时会

C. 偶尔会 D. 从来都不会

5. 您的孩子知道您每年大概在他身上用了多少钱吗?

A. 知道 B. 不知道,但我想应该让他了解

C. 不知道,这种事他(她)没必要知道

6. 您觉得孩子应该回报父母吗?

A. 完全应该 B. 应该

C. 基本上没必要 D. 完全没有回报的必要

7. 平时在家里,您的孩子是否会向您或其他长辈对他(她)的辛苦付出表示感谢?

A. 经常会 B. 有时会

C. 偶尔会 D. 从来都不会

8. 您的孩子是否会向老师们对他(她)的辛苦付出表示感谢?

A. 经常会 B. 有时会

C. 偶尔会 D. 从来都不会

9. 在日常的生活中,您的孩子是否会向社会上那些为他们提供服务的人表示感谢?

A. 经常会 B. 有时会

C. 偶尔会 D. 从来都不会

10. 总体来说，您觉得现在的独生子女是否具有感恩意识？

A. 绝大部分都具有　　B. 半数左右具有

C. 少部分具有，绝大部分缺乏　　D. 严重缺乏

11. 您认为一个独生子女如果缺乏感恩意识，原因在于：（可多选）

A. 学校教育　　B. 家庭教育

C. 社会制度和风气　　D. 学生本身缺乏自我修养

E. 其他（请说明）

12. 您觉得感恩意识对独生子女来说是否重要？

A. 非常重要　　B. 重要

C. 一般　　D. 不太重要

E. 不重要，有没有都无所谓

13. 平时在家里，您有没有告诉过您的孩子当别人为他（她）付出时，应该表示感谢？

A. 经常有　　B. 有时有

C. 偶尔有　　D. 从来没有

14. 您认为在家里是否有必要对您的孩子进行感恩意识的教育？

A. 完全有必要　　B. 比较有必要

C. 不太有必要　　D. 完全没有必要

15. 您的孩子有没有在学校里接受过感恩意识的教育或进行感恩方面的活动？

A. 经常有　　B. 有时有

C. 偶尔有　　D. 从来没有

16. 您认为应该以什么样的方式教育您的孩子要具有感恩意识？（可多选）

A. 说教式　　B. 以实际行动为榜样

C. 民主地进行交流　　D. 其他（请说明）

17. 您认为在培养独生子女的感恩意识时，起关键因素的是：

A. 学校教育　　B. 家庭教育

C. 社会制度和风气　　D. 其他（请说明）

18. 您认为学校是否有必要开设单独的感恩课程来培养独生子女的感恩意识？

A. 完全有必要　　B. 比较有必要

C. 不太有必要　　　　D. 完全没有必要

19. 您对独生子女的感恩意识现状及其教育方面还有什么想法、建议或意见?

感谢您的配合,祝您一切顺利,阖家幸福!

二、学生感恩意识状况调查问卷(学生卷)

学校________ 班级________ 学生姓名________

同学您好！欢迎参加本次调查！“羔羊跪乳，乌鸦反哺”、“喝水不忘掘井人”，说的都是感恩之情。今天的你是否懂得感恩？希望你能怀着认真、真实的态度如实回答以下问题，你的态度将决定本次调查的真实性，也将决定本次调查的成功与否。十分感谢您的合作！

1. 爸爸、妈妈每天早上几点上班？晚上几点下班？

2. 下班回家后，还要为你做些什么？

3. 你知道爸爸、妈妈的生日吗？你知道父母的健康状况吗？

4. 爸爸妈妈每月工资是多少？为你花费多少元钱？

5. 你与自己父母的关系怎样？

6. 你会厌烦父母的说教，甚至恨父母吗？

7. 你的父母文化层次低或社会地位低，你会看不起父母吗？

8. 你能为父母分担忧愁吗？你知道父母的最大的烦恼是什么吗？

9. 你会为父母做家务活吗？

10. 你知道你的父母最喜欢的东西吗？

11. 你知道爸爸妈妈对你的希望是什么吗？

三、学生感恩意识状况调查问卷结果统计分析及反思

(一)问卷结果统计(参与问卷调查500人):

调查内容	知道(会)	不知道(不会)
父母上下班时间	78%	22%
父母下班后要做什么	88%	12%
父母的生日及身体状况	38%	62%
父母的工资及自己的花费	62%	38%
与父母的关系如何	74%	26%
讨厌父母的说教	68%	32%
会不会看不起父母	45%	55%
能为父母分忧,知道父母的烦恼	52%	48%
会做家务活	89%	11%
父母最喜欢的东西	49%	51%
父母对你的希望	93%	7%

(二)问卷结果分析及反思

“爱孩子,这是连母鸡都会做的事”。可是,爱父母,却不是每个人都能做到的事。我们整天沉浸在爱的海洋中迷失了自我,变成了“爱的麻木者”,既体会不到父母长辈对我们的殷殷的深爱,更加不会尝试去理解关爱父母,有时甚至是以怨报德,做出许多不义不孝无耻的举动。孝敬父母,本是我们中华民族的传统美德。可这一美德没有被我们很好地继承下来。从本次感恩问卷调查结果来看,非常使人震惊:有62%的人不知道父母的生日和健康状况,有45%的人会看不起父母嫌弃父母,有48%的人不知道父母的烦恼,甚至有的说父母最大的烦恼是搓麻将时找不到伴,有51%的人不知道父母最喜欢的是什么。我想没有一个父母不知道自己孩子的生日,没有一个父母不知道孩子喜欢的是什么,没有一个父母会在内心嫌弃自己的孩子。因为孩子是父母生命中最重要的一部分。在我们的成长中,爸爸妈妈付出了全部的心血。这一切,我们的学生又想过多少?感受过多少?回报过多少呢?我们这些“小皇帝”常常过着衣来伸

手，饭来张口的生活，把父母的爱，亲人的情看成是理所当然。更有甚者，面对父母是居高临下、盛气凌人，是埋怨、责难，是一次次让父母失望、伤心！

造成孩子不懂得感恩的原因是什么，我个人认为有以下几个原因造成的：

1. 我们的教育缺乏感恩教育。分数至上，学校关心的是分数，老师关心的是分数，父母关心的还是分数。因此，孩子最关心的也是分数。

2. 父母过分溺爱孩子。父母爱孩子无可厚非，但是要恰到好处。其实小孩子的成长，犹如一棵小树的成长，春夏秋冬，该浇水时要浇水，该施肥时要施肥，该修时要修，该剪时要剪。若是娇宠放纵，反而是害了他，错过了最佳的教育时机。

3. 爱要说。我们中国人向来比较含蓄。父母对孩子的爱更是如此，其实，成功的父母应该让孩子知道父母的辛苦，使孩子以自己得到父母那么多的爱感到自豪。

附录Ⅱ　小学语文感恩教育主题课文汇编

【一年级上学期】

爷爷和小树

我家门口有一棵小树。

冬天到了，爷爷给小树穿上暖和的衣裳。小树不冷了。

夏天到了，小树给爷爷撑开绿色的小伞。爷爷不热了。

（感念人与自然互爱亲情）

阳光

阳光像金子，洒遍田野、高山和小河。

田里的禾苗，因为有了阳光，更绿了。山上的小树，因为有了阳光，更高了。河面闪着阳光，小河就像长长的锦缎了。

早晨，我拉开窗帘，阳光就跳进了我的家。

谁也捉不住阳光，阳光是大家的。

阳光像金子，阳光比金子更宝贵。

（感念自然恩泽）

雨点儿

数不清的雨点儿，从云彩里飘落下来。

半空中，大雨点儿问小雨点儿："你要到哪里去？"

小雨点儿回答："我要去有花有草的地方。你呢？"

大雨点儿说："我要去没有花没有草的地方。"

不久，有花有草的地方，花更红了，草更绿了。没有花没有草的地方，长出了红的花，绿的草。

（感念自然恩泽）

平平搭积木

平平搭积木，
搭了四间房子。
平平，平平，
这些房子都给谁住？
一间给爷爷和他的书住。
一间给奶奶和平平住。

一间给爸爸妈妈住。
平平，平平，
还有一间呢？
还有一间啊，
给没有房子的人住。
平平还要搭
很多很多的房子，
给大家住。
（感念养育之恩）

借生日

早晨，小云醒来一看，枕头边放着一只可爱的布熊。

妈妈走过来，祝小云生日快乐。小云问妈妈："您怎么从来不过生日？"妈妈笑着说："我忘了。"

吃过早饭，妈妈要去上班，拿起包一看，里面装着一只布熊。

她正要往外拿，小云跑过来按住妈妈的手，说："妈妈，这个布熊是我送您的生日礼物。您总是忘了自己的生日，今天我把生日借给您！"

（感念养育之恩）

雪孩子

下了一天一夜的大雪。房子上、树上、地上一片白。

兔妈妈要出去找吃的。她堆了一个漂亮的雪孩子，让他和小白兔一起玩。

看着可爱的雪孩子，小白兔真高兴。他和雪孩子又唱又跳，玩得很开心。

小白兔玩累了，就回家休息。屋子里很冷，他往火里加了一些柴，就上床睡觉了。

火把旁边的柴堆烧着了。小白兔睡得正香，一点儿也不知道。

雪孩子看见小白兔家着火了，就飞快地跑了过去。

雪孩子从大火中救出了小白兔，自己却化了。

雪孩子哪里去了呢？他飞到了空中，成了一朵白云，一朵很美很美的白云。

（感念伙伴之恩）

小熊住山洞

小熊一家住在山洞里。

熊爸爸对小熊说："我们去砍些树，造一间木头房子住。"

春天，他们走进森林。树上长满了绿叶，小熊舍不得砍。

夏天，他们走进森林。树上开满了花儿，小熊舍不得砍。

秋天，他们走进森林。树上结满了果子，小熊舍不得砍。

冬天，他们走进森林。树上有许多鸟儿，小熊舍不得砍。

一年又一年，他们没有砍树造房子，一直住在山洞里。

森林里的动物都很感激小熊一家，给他们送来一束束美丽的鲜花。

(感念自然之恩)

【一年级下学期】

看电视

每天，我们全家人都看电视，
我家看电视，真有些奇妙——
爸爸明明是个足球迷，
却把一场精彩的球赛关掉。
不知为啥换成了京剧，
咿咿呀呀的，唱个没完没了。
只有奶奶听得入迷，
我和爸爸都在打盹睡觉。
奶奶啥时换了频道，
球员们正在球场上飞跑。
"好球，好球，快射门！"
我和爸爸乐得直叫。
奶奶不看电视只看我们，
和我们一起拍手欢笑。
妈妈从书房走了出来，
她在修改最近写的文稿。
看着妈妈一脸的疲劳
我们都提议不再看球赛，
让妈妈听音乐，看看舞蹈。

每天，我们全家人都看电视，
我家看电视，可真有些奇妙！
每个人心里都装着一个秘密，
到底是啥？不说你也知道。
（感念养育之恩）

胖乎乎的小手

全家人都喜欢兰兰画的这张画。

爸爸刚下班回来，拿起画，看了又看，把画贴在了墙上。兰兰不明白，问："我只是画了自己的小手啊！我有那么多画，您为什么只贴这一张呢？"

爸爸说："这胖乎乎的小手替我拿过拖鞋呀！"

妈妈下班回来，看见画，笑着说："这胖乎乎的小手给我洗过手绢啊！"

姥姥从厨房出来，一眼就看见了画上红润润的小手，说："这胖乎乎的小手帮我挠过痒痒啊！"

兰兰明白了全家人为什么都喜欢这张画。她高兴地说："等我长大了，小手变成了大手，它会帮你们做更多的事情！"

（感念养育之恩）

棉鞋里的阳光

早晨，阳光照到了阳台上，妈妈在给奶奶晒棉被。小峰问妈妈："奶奶的棉被一点儿也没有湿，干吗要晒呢？"

"棉被晒过了，奶奶盖上会更暖和。"妈妈说。

"为什么呢？"小峰又问。

妈妈说："棉被里有棉花，让阳光钻进棉花里，你说暖和不暖和？"

吃过午饭，奶奶要睡午觉，妈妈收了棉被铺到床上。奶奶脱下棉鞋，躺进被窝，说："这被子真暖和。"她舒服地合上了眼睛。

奶奶睡着了。小峰想：奶奶的棉鞋里也有棉花……于是，他轻轻地把奶奶的棉鞋摆在阳光晒到的地方。

奶奶醒了，小峰把棉鞋放回床前。奶奶起床了，把脚伸进棉鞋里，奇怪地问："咦，棉鞋怎么这么暖和？"

小峰笑了笑，说："奶奶，棉鞋里有好多阳光呢！"

（感念养育之恩）

月亮的心愿

夜深了，月亮透过窗帘，看见一个小女孩睡在床上，身旁有一个背包，里面装着水果和点心。

月亮自言自语地说："明天孩子们去郊游，得去跟太阳公公商量商量，让明天有个好天气。"

月亮又来到另一家的窗前，只见一个小女孩正在照顾生病的妈妈。

妈妈说："珍珍，早点儿睡吧，不要太累了，明天你还要去郊游呢。"

"妈妈，我不想去了。"

"明天还是和大家一起去玩玩吧！"

"可是，医生说您的病还没好呢！"

月亮悄悄地离开了窗户，心里想："我去跟雷公公说说，明天还是下雨吧！"

两天后的一个艳阳天，孩子们一个都不少，排着队，愉快地走在郊游的路上。

（感念养育之恩）

两只鸟蛋

我从树杈上取下两只鸟蛋，
小小的鸟蛋凉凉的，
拿在手上真好玩。

妈妈看见了，说：
两只鸟蛋就是两只小鸟，
鸟妈妈这会儿一定焦急不安！

我小心地捧着鸟蛋，
连忙走到树边，
轻轻地把鸟蛋送还。

我仿佛听见鸟儿的欢唱，
抬起头来，
把目光投向高远的蓝天。

（感恩自然）

松鼠和松果

松鼠聪明活泼，学会了摘松果吃。他高高兴兴地走进了大森林，摘了一个又一个。每个松果都那么香,那么可口。

忽然,松鼠眨眨眼睛,想起来了:如果光摘松果,不栽松树,总有一天,一棵松树也没有了!

没有了松树,没有了森林,以后到处光秃秃的,小松鼠、小小松鼠、小小小松鼠……他们吃什么呢?到哪儿去住呢?

对,松鼠有了好主意:每次摘松果,吃一个,就在土里埋下一个。

春天,几场蒙蒙细雨过后,在松鼠埋松果的地方,长出了一棵棵挺拔的小松树。

将来,这里会是一片更茂密的松树林。

(感恩自然)

美丽的小路

鸭先生的小屋前有一条长长的小路,路上铺着花花绿绿的鹅卵石,路旁开着五颜六色的鲜花。

兔姑娘轻轻地从小路上走过,说:"啊,多美的小路啊!"

鹿先生慢慢地从小路上走过,说:"啊,多美的小路啊!"

朋友们都喜欢在美丽的小路上散散步,说说话。可是过了不久,小路上堆积了许多垃圾,苍蝇在小路上嗡嗡地飞来飞去,美丽的小路不见了。

兔姑娘又从小路上走过,皱起了眉头,说:"呀,美丽的小路怎么不见了?"

鹿先生又从小路上走过,捂上了鼻子,说:"咦,美丽的小路哪儿去了?"

鸭先生也叫起来:"天哪!我的美丽的小路呢?"

他看着看着,忽然一拍脑袋,说:"这都怪我!我一定要把美丽的小路找回来!"

鸭先生推来一辆小车,拿来一把扫帚,认真地清扫小路上的垃圾。兔姑娘和鹿先生看见了,也赶来帮忙。他们提着洒水壶,给花儿浇浇水,给小路洗洗澡。没过多久,一条干干净净的小路又出现了。

兔姑娘说:"美丽的小路好香啊!"

鹿先生说:"美丽的小路好亮啊!"

鸭先生对朋友们说:"让美丽的小路一直和我们在一起吧!"

(感恩自然)

失物招领

今天，一年级一班的同学去植物园参观。

植物园很大很大，里面的花草树木很多很多。同学们围着园林工人张爷爷，听他介绍每一种花草树木，听得可专心了。

中午，同学们三个一群，五个一伙，在草地上吃自己带的午饭。

准备回家了，大家排好队，唐老师严肃地说："同学们，刚才张爷爷捡到一些东西，是哪些同学丢的，请到我这儿来认领。"

四十双眼睛睁得大大的，四十双小手在各自的口袋里摸着。不一会儿，四十张小嘴一齐喊："唐老师，我没丢东西！"

"不！有不少同学丢东西了。"唐老师说完，举起一个透明的塑料袋，袋里装着饮料罐、香蕉皮、餐巾纸，还有花生壳。这些东西都是张爷爷在草地上捡起来的。

看到塑料袋里的东西，有几位同学脸红了，那些东西正是他们随手丢在草地上的。他们一个个跑到唐老师面前，领回了自己的"失物"，向不远处的果皮箱走去。

唐老师望望张爷爷，张爷爷望望唐老师，发出了会心的微笑。

(感恩自然)

夏夜多美

夏夜，公园里静悄悄的。

水池里，睡莲刚闭上眼睛，就被呜呜的哭声惊醒了。她睁开眼睛一看，是一只蚂蚁趴在一根水草上。睡莲问："小蚂蚁，你怎么啦？"

小蚂蚁说："我不小心掉进池塘，上不了岸啦！"

"快上来吧！"睡莲弯弯腰，让他爬了上来。

小蚂蚁非常感激，连声说："谢谢您，睡莲姑姑。"

睡莲说："今晚就在这儿住下吧！你瞧，夏夜多美啊！"

小蚂蚁摇摇头，说："我得回家。要不，爸爸妈妈会着急的。"

他们的话让正在睡莲叶上休息的蜻蜓听见了。他问："睡莲姑娘，有什么事吗？"

"小蚂蚁想回家，可我没办法送他。"

蜻蜓说："让我来送小蚂蚁吧！"

睡莲问："天这么黑，你能行吗？"

这时，一只萤火虫飞来了，说："我来给你们照亮。"

小蚂蚁爬上“飞机”，蜻蜓起飞了。萤火虫在前面点起了亮晶晶的小灯笼。

蜻蜓飞呀飞，飞过青青的假山，飞过绿绿的草坪，飞到一座花坛前，小蚂蚁到家了。

星星看见了，高兴地眨着眼。

啊，多美的夏夜啊！

（感念伙伴之恩）

吃水不忘挖井人

瑞金城外有个小村子叫沙洲坝。毛主席在江西领导革命的时候，在那儿住过。

村子里没有井，吃水要到很远的地方去挑。毛主席就带领战士和乡亲们挖了一口井。

解放以后，乡亲们在井旁边立了一块石碑，上面刻着：“吃水不忘挖井人，时刻想念毛主席。”

（感念伟人之恩）

画家乡

孩子们爱家乡，也爱画自己美丽的家乡。

涛涛的家乡在海边。他画的海那么蓝，那么宽。一艘艘船上装满了鱼和虾。那个在海滩上赤着脚捡贝壳的孩子，就是涛涛。

山山的家乡在山里。他画的山那么高，水那么清。房前屋后都是又高又大的树。画上的山山，提着小竹篮，正要到树林里去采蘑菇呢。

平平的家乡在平原。她画的平原那么平坦，那么宽广。有金黄的稻子，雪白的棉花，还有一大片一大片碧绿的菜地。屋前有鸡、鸭，屋后有翠竹。正在田野上奔跑的小女孩就是平平。

青青的家乡在草原。她画的草原一眼望不到边。草长得又绿又密，羊群在草原上走来走去。一匹骏马从远处奔来，青青正骑在马上赶着羊群。

京京的家乡在城市。他画的城市那么美。宽宽的街道，高高的楼房，还有一座座街心公园。那个正跑向科技馆的小男孩，就是京京。

小朋友，你的家乡也一定很美，请你画出来吧！

（感念家乡之恩）

快乐的节日

小鸟在前面带路，
风儿吹着我们。
我们像春天一样，
来到花园里，
来到草地上。
鲜艳的红领巾，
美丽的衣裳，
像朵朵花儿开放。

花儿向我们点头，
小溪欢快地流淌。
它们向我们祝贺，
为我们歌唱。
它们好像在说，
这个世界上，
有我们就更加美丽，
有我们就充满希望。

感谢亲爱的祖国，
让我们自由地成长。
我们像小鸟一样，
等身上的羽毛长得丰满，
就勇敢地向着天空飞翔，
飞向我们的理想。

唱啊，跳哇，
敬爱的老师，
亲爱的伙伴，
我们一起度过这快乐的时光。

（感念祖国之恩）

小白兔和小灰兔

老山羊在地里收白菜，小白兔和小灰兔来帮忙。

收完白菜，老山羊把一车白菜送给小灰兔。小灰兔收下了，说："谢谢您!”

老山羊又把一车白菜送给小白兔。小白兔说:“我不要白菜,请您给我一些菜子吧。”老山羊送给小白兔一包菜子。

小白兔回到家里,把地翻松了,种上菜子。

过了几天,白菜长出来了。小白兔常常给白菜浇水,施肥,拔草,捉虫。白菜很快就长大了。

小灰兔把一车白菜拉回家里。他不干活了,饿了就吃老山羊送的白菜。

过了些日子,小灰兔把白菜吃完了,又到老山羊家里去要白菜。

这时候,他看见小白兔挑着一担白菜,给老山羊送来了。小灰兔很奇怪,问道:“小白兔,你的菜是哪儿来的?”

小白兔说:“是我自己种的。只有自己种,才有吃不完的菜。”

(感念伙伴之恩)

小伙伴

春游那天,到了中午,小伙伴都在吃午餐,只有玛莎站在一旁。

维加问她:“你怎么不吃呀?”

玛莎说:“我把背包丢了,里面装着面包和矿泉水……”

维加一边大口地吃着面包,一边说:“真糟糕! 离回到家还有好长时间呢!”

安娜说:“你把背包丢在哪儿了? 真粗心!”

玛莎小声地说:“我也不知道。”说着,低下了头。

安娜又说:“你大概是丢在公共汽车上,忘记拿了。以后可要保管好自己的东西。”

这时,安东走到玛莎跟前,什么也没说,把夹着黄油的面包掰成两半,把大一点儿的放到玛莎手里,说:“赶快吃吧。”

(感念伙伴之恩)

【二年级上学期】

浅水洼里的小鱼

清晨,我来到海边散步。走着走着,我发现在沙滩上的浅水洼里,有许多小鱼。它们被困在水洼里,回不了大海了。被困的小鱼,也许有几百条,甚至几千条。用不了多久,浅水洼里的水就会被沙粒吸干,被太阳蒸干。这些小鱼都会干死。

我继续朝前走着，忽然看见前面有一个小男孩。他走得很慢，不停地在每个水洼前弯下腰去，捡起里面的小鱼，用力地把它们扔回大海。

看了一会儿，我忍不住走过去对小男孩说："水洼里有成百上千条小鱼，你是捡不完的。"

"我知道。"小男孩头也不抬地回答。

"那你为什么还在捡？谁在乎呢？"

"这条小鱼在乎！"男孩一边回答，一边捡起一条鱼扔进大海。他不停地捡鱼扔鱼，不停地叨念着："这条在乎，这条也在乎！还有这一条、这一条、这一条……"

（感念自然之恩）

一株紫丁香

踮起脚尖儿，
走进安静的小院，
我们把一株紫丁香，
栽在老师窗前。

老师，老师，
就让它绿色的枝叶，
伸进您的窗口，
夜夜和您做伴。

老师——
绿叶在风里沙沙，
那是我们给您唱歌，
帮您消除一天的疲倦。

老师——
满树盛开的花儿，
那是我们的笑脸，
感谢您时时把我们挂牵。

夜深了，星星困得眨眼，

老师，休息吧，
让花香飘进您的梦里，
那梦啊，准是又香又甜。
（感念师长之恩）

欢　庆

田野献上金黄的果实，
枫林举起火红的旗帜，
蓝天飞着洁白的鸽子，
大海奏起欢乐的乐曲。
十三亿孩子
欢庆这美好的日子，
十月一日
祖国妈妈的生日。
（感念祖国之恩）

称　赞

清晨，小刺猬去森林里采果子。

在小路边，他看见一只小獾在学做木工。小獾已经做成了三个小板凳。板凳做得很粗糙。但是看得出，他做得很认真。

小刺猬走到小獾身边，拿起板凳仔细地看了看。他对小獾说："你真能干，小板凳做得一个比一个好！"

"真的吗？"小獾高兴极了。

傍晚，小刺猬背着几个红红的大苹果，往家里走。

小獾见小刺猬来了，高兴地迎上去。他送给小刺猬一把椅子。小刺猬不好意思地说："我怎么能要你的椅子呢？我可没干什么呀！"

小獾拉着小刺猬的手，说："在我有点儿泄气的时候，是你称赞了我，让我有了自信。瞧，我已经会做椅子了。这是我的一点儿心意，收下吧。"

小刺猬连忙从背上取下两个大苹果，对小獾说："留下吧，这也是我的一点儿心意！"

小獾接过苹果闻了闻，说："你的苹果香极了，我从来没有见过这么好的苹果。"

小刺猬也高兴极了，说："谢谢你，你的称赞消除了我一天的疲劳！"

（感念伙伴之恩）

纸船和风筝

松鼠和小熊住在一座山上。松鼠住在山顶，小熊住在山脚。山上的小溪往下流，正好从小熊的家门口流过。

松鼠折了一只纸船，放在小溪里。纸船漂呀漂，漂到小熊的家门口。

小熊拿起纸船一看，乐坏了。纸船里放着一个小松果，松果上挂着一张纸条，上面写着："祝你快乐！"

小熊也想折一只纸船送给松鼠，可是纸船不能漂到山上去。怎么办呢？他想了想，就扎了一只风筝。风筝乘着风，飘呀飘，飘到了松鼠家门口。

松鼠一把抓住风筝的线一看，也乐坏了。风筝上挂着一个草莓，风筝的翅膀上写着："祝你幸福！"

纸船和风筝让他们俩成了好朋友。

可是有一天，他们俩为了一点小事吵了一架。山顶上再也看不到飘荡的风筝，小溪里再也看不到漂流的纸船了。

小熊很难过。他还是每天扎一只风筝，但是不好意思把风筝放起来，就把风筝挂在高高的树枝上。

松鼠也很难过。他还是每天折一只纸船，他也不好意思把纸船放进小溪，就把纸船放到屋顶上。

过了几天，松鼠再也受不了啦。他在一只折好的纸船上写了一句话："如果你愿意和好，就放一只风筝吧！"他把这只纸船放进了小溪。

傍晚，松鼠看见一只美丽的风筝朝他飞来了，高兴得哭了。他连忙爬上屋顶，取下纸船，把一只只纸船放到了小溪里。

窗前的气球

科利亚病了，住进了医院。他得的是传染病，医院规定，谁也不准来看他，他也不能到病房外面去。

科利亚静静地躺在病床上，呆呆地望着窗户。从三楼能望到什么呢？除了对面的楼房和一角天空以外，什么也看不见。他觉得真没意思。

突然，一个红气球摇摇摆摆地飘了上来，在科利亚房间的窗户前停住了。气球停了一会儿，开始一上一下地动起来，这是怎么回事？

科利亚仔细一看，气球上画着一张可爱的小脸。这下他猜出来了，准是米沙想的招儿。科利亚的心情一下子好了许多。他好像看见米沙拉动拴着气球的绳子，几个同学站在四周，叽叽喳喳地指手画脚。

窗前的气球，代表同学们来问候科利亚。科利亚望着窗外那张逗人的“小脸”，高兴地笑了。

（感念伙伴之恩）

假 如

假如我有一枝
马良的神笔，
我要给窗前的小树
画一个红红的太阳。
让小树在冬天
也能快活地成长，
不会在寒冷的北风里
缩着身子，轻轻叹息。

假如我有一枝
马良的神笔，
我要给树上的小鸟
画许多好吃的谷粒。
鸟妈妈再也不用
到遥远的地方去寻食，
让小鸟呆在家里
苦苦等待，饿得哭泣。

假如我有一枝
马良的神笔，
我一定给不幸的朋友西西
画一双好腿，
还他一个健康的身体。
他再也不会只坐在屋里
望着窗外的小树和飞燕，
而是和我们一起
在操场上奔跑，在草地上游戏。

假如我有一枝
马良的神笔……
（感念社会之恩）

【二年级下学期】

小鹿的玫瑰花

春天到了。小鹿在门前的花坛里，栽了一丛玫瑰。他常常去松土、浇水。玫瑰慢慢地抽出枝条，长出了嫩绿的叶子。

过了些日子，玫瑰枝头长出了许多花骨朵儿。小鹿和弟弟一起数了数，总共有三十二个，他们高兴极了。

花骨朵儿渐渐地长大了。就在快要开花的时候，小鹿不小心把脚跌伤了。他只能静静地躺在床上养病。一天，一周，一个月……小鹿终于能下床走路了，他一瘸一拐地来到门外。呀！门前的玫瑰已经长得很高了，可是浓密的绿叶中，一朵花也看不到了。

鹿弟弟惋惜地对哥哥说："这玫瑰你白栽了，一朵花都没看着。"

这时，一只黄莺飞来了。她说："小鹿，我见过你家那些红玫瑰，可好看了！看着那些花，我就想唱歌。"

一阵微风吹来，说："小鹿，我闻过你家的玫瑰花，可香了！我带着它的香味吹过森林，大伙儿都夸我是'玫瑰香风'呢！"

小鹿高兴地笑了，说："原来我栽的玫瑰是红色的，它们很美丽，还散发着香味。谢谢你们告诉了我。"

鹿弟弟也高兴地笑了，说："看来，你的玫瑰没有白栽！"

（感念社会之恩）

我为你骄傲

一个风和日丽的下午，我和小伙伴躲在一位老奶奶家的后院里，把一块块小石头扔上她家的房顶。我们看着石头像子弹一样射出，又像流星一样从天而降，觉得很开心，很有趣。

我捡起一块光滑的小石头，把它扔了出去。一不小心，石头砸在了老奶奶家的后窗户上。我们听到玻璃破碎的声音，就像兔子一样飞快地逃走了。

那天晚上，我一想到老奶奶家被打碎的玻璃就害怕，担心她知道是我干的。这以后，我还是和往常一样，每天给她送报纸。她也和往常一样，微笑着跟我打招呼，我却觉得很不自在。

我决定把送报纸的钱攒起来，给她修理窗户。三个星期过去了，我已经攒了7美元。这些钱足够用来修理窗户了。我把钱和一张便条装进信封，在便条上向老奶奶说明了事情的经过，并真诚地向她道歉。

一直等到天黑，我才悄悄地来到老奶奶的家门前，把信封投到她家的信箱里，我心里顿时感到一阵轻松。

第二天，我去给老奶奶送报纸。她微笑着接过报纸，说："我有点儿东西给你。"原来是一袋饼干。我谢过她，然后一边吃着饼干，一边继续送报纸。

当饼干快要吃完的时候，我发现袋子里有一个信封。打开信封一看，里面是7美元和一张便条，便条上写着：我为你骄傲。

（感念师长之恩）

三个儿子

三个妈妈在井边打水，一位老爷爷坐在旁边的石头上休息。

一个妈妈说："我的儿子既聪明又有力气，谁也比不过他。"

又一个妈妈说："我的儿子唱起歌来好听极了，谁都没有他那样的好嗓子。"

另一个妈妈什么也没说。

那两个妈妈问她："你怎么不说说你的儿子呀？"

这个妈妈说："有什么可说的，他没有什么特别的地方。"

三个妈妈打了水，拎着水桶回家去，老爷爷跟在她们后边慢慢地走着。

一桶水可重啦！水直晃荡，三个妈妈走走停停，胳膊都痛了，腰也酸了。

这时，迎面跑来三个孩子。一个孩子翻着跟头，像车轮在转，真好看！三个妈妈被他迷住了。

一个孩子唱着歌，歌声真好听。

另一个孩子跑到妈妈跟前，接过妈妈手里沉甸甸的水桶，提着走了。

一个妈妈问老爷爷："看见了吗？这就是我们的三个儿子。怎么样啊？"

"三个儿子？"老爷爷说，"不对吧，我可只看见一个儿子。"

（感念父母之恩）

玩具柜台前的孩子

“六一”儿童节快到了，商场里的玩具柜台前挤满了人，都是父母带着孩子来买玩具的。柜台前有个小男孩，只要看到谁买小汽车，他就马上跟过去，目不转睛地盯着柜台上跑动的汽车，眼里闪着兴奋的光芒。他是多么喜欢小汽车啊！

售货员阿姨问他：“谁带你来的？”

“妈妈。”

阿姨看他身边并没有大人，又问：“你妈妈在哪儿？”

“在那儿！”孩子用手指向药品柜台。

“妈妈在买药，让你在这儿等她，是吗？”

男孩点点头，又专心地看起小汽车来。

过了一会儿，男孩的妈妈来了，说：“小兵，咱们回家吧！”

阿姨忍不住对他妈妈说：“孩子在这儿站半天了，您就给他买辆小汽车吧！”

“不，我只看看，不要妈妈买。”男孩抢着说。

孩子的妈妈叹了口气，说：“他爸爸常年病着，家里生活不富裕。孩子心疼我，什么也不让我给他买……”

听着听着，售货员阿姨的眼圈红了，说：“多懂事的孩子呀！这样吧，我买辆小汽车，送给他做节日礼物。”

“不，谢谢，我不要。”男孩拉着妈妈的手，走出了商场。

回到家里，售货员阿姨对自己的女儿说起这件事。女儿听了，连忙从玩具里找出一辆漂亮的小汽车，请妈妈带给那个小男孩。

售货员阿姨天天盼着再见到那个小男孩，好把小汽车送给他。

（感念社会之恩）

爱迪生救妈妈

爱迪生是一位伟大的发明家，他从小就爱动脑筋，常常想出一些好主意。有一次，他靠自己的聪明救了妈妈的命。

那一年，爱迪生刚满七岁。一天，妈妈突然肚子痛，疼得在床上直打滚。爸爸急忙骑马到几十里外去请医生。太阳快落山的时候，医生终于来了。一检查，原来妈妈得的是急性阑尾炎，需要马上做手术。上医院已经来不及了，医生决定在家里做手术。

医生环顾四周，迟疑了片刻，说：“房间里光线太暗，没法做手术。”爸爸说:“那就多点几盏油灯。”医生还是摇头,连连说不行。大家急得团团转。

突然,爱迪生一溜烟似的奔出大门。不一会儿,他回来了,捧着一面明晃晃的大镜子,身后还跟着好几个小男孩,每个人都捧着一面大镜子。爸爸一见又急又气,斥责道:“什么时候了,还胡闹!”爱迪生委屈地说:“我没胡闹,我想出办法了。不信您瞧!”爱迪生让小伙伴们站在点燃的油灯旁边,由于镜子把光聚在一起,病床上一下子亮堂起来了。爸爸恍然大悟,医生也露出满意的笑容。

手术做得很成功,妈妈得救了。医生夸奖爱迪生,说:“今天多亏了这个小家伙,他真是个聪明的孩子!”

(感念父母之恩)

【三年级上学期】

爬天都峰

假日里,爸爸带我去黄山,爬天都峰。

我站在天都峰脚下抬头望:啊,峰顶这么高,在云彩上面哩!我爬得上去吗?再看看笔陡的石级,石级边上的铁链,似乎是从天上挂下来的,真叫人发颤!

忽然听到背后有人叫我:“小朋友,你也来爬天都峰?”

我回头一看,是一位白发苍苍的老爷爷,年纪比我爷爷还大哩!我点点头,仰起脸,问:“老爷爷,您也来爬天都峰?”

老爷爷也点点头,说:“对,咱们一起爬吧!”

我奋力向峰顶爬去,一会儿攀着铁链上,一会儿手脚并用向上爬,像小猴子一样……

爬呀爬,我和老爷爷,还有爸爸,终于都爬上了天都峰顶。

在鲫鱼背前,爸爸给我和老爷爷照了一张相,留作纪念。老爷爷拉拉我的小辫子,笑呵呵地说:“谢谢你啦,小朋友。要不是你的勇气鼓舞我,我还下不了决心哩!现在居然爬上来了!”

“不,老爷爷,我是看您也要爬天都峰,才有勇气向上爬的!我应该谢谢您!”

爸爸听了,笑着说:“你们这一老一小真有意思,都会从别人身上汲取力量!”

(感念社会之恩)

掌　声

上小学的时候，我们班有位叫英子的同学。她很文静，总是默默地坐在教室的一角。上课前，她早早地就来到教室，下课后，她又总是最后一个离开。因为她得过小儿麻痹症，腿脚落下了残疾，不愿意让别人看见她走路的样子。

一天，老师让同学们轮流上讲台讲故事。轮到英子的时候，全班四十多双眼睛一齐投向了那个角落，英子立刻把头低了下去。老师是刚调来的，还不知道英子的情况。

英子犹豫了一会儿，慢吞吞地站了起来，眼圈红红的。在全班同学的注视下，她终于一摇一晃地走上了讲台。就在英子刚刚站定的那一刻，教室里骤然间响起了掌声，那掌声热烈而持久。在掌声里，我们看到英子的泪水流了下来。掌声渐渐平息，英子也镇定了情绪，开始讲述自己的一个小故事。她的普通话说得很好，声音也十分动听。故事讲完了，教室里又响起了热烈的掌声。英子向大家深深地鞠了一躬，然后，在掌声里一摇一晃地走下了讲台。

从那以后，英子像变了一个人似的，不再像以前那么忧郁。她和同学们一起游戏、说笑，甚至在一次联欢会上，还让同学们教她跳舞。

几年以年，我们上了不同的中学。英子给我写信说："我永远不会忘记那掌声，因为它使我明白，同学们并没有歧视我。大家的掌声给了我极大的鼓励，使我鼓起勇气微笑着面对生活。"

（感念伙伴之恩）

给予树

圣诞节快到了，该选购圣诞礼物了。孩子们热烈地讨论这个话题，互相试探对方的心意，希望送出最诚挚的祝福，收到最甜蜜的笑容。让我担心的是，家里并不宽裕，我只攒了一百美元，却要由五个孩子来分享，他们怎么可能买到很多很好的礼物呢？

圣诞节前夕，我给了每个孩子二十美元，提醒每人至少准备四份礼物。接着，我把他们带到一个商场，分头去采购，约定两小时后一起回家。

回家途中，孩子们兴高采烈。你给我一点儿暗示，我让你摸摸口袋，不断让别人猜测自己买了什么礼物。只有八岁的小女儿金吉娅沉默不语。透过塑料口袋，我发现，她只买了一些棒棒糖——那种五十美分一大把的棒棒糖！我有些生气：她到底用这二十美元做了什么？

一回到家，我立即把她叫到我的房间，打算和她好好谈谈。没等我问，金吉娅先开口了："妈妈，我拿着钱到处逛，本来想送给您和哥哥姐姐一些漂亮的礼物。后来，我看到了一棵援助中心的'给予树'。树上有很多卡片，其中一张是一个小女孩写的。她一直盼望圣诞老人送给她一个穿着裙子的洋娃娃。于是，我取下卡片，买了洋娃娃，把它和卡片一起送到了援助中心的礼品区。"金吉娅说话的声音很低，显然在没能给我们买到像样的礼物而难过。"我的钱就……只够买这些棒棒糖了。可是妈妈，我们有那么多人，已经能得到许多礼物了，而那个小女孩却什么都没有。"

我紧紧地拥抱着金吉娅。这个圣诞节，她不但送给我们棒棒糖，还送给我们善良、仁爱、同情和体贴，以及一个陌生女孩如愿以偿的笑脸。

（感念社会之恩）

好汉查理

查理是个很调皮的孩子，爱搞恶作剧，没有人喜欢他，倒是他叫自己是"好汉查理"。

放暑假的时候，镇上来了度假的罗伯特先生一家。罗伯特先生的女儿杰西很可爱，不过，她只能坐在轮椅上。

一天下午，查理跑到罗伯特家的院子里玩，看到屋里的墙上挂着一把漂亮的长刀，喜欢极了。他从窗户爬进房间，羡慕地望着那把刀。

"你想把它拿走吗?"听到说话声，查理才发现有个小女孩坐在轮椅上。

"不，好汉查理从不随便拿别人的东西。"

"你可以拿下来看看。好汉查理，我叫杰西。"

"谢谢!"查理显得彬彬有礼。他抽刀出鞘，仔细地看着。

杰西说："这刀是我爸爸的，要不然我会送给你。好汉查理，能推我到外面晒晒太阳吗?"

"好吧。"查理恋恋不舍地把它挂回墙上。

在草坪上，杰西高兴地背诵着一首首诗。他们俩在阳光下度过了一个快乐的下午。

分手时，杰西问查理："你能常来陪我玩吗?"

"当然可以。"

查理虽然很调皮，但说话是算数的。整整一个暑假，他每天都陪杰西在草地上玩。镇上的人们发现查理没有再搞恶作剧。

暑假快过去了，罗伯特一家就要走了。临走的时候，罗伯特先生把查理叫到家里，说："查理，你是不是很喜欢这把刀？现在它是你的了。"

"不行，罗伯特先生，我不能随便要您的东西。"

"查理，你带给杰西的礼物是快乐。现在我把刀作为礼物送给你。"

查理第一次听到别人这样夸自己，连忙说："谢谢您，罗伯特先生。"

与杰西告别时，查理握着杰西的手，说："杰西，我会做个好汉。"

"你会的，我从来就相信。"

（感念伙伴之恩）

【三年级下学期】

燕子专列

有一年春天，在欧洲瑞士的一个车站，一列漂亮舒适的空调列车正准备启程，站台上站满了送行的人。他们送的是一批特殊的客人——燕子。燕子是候鸟，能长途飞行，怎么还用专列送呢？

事情是这样的：这年春天，成千上万只燕子从南方飞回北方时，在瑞士境内遇到了麻烦。当地气温骤降，风雪不止，几乎所有昆虫都被冻死了。燕子经过长途跋涉，已经非常疲劳，再加上找不到食物，饥寒交迫，濒临死亡。瑞士政府知道了这个情况，决定用火车把这些燕子送到温暖的地方。

于是，政府通过电视和广播呼吁人们立即行动起来，寻找燕子，把它们送到火车站。听到消息后，居民们纷纷走出家门，冒着料峭的春寒，顶着满天飞舞的大雪，踏着冻得坚硬的山路，四处寻找冻僵的燕子。

一个叫贝蒂的小姑娘，听到广播后，和爸爸妈妈一起，在覆盖着皑皑白雪的山间岩缝里，寻找冻僵的燕子。一天下来，她一个人就救护了十几只燕子。她的脸冻得通红，手冻得僵硬，但她一点也不在乎。

列车开动了。载着燕子的列车，带着人类的友情驶向远方。燕子在车厢里唧唧喳喳，仿佛在向人类致谢。

（感念社会之恩）

可贵的沉默

铃声响了，开始上课。

我问同学们："爸爸妈妈知道你的生日在哪一天吗？"

"知道！""知道！"孩子们异口同声地回答。

"生日那天，爸爸妈妈向你们祝贺吗？"

"当然祝贺了！""祝贺的！"又是一片肯定的回答声。

"'知道的''祝贺的'请举手！"

他们骄傲地举起了手，有的还神气十足地左顾右盼。

"把手举高，老师要点数了！"我提高了声音，"啊，这么多啊！"

我的情绪迅速地传染给了他们，他们随着我一起点起数来，"15、16、17……"越点越多，越点越兴奋，声音越来越响，前排的孩子都回过头往后看，几个男孩子索性站了起来，我也不阻止他们。几乎所有的孩子都在快乐地交谈，谈的内容当然是生日聚会、生日礼物、父母祝福……

孩子们会感受爱了，但这不够。我想去寻找蕴藏在他们心灵深处的、他们自己还没有意识到的极为珍贵的东西。我接着问：

"你们中间有谁知道爸爸妈妈的生日，请举手！"

霎时，教室里安静下来。我把问题重复了一遍，教室里依然很安静。过了一会儿，几位女同学沉静地举起了手。

"向爸爸妈妈祝贺生日的，请举手！"教室里寂静无声，没有人举手，没有人说话。孩子们沉默着，我和孩子们一起沉默着……

沉默了足足一分钟，我悄悄地瞥了一下这些可爱的孩子们——他们的可爱恰恰在那满脸的犯了错误似的神色之中。我的语气缓和下来，轻轻地问："怎么才能知道爸爸妈妈的生日呢？"像获得赦免一样，那一道道躲闪的目光又从四面八方慢慢地回来了。先是一两声，继而就是七嘴八舌了："问爸爸！""不，问外婆！""自己查爸爸妈妈的身份证！"教室里又热闹起来，只是与沉默前的热闹已经不一样了。

结束这堂课时，我给孩子们提了个建议："为了给父母一份特别的惊喜，你们最好用一种不被父母察觉的方式了解他们的生日，而祝贺的方式可以是多种多样的，但记住一点，只要你表达了自己的爱，再稚拙的礼物他们也会觉得珍贵无比的。"

不久，学校开家长会，那些爸爸妈妈不约而同地说道："我那小家伙真懂事了呢！""他祝我生日快乐！""他送了我礼物！""他给我写信叫我不要烦恼！""他会体贴人了！"

啊，我真快活！这一片沉默给了我多大的享受啊！

（感念父母之恩）

七颗钻石

很久很久以前，在地球上发生过一次大旱灾，所有的河流和水井都干涸了，草木丛林也都干枯了，许多人和动物都焦渴而死。

一天夜里，一个小姑娘拿着水罐走出家门，为她生病的母亲去找水。小姑娘哪儿也找不着水，累得倒在沙地上睡着了。当她醒来的时候，拿起罐子一看，罐子里竟装满了清澈新鲜的水。小姑娘喜出望外，真想喝个够，但又一想，这些水给妈妈还不够呢，就赶紧抱着水罐跑回家去。她匆匆忙忙，没有注意到脚底下有一条小狗，一下子绊倒在它身上，水罐也掉在了地下。小狗哀哀地尖叫起来。小姑娘赶紧去捡水罐。

她以为，水一定都洒了，但是没有，罐子端端正正地在地上放着，罐子里的水还是满满的。小姑娘往手掌里倒了一点儿水，小狗把它舔净了，变得欢喜起来。当小姑娘再拿水罐时，木头做的水罐竟变成了银的。小姑娘回到家把水罐，交给了母亲。母亲说："我反正要死了，还是你自己喝吧。"她又把水罐递给小姑娘。就在这一瞬间，水罐又变成了金的。这时，小姑娘再也忍不住，正想凑上水罐去喝口水的时候，突然从门外进来一个过路人讨水喝。小姑娘咽了一口唾沫，把水罐递给了这个过路人。这时突然从水罐里跳出了七颗很大的钻石，接着从里面涌出了一股巨大的清澈又新鲜的水流。

那七颗钻石越升越高，升到了天上，变成了七颗星星。

(感念社会之恩)

妈妈的账单

小彼得是一个商人的儿子。有时他得到他爸爸做生意的商店里去瞧瞧。商店里每天都有一些收款和付款的账单要经办，彼得经常被派去把这些账单送往邮局寄走。他渐渐觉得自己似乎也成了一个小商人。

有一次，他忽然想出一个主意：也开一张收款账单寄给他妈妈，索取他每天帮妈妈做事的报酬。

一天，妈妈发现她的餐盘旁边放着一份账单，上面写着：

母亲欠她儿子彼得如下款项：

取回生活用品　　20 芬尼

把挂号件送往邮局　　10 芬尼

在花园帮助大人干活　　20 芬尼

彼得一直是个听话的好孩子　　10 芬尼

共计：　　60 芬尼。

彼得的母亲仔细地读了一遍，然后收下了这份账单，什么话也没有说。

晚上，小彼得在他的餐盘旁边找到了他想要的报酬。正当小彼得如愿以偿，要把这笔钱收进自己的口袋里时，突然发现餐盘旁边还放着一份给他的账单。

他把账单展开读了起来：

彼得欠她的母亲如下款项：

为在她家里过的十年幸福生活　　0 芬尼

为他十年中的吃喝　　0 芬尼

为在他生病时的护理　　0 芬尼

为他一直有一个慈爱的母亲　　0 芬尼

共计：　　0 芬尼。

小彼得读着读着，感到羞愧万分。过了一会儿，他怀着一颗怦怦直跳的心，蹑手蹑脚地走近母亲，将小脸蛋藏进了妈妈的怀里，小心翼翼地把那 60 芬尼塞进了她的上衣口袋。

（感念养育之恩）

太阳是大家的

西边天上的朵朵白云，
变成了红彤彤的晚霞；
从东山上升起的太阳，
到西山上就要落下！

一天中太阳做了多少好事：
她把金光往鲜花上洒，
她把小树往高处拔；
她陪着小朋友在海边戏水，
看他们扬起欢乐的浪花……

太阳就要从西山落啦！
她要去哪儿？
她要趁人们睡觉的时候，

走向另外的国家。

在别的国家里，
也有快乐的小朋友，
也有小树和鲜花。
我知道，此时，
那里的小朋友和鲜花，
正在睡梦中等她、盼她……
（感念自然之恩）

一面五星红旗

在国外读书的第一个假日，我决定做一次漂流旅行。收拾好背包，我把它系在筏子上，手举一面鲜艳的五星红旗，便出发了。

筏子顺流而下，到了傍晚，河面变窄了。为了防止丢失，也为了行动方便，我把国旗从旗杆上抽下来，系在脖子上。

不久，筏子漂到了水势最急的一段河面，周围一片漆黑，我想大声呼喊，给自己壮胆鼓劲。还没等喊出口，只觉眼前一黑，便落入激流之中。醒来的时候，发现自己被一块巨石挡住了，头和身子被撞伤了好几处，筏子和背包都无影无踪。我迷路了，在荒无人烟的大山里转来转去。直到第三天中午，我才来到一座小镇，走进一家面包店。

我向老板说明了自己的处境。老板听懂了我的话，却把双手一摊，表示一脸的无奈，说："我讲究平等交易，我给你面包，你能给我什么呢？"

此时我身无分文，只好脱下新买的大衣。老板接过去看了看，耸了耸鼻子，还给了我。

突然，老板眼里闪出亮光，他用手指着我脖子上的五星红旗，惊奇地问："那是什么？"

我犹豫了一下，把国旗慢慢解下来，再展开。这面做工精致的五星红旗，经过河水的冲洗，依然是那么鲜艳。

老板拍了拍我的肩膀，告诉我可以用这面旗子换面包。

我愣了一下，然后久久地凝视着手中的五星红旗。

老板转身拿起一块面包，见我没有反应，以为我嫌少，又拿起两块面包递给我。

"可以吗？交换吧。"老板冲我打着手势。我摇摇头，吃力地穿上大衣，拿着鲜艳的国旗，趔趔趄趄地向外走去。突然，我摔倒在地上，就什么也不知道了。

我醒来的时候，发现自己躺在医院的病房里，身边站着的就是面包店的老板。他见我醒来了，冲我竖起大拇指，说："安心养一养，费用由我来付。"

这时我才发现，在我床头的花瓶里，有一束美丽、芬芳的鲜花，花丛中插着那面心爱的五星红旗。

（感念祖国之恩）

【四年级上学期】

巨人的花园

从前，一个小村子里有座漂亮的花园。那里，春天鲜花盛开，夏天绿树成荫，秋天鲜果飘香，冬天白雪一片。村里的孩子都喜欢到那里玩。

花园的主人是个巨人，他外出旅行已有好久了。花园里常年洋溢着孩子们欢乐的笑声。

有一年秋天，巨人突然回来了。他见到孩子们在花园里玩耍，很生气："谁允许你们到这儿来玩的！都滚出去！"

孩子们吓坏了，四处逃散。

赶走孩子以后，巨人在花园周围砌起围墙，而且竖起一块"禁止入内"的告示牌。

不久，北风呼啸，隆冬来临，刺骨的寒风吹起雪花。巨人孤独地度过了漫长的严冬。春天终于来了，村子里又开出美丽的鲜花，不时传来小鸟的欢叫。但不知为什么，巨人的花园里仍然是冬天，天天狂风大作，雪花飞舞。巨人裹着毯子，还瑟瑟发抖。他想："今年的春天为什么这么冷，这么荒凉呀……"

一天早晨，巨人被喧闹声吵醒了。他抬头望去，一缕阳光从窗外射进来。好几个月没见过这么明媚的阳光了。巨人激动地跑到花园里，他看到花园里草翠花开，有许多孩子在欢快地游戏，他们大概是从围墙的破损处钻进来的。孩子们的欢笑使花园增添了春意。可是巨人又发脾气了："好容易才盼来春天，你们又来胡闹。滚出去！"孩子们听到可怕的训斥，纷纷逃窜。与此同时，鲜花凋谢，树叶飘落，花园又被冰雪覆盖了。巨人不解地看看四周，突然发现桃树底下站着个小男孩。

“喂！你赶快滚出去！”巨人大声叱责。小男孩没有拔腿逃跑，却用他那会说话的眼睛凝视着巨人。不知怎么，巨人看着他的眼神，心里感到火辣辣的。这个小男孩在树下一伸手，桃树马上绽出绿芽，开出许多美丽的花朵。

“噢！是这么回事呀！”巨人终于明白，没有孩子的地方就没有春天。他不禁抱住了那个孩子：“唤来寒冬的，是我那颗任性、冷酷的心啊！要不是你提醒，春天将永远被我赶走了。谢谢你！”

小男孩在巨人宽大的脸颊上亲了一下。巨人第一次感到了温暖和愉快。于是，他立刻拆除围墙，把花园给了孩子们。

从那以后，巨人的花园又成了孩子们的乐园。孩子们站在巨人的脚下，爬上巨人的肩膀，尽情地玩耍。巨人生活在漂亮的花园和孩子们中间，感到无比的幸福。

（感念伙伴之恩）

幸福是什么

有三个小孩，都是牧羊的。他们彼此很要好，常常从村子里把羊群赶到很远的树林里去。树林里有一口老泉，已经不涌泉水了，泉口上堆满了枯枝败叶。

有一次，一个牧童说：“来，咱们把这口老泉清理一下，再挖一口小井，好不好？”

“好！”他的同伴快乐地喊道。

第二天，他们带着锄头和铁锹到树林里去清理那口老泉。他们疏通泉眼，把堵在泉口的小树杈和烂在水里的树叶挖开。清泉从一层泡沫下面流出来，流到一个有沙底的小潭里。三个小孩看见泉水流出来，又快乐又兴奋。又过了一天，他们从附近搬来一些宽大的石板，砌成一口小井，在井台前面留了一个宽阔的出口，上面用最大的一块石板盖上，不让尘土落进去。

他们高兴地坐在井旁的大石头上，看那股清澈的泉水慢慢填满那口小井，最后从那宽阔的出口流出来。

这时候，从树林里出来一位美丽的姑娘，金黄色的头发一直垂到脚跟，头上戴着一个白色的花环。“你们好，孩子们！”她说，“我可以喝你们井里的水吗？”

“你喝吧。”孩子们说，“我们就是为了让人喝水才把井砌好的。”

姑娘弯下身来，就着井口，用手捧起一捧水，喝了三口。

“我为你们三个人的健康喝了三口。”她微笑着说。

停了一会儿，她又说：“你们做了一件好事，我感谢你们。我代表树林和在树林里居住的一切动物，代表在树林里生长的一切花草，感谢你们。祝你们幸福！再见！”

孩子们互相看了看，他们又快乐又激动。一个孩子问那位不相识的姑娘：“你祝我们幸福。请你告诉我们，幸福是什么啊？”

“你们应当自己去弄个明白。十年以后让我们再在这个地方，在这口小井旁边相见吧。假如到那时候你们还不知道幸福是什么，我就告诉你们。”说完，姑娘突然不见了，正像她突然来到一样。

孩子们都诧异地互相看着。一个孩子说：“让我们分头到自己愿意去的地方，弄明白幸福是什么。我往东走。”

“我往西走。”另一个孩子说。

“我留在村子里，”第三个孩子说，“也许我在这里就会弄明白幸福是什么。”

他们都照自己的话做了。十年以后，他们又在小井旁边相遇了。三个人都成了强健有力的青年。清澈的泉水仍旧那样静静地流着。小井周围的树苗已经长成枝叶茂密的大树。小井周围有许多条小路，路上还看得见人的脚印，他们一定是到这里来喝水或者打水的。周围的沙地上有小鸟的爪印，草地上还有鹿和兔子跑过的痕迹。三个青年快乐地看着这一切。他们感到自己只做了一件这么小的事，却给别人带来这么大的好处！他们坐在原来的那块大石头上，想起那位美丽的姑娘。可是她还没有来。

“你们知道这十年我做了些什么？”第一个青年说，“我们分手以后，我就到一个城市里去了，进了学校，学到了很多东西，现在是一个医生。”

“你弄明白幸福是什么了吗？”另外两个问他。

“弄明白了，很简单。我给病人治病。他们恢复了健康，多么幸福。我能帮助别人，因而感到幸福。”

“我，”第二个青年说，“我走了很多地方，做过很多事。我在火车上、轮船上工作过，当过消防队员，做过花匠，还做过许多别的事。我勤勤恳恳地工作，我的工作对别人都是有用的。我的劳动没有白费，所以我是幸福的。”

“那么你呢?”他们问那个留在村子里的同伴。

“我耕地。地上长出麦子来。麦子养活了许多人。我的劳动也没有白费。我也感到很幸福。”

这时候，又是突然之间，那位姑娘又出现了。她没有变样，还是金黄色的头发，头上还是戴着那个白色的花环。她显得那么谦虚、美丽、善良。

“我很高兴，你们都依照我的话又来和我见面了。”她说，“你们说的话我全听到了。你们三个人都明白了：幸福要靠劳动，要靠很好地尽自己的义务，做出对人们有益的事情。”

“你是谁呀?”三个人同声问道。

“我是智慧的女儿。”姑娘回答后就不见了。

(感念社会之恩)

搭 石

我的家乡有一条无名小溪，五六个小村庄分布在小溪的两岸。小溪的流水长年不断。每年汛期，山洪暴发，溪水猛涨。山洪过后，人们出工、收工、赶集、访友，来来去去，必须脱鞋绾裤。进入秋天，天气变凉，家乡的人们会根据水的深浅，从河的两岸找来一些平整方正的石头，按照二尺左右的间隔，在小溪里横着摆上一排，让人们从上面踏过，这就是搭石。

搭石，构成了家乡的一道风景。秋凉以后，人们早早地将搭石摆放好。如果别处都有搭石，唯独这一处没有，人们会谴责这里的人懒惰。上了点年岁的人，无论怎样急着赶路，只要发现哪块搭石不平稳，一定会放下带的东西，找来合适的石头搭上，再在上边踏上几个来回，直到满意了才肯离去。

家乡有一句“紧走搭石慢过桥”的俗语。搭石，原本就是天然石块，踩上去难免会活动，走得快才容易保持平衡。人们走搭石不能抢路，也不能突然止步。如果前面的人突然停住，后边的人没处落脚，就会掉进水里。每当上工、下工，一行人走搭石的时候，动作是那么协调有序！前面的抬起脚来，后面的紧跟上去，踏踏的声音，像轻快的音乐；清波漾漾，人影绰绰，给人画一般的美感。

经常到山里的人，大概都见过这样的情景：如果有两个人面对面同时走到溪边，总会在第一块搭石前止步，招手示意，让对方先走，等对方过了河，俩人再说上几句家常话，才相背而行。假如遇上老人来走搭石，年轻人总要伏下身子背老人过去，人们把这看成理所当然的事。

一排排搭石，任人走，任人踏，它们联结着故乡的小路，也联结着乡亲们美好的情感。

（感念社会之恩）

跨越海峡的生命桥

1999 年 9 月 22 日，早晨 7 时 30 分，阳光洒满了美丽的杭州市，桂树还没有开花，晨风中已经飘来甜丝丝的香气。

小钱静静地躺在病床上。灿烂的阳光没有使他苍白的脸红润起来。这个刚满 18 岁的年轻人，患了严重的白血病，生命就像即将凋零的含苞的花朵，唯有骨髓移植，才能使这朵生命之花绽放。然而，要找到适合移植的骨髓，又谈何容易。如果没有亲缘关系，大约在十万人里才有可能找到一个有适合骨髓的人。小钱是幸运的，几经辗转，终于在台湾找到了这样的人。

在同一时刻，海峡彼岸的台湾花莲慈济医院，骨髓移植专家李博士正步履匆匆地走进手术室。一位青年躺在病床上，等候着他来抽取骨髓。就在昨天，一场里氏 7.3 级的大地震袭击了台湾地区。此刻，大地仍在余震中摇晃。

在这场灾难中，病床上的青年没有受伤，他的家人是否平安无事，目前还不清楚。但是，他知道，在海峡的另一边，有一位青年正满怀着希望，期待着他的骨髓。

针头向皮肤刺去，一阵突如其来的余震，使针头从肌肤里脱落，李博士不得不停止工作。此时此刻，跑到空旷的地方才比较安全。但是，李博士仍沉着地站在病床旁，那位青年也静静地躺在病床上。经过一次又一次的努力，利用大地震动暂停的间隔，台湾青年的骨髓，终于从身躯里涓涓流出……

骨髓的保存期只有 24 小时。李博士带着刚抽取的骨髓，经过十几个小时的奔波，赶到杭州，和当地的医护人员一起连夜为小钱做了骨髓移植手术。

小钱得救了。两岸骨肉同胞用爱心架起了一座跨越海峡的生命桥。也许，小钱和这位台湾青年永远不会见面，这并不重要，因为两岸同胞的心是连在一起的。那血脉亲情，如同生命的火种，必将一代一代传下去。

（感念社会之恩）

卡罗纳

卡罗纳的母亲病得很厉害，卡罗纳很多天没来上学了。昨天上午，我们刚走进教室，老师就对大家说："卡罗纳的母亲去世了，这个可怜的孩子遭到了巨大的不幸。他明天要来上课，孩子们，你们要庄重严肃，热情地对待他。任何人都不许跟他开玩笑，不许在他面前放声大笑！"

今天上午，可怜的卡罗纳来到了学校。他面容灰白，眼睛哭红了，两腿站不稳，好像他自己也大病了一场似的。我心里不由得泛起一阵同情和怜悯，大家都屏息凝神地望着他。

卡罗纳走进教室，突然放声大哭起来。他一定是想起了往日的情景。那时候，母亲差不多每天都来接他；要考试了，母亲总是俯下身来向他千叮咛万嘱咐。老师把卡罗纳拉到自己胸前，对他说："哭吧，痛痛快快地哭吧，可怜的孩子！但你要坚强！你母亲已不在这个世界上了，但她能看见你，她依然爱着你，她还生活在你身边。孩子，你要坚强哟！"

老师说完，卡罗纳回到座位上，挨着我坐下。卡罗纳翻开书，当他看到一幅母亲拉着儿子的手的插图时，突然双手抱住脑袋，趴在桌子上号啕大哭。老师暗示大家暂时别管他，开始上课。我本想跟他说几句话，但不知说什么才好，就把一只手放在他的肩膀上，脸贴在他的耳朵上，对他说："卡罗纳，别哭了。"

他什么也没说，也没有抬起头来，只是把他的手放在我的手上。

放学的时候，大家围在他身边，谁都没有说话，只用关切的目光默默地看着他。

我看见母亲在等我，跑过去扑进她的怀抱。母亲把我推开了，她目不转睛地望着卡罗纳。当时我并不明白母亲的用意。过了一会儿，我发现卡罗纳独自站在一边端详着我，他的目光里充满着无法形容的悲哀，那神情仿佛在说："你可以拥抱妈妈，我却再也不能了。"

我恍然大悟，没去拉母亲的手，却拉起卡罗纳的手，和他一块儿回家去。

（感念伙伴之恩）

给予是快乐的

圣诞节快到了，哥哥送给保罗一辆新车作为圣诞礼物。圣诞节的前一天，保罗从办公室里出来的时候，看见一个男孩在他闪亮的新车旁走来走去，有时候伸手轻轻地摸一下，满脸羡慕的神情。

保罗饶有兴趣地看着这个男孩，从衣着来看，他的家庭显然不宽裕。看见保罗在望着自己，男孩问道："先生，这是你的车吗？"

"是啊，"保罗点点头说，"这是我哥哥给我的圣诞礼物。"

男孩睁大了眼睛："你是说，这车是你哥哥给你的，你不用花一分钱？"保罗点点头。男孩惊叹地说："哇！我希望……"

保罗以为男孩希望也有一个这样的哥哥。男孩却说："我希望自己也能当这样的哥哥。"

保罗吃惊地看着这个男孩，不由自主地问了一句："你愿意坐我的车兜一圈吗？"

"当然，我非常愿意。"

车开了一段路，男孩转过身来，眼睛里闪着亮光，说道："先生，你能把车开到我家门口吗？"

保罗微微一笑，他理解男孩的想法：坐一辆又大又漂亮的车子回家，在小朋友的面前是很神气的事。但是保罗又错了。

"麻烦你把车停在台阶那里，等我一下，好吗？"

男孩跳下车，三步两步跑上台阶进了屋。不一会儿他出来了，背着一个小孩，显然是他的弟弟，看上去腿有残疾。他把弟弟放在最下面的台阶上，两个人紧靠着坐下。他指着保罗的车，说："看见了吗？很漂亮，对不对？这是他哥哥送给他的圣诞礼物！将来，我也要送你一辆这样的新车。到那时候，你就可以坐在车里，亲眼看看我跟你讲的那些好看的圣诞礼物了。"

保罗的眼睛湿润了。他下了车，把小弟弟抱进了车里。那个男孩眼睛里闪着喜悦的光芒，也坐了进去。他们三个人一起过了一个难忘的夜晚。

这个夜晚，保罗从内心感受到，给予是令人快乐的。

（感念手足之恩）

为中华之崛起而读书

12岁那年。周恩来离开家乡，来到了东北。当时的东北，是帝国主义列强在华争夺的焦点。他在沈阳下了车，前来接他的伯父指着一片繁华、热闹的地方，对他说："没事可不要到那个地方去玩啊！"

"为什么？"周恩来不解地问。

"那是外国租界地，惹出麻烦来可就糟了，没处说理去！"

"那又是为什么呢?"周恩来打破沙锅问到底。

"为什么?中华不振啊!"伯父叹了口气,没有再说什么。

不久,周恩来进了东关模范学校读书。他始终忘不了大伯接他时说的话,经常想:"租界地是什么样的?为什么中国人不能去那儿,而外国人却可以住在那里?这不是中国的土地吗……"一连串的问题使周恩来迷惑不解,好奇心驱使着他,一定要亲自去看个究竟。

一个风和日丽的星期天,周恩来背着大伯,约了一个要好的同学闯进了租界地。嘿!这一带果真和别处大不相同:一条条街道灯红酒绿,热闹非凡,街道两旁行走的大多是黄头发的、白皮肤、大鼻子的外国人和耀武扬威的巡警。

正当周恩来和同学左顾右盼时,忽然发现巡警局门前围着一群人,正大声吵嚷着什么。他们急忙奔了过去,只见人群中有个衣衫褴褛的妇女正在哭诉着什么,一个大个子洋人则得意扬扬地站在一旁。一问才知道,这个妇女的亲人被洋人的汽车轧死了,她原指望中国的巡警局能给替她撑腰,惩处这个洋人。谁知中国巡警不但不惩处肇事的洋人,反而把她训斥了一通。围观的中国人都紧握着拳头。但是,在外国租界地里,谁又能怎么样呢?只能劝劝那个不幸的妇女。这时周恩来才真正体会到伯父说的"中华不振"的含义。

从租界地回来以后,同学们常常看到周恩来一个人在沉思,谁也不清楚他究竟在想什么。直到在一次修身课上,听了周恩来的发言才解开了这个谜。

那天修身课上,魏校长向同学们提出一个问题:"请问诸生为什么而读书?"

同学们踊跃回答。有的说:"为明理而读书。"有的说:"为做官而读书。"也有的说:"为挣钱而读书。""为吃饭而读书"……

周恩来一直静静地坐在那里,没有抢着发言。魏校长注意到了,打手势让大家静下来,点名让他回答。周恩来站了起来,清晰而坚定地回答:"为中华之崛起而读书!"

魏校长听了为之一振!他怎么也没想到,一个十二三岁的孩子,竟有如此抱负和胸怀!他睁大眼睛又追问了一句:"你再说一遍,为什么而读书?"

"为中华之崛起而读书!"

周恩来铿锵有力的话语，博得了魏校长的喝彩："好啊！为中华之崛起！有志者当效周生啊！"

是的，少年周恩来在那时就已经认识到，中国人要想不受到帝国主义的欺凌，就要振兴中华。读书，就要以此为目标。

（感念祖国之恩）

那片绿绿的爬山虎

1963年，我上初三，写了一篇作文叫《一张画像》，经我的语文老师推荐，在北京市少年儿童征文比赛中获了奖。

一天，语文老师拿着一个厚厚的大本子对我说："你的作文要印成书了，你知道是谁替你修改的吗？"我睁大了眼睛，有些莫名其妙。"是叶圣陶先生！"老师将那大本子递给我，又说："你看看叶先生修改得多么仔细，你可以从中学到不少东西。"

我打开本子一看，里面有这次征文比赛获奖的20篇作文。翻到我的那篇作文，我一下子愣住了：映入眼帘的是红色的修改符号和改动后增添的小字，密密麻麻，几页纸上到处是红色的圈、钩或直线、曲线。

回到家，我仔细看了几遍叶老先生对我作文的修改。题目《一张画像》改成《一幅画像》，我立刻感到用字的准确性。类似这样的修改很多，长句断成短句的地方也不少。有一处，我记得十分清楚："怎么你把包几何课本的书皮去掉了呢？"叶老先生改成"怎么你把几何课本的包书纸去掉了呢？"删掉原句中"包"这个动词，使得句子干净了也规范了。而且"书皮"改成了"包书纸"更确切，因为书皮可以认为是书的封面。我虽然未见叶老先生的面，却从他的批改中感受到他的认真、平和以及温暖，如春风拂面。

叶老先生在我的作文后面写了一则简短的评语："这一篇作文写的全是具体事实，从具体事实中透露出对王老师的敬爱。肖复兴同学如果没有在这几件有关画画的事上深受感动，就不能写得这样亲切自然。"这则短短的评语，树立了我写作的信心。

这一年暑假，语文老师找到我，说："叶圣陶先生要请你到他家做客。"我感到意外：像叶圣陶先生那样的大作家，居然要见一个初中生！

那天下午，天气很好。我来到叶老先生住的四合院。刚进里院，一墙绿葱葱的爬山虎扑入眼帘。夏日的燥热仿佛一下子减去了许多，阳光都变成绿色的，像温柔的小精灵一样在上面跳跃着，闪烁着迷离的光点。

叶老先生见了我，像会见大人一样同我握了握手，一下子让我觉得距离缩短不少。

我们的交谈很融洽，仿佛我不是小孩，而是大人，一个他的老朋友。他亲切之中蕴含的认真，质朴之中包容的期待，把我小小的心融化了，以至不知黄昏的到来。落日的余晖染红窗棂，院里那一墙的爬山虎，绿得沉郁，如同一片浓浓的湖水，映在客厅的玻璃窗上，不停地摇曳着，显得虎虎有生气。

我非常庆幸，自己第一次见到作家，竟是这样一位人品与作品都堪称楷模的大作家。他跟我的谈话，让我好像知道了或者模模糊糊懂得了：作家就是这样做的，作家的作品就是这么写的。我15岁时的那个夏天意义非凡。在我的眼前，那片爬山虎总是那么绿着。

（感念师长之恩）

【四年级下学期】

第一次抱母亲

母亲病了，住在医院里。我们兄弟姐妹轮流去守护。轮到我的那天，护士进来换床单，叫母亲起来。母亲病得不轻，转身下床都很吃力，我赶紧说：“妈，您别动，我来抱您。”

我左手揽住母亲的脖子，右手揽住母亲的腿弯，使劲一抱。没想到母亲轻轻的，我用力过猛，差点仰面摔倒。

护士在后面托了我一把，责怪说：“你使那么大劲干什么？”我说：“我没想到我妈这么轻。”护士问：“你以为你妈有多重？”我说：“我以为我妈有100多斤。”母亲说：“我这一生，最重的时候只有89斤。”

母亲竟然这么轻，我心里很难过。护士说：“亏你和你妈生活了几十年，眼力这么差。”我说：“如果你跟我妈生活几十年，你也会看不准的。”

在我的记忆中，母亲总是手里拉着我，背上背着妹妹，肩上再挑100多斤重的担子翻山越岭。这样年复一年，直到我们长大。我们长大后，可以干活了，但每逢有重担，母亲总让我们放下，让她来挑。我一直以为母亲力大无穷，没想到她是用80多斤的身体，去承受那么重的担子。

我愧疚地望着母亲那瘦小的脸。

护士也动情地说：“大妈，您真了不起。”母亲笑了笑说：“提那些事干什么？哪个母亲不是这样过来的？”护士把旧床单拿走，铺上新床单，又很小心地把边边角角拉平，然后回头吩咐我："把大妈放上去吧，轻一点。"

我突发奇想地说："妈，您把我从小抱到大，我还没有好好抱过您一回呢。让我抱您入睡吧。"母亲说："快把我放下，别让人笑话。"护士说："大妈，您就让他抱一回吧。"母亲这才没有作声。

我坐在床沿上，把母亲抱在怀里，就像小时候母亲抱我那样。为了让母亲容易入睡，我将她轻轻地摇动。护士不忍离去，静静地站在边上看着。母亲终于闭上了眼睛。我以为母亲睡着了，准备把她放到床上去。可是，我忽然看见，有两行泪水从母亲的眼角流出来……

（思念父母之恩）

尊　严

一个寒冷的冬天，南加州沃尔逊小镇上来了一群逃难的人。他们面呈菜色，疲惫不堪。善良而朴实的沃尔逊人，家家烧火做饭，款待他们。这些逃难的人，显然很久没有吃到这么好的食物了，他们连一句感谢的话也顾不上说，就狼吞虎咽地吃起来。

只有一个人例外，这是一个脸色苍白、骨瘦如柴的年轻人。当镇长杰克逊大叔将食物送到他面前时，他仰起头，问："先生，吃您这么多东西，您有什么活儿需要我做吗？"杰克逊大叔心想，给逃难的人一顿饭吃，每个善良的人都会这么做。于是他回答："不，我没有什么活儿需要您做。"

这个年轻人的目光顿时灰暗了，他的喉结上下动了动，说："先生，那我不能吃您的东西，我不能不劳动，就得到这些食物！"杰克逊大叔想了想，说："我想起来了，我家确实有一些活儿需要您帮忙。不过，等您吃过饭，我再给您派活儿。"

"不，我现在就做，等做完了您的活儿，我再吃这些东西！"年轻人站起来说。杰克逊大叔十分赞赏地望着这位年轻人，他知道如果不让他干活儿，他是不会吃东西的。思量片刻后，杰克逊大叔说："小伙子，你愿意为我捶捶背吗？"说着就蹲在这个年轻人跟前。年轻人也蹲下来，轻轻地给杰克逊大叔捶背。

捶了几分钟，杰克逊大叔感到十分惬意。他站起来，说："好了，小伙子，您捶得好极了，刚才我的腰还很僵硬，现在舒服极了。"说着将食物递给了这个年轻人。年轻人立刻狼吞虎咽地吃起来。杰克逊大叔微笑地注视着这个年轻人，说："小伙子，我的庄园需要人手，如果你愿意留下来的话，我太高兴了。"

年轻人留了下来，很快成了杰克逊大叔庄园里的一把好手。过了两年，杰克逊大叔把自己的女儿许配给他，杰克逊对女儿说："别看他现在什么都没有，可他百分之百是个富翁，因为他有尊严！"

二十多年后，这个年轻人果然取得了巨大的成功。他就是石油大王哈默。

（感念社会之恩）

将心比心

奶奶给我讲过这样一件事：有一次她去商店，走在她前面的一位阿姨推开沉重的大门，一直等到她跟上来才松开手。当奶奶向她道谢的时候，那位阿姨轻轻地说："我的妈妈也和您的年龄差不多，我希望她遇到这种时候，也有人为她开门。"听了这件事，我的心温暖了许久。

一天，我陪患病的母亲去医院输液，年轻的护士为母亲扎了两针也没有扎进血管里，眼见针眼鼓起青包。我正要抱怨几句，一抬头看见了母亲平静的眼神——她正注视着护士额头上密密的汗珠，我不禁收住了涌到嘴边的话。只见母亲轻轻地对护士说："不要紧，再来一次！"第三针果然成功了。那位护士终于长出了一口气，她连声说："阿姨，真对不起。我是来实习的，这是我第一次给病人扎针，太紧张了。要不是您的鼓励，我真不敢给您扎了。"母亲用另一只手拉着我，平静地对护士说："这是我女儿，和你差不多大小，正在医科大学读书，她也将面对自己的第一个患者。我真希望她第一次扎针的时候，也能得到患者的宽容和鼓励。"听了母亲的话，我心里充满了温暖与幸福。

是啊，如果我们在生活中能将心比心，就会对老人生出一份尊重，对孩子增加一份关爱，就会使人与人之间多一些宽容与理解。

（感念社会之恩）

触摸春天

邻居的小孩安静，是个盲童。

春天来了，小区的绿地上花繁叶茂。桃花开了，月季花开了。浓郁的花香吸引着安静。这个小女孩，整天在花香中流连。

早晨，我在绿地里面的小径上做操，安静在花丛中穿梭。她走得很流畅，没有一点儿磕磕绊绊。安静在一株月季花前停下来。她慢慢地伸出双手，在花香的引导下，极其准确地伸向一朵沾着露珠的月季花。我几乎要喊出声来了，因为那朵月季花上，正停着一只花蝴蝶。

安静的手指悄然合拢，竟然拢住了那只蝴蝶，真是一个奇迹！睁着眼睛的蝴蝶被这个盲女孩神奇的灵性抓住了。蝴蝶在她的手指间扑腾，安静的脸上充满了惊讶。这是一次全新的经历，安静的心灵来到了一个她完全没有体验过的地方。

我静静地站在一旁，看着安静。我仿佛看见了她多姿多彩的内心世界，一瞬间，我深深地感动着。

在春天的深处，安静细细地感受着春光。许久，她张开手指，蝴蝶扑闪着翅膀飞走了，安静仰起头来张望。此刻安静的心上，一定划过一条美丽的弧线，蝴蝶在她八岁的人生划过一道极其优美的曲线，述说着飞翔的概念。

我没有惊动安静，谁都有生活的权利，谁都可以创造一个属于自己的缤纷世界。在这个清香袅袅的早晨，安静告诉我这样的道理。

（感念社会之恩）

永生的眼睛

我 14 岁那年，一场突如其来的疾病夺去了母亲的生命。那会儿，我的内心一直笼罩着巨大的悲哀与痛苦。一想到从此以后我再也得不到妈妈的呵护了，泪水便不由自主地流淌下来。我无法面对没有妈妈的孤零零的生活。

当天下午，一位警官来到我们家，对父亲说："先生，您同意医院取用尊夫人的眼睛角膜吗？"

"当然可以。"爸爸痛快地回答。

我被他们的对话惊呆了，我不明白那些医生为什么要将母亲的角膜给予他人，更让我无法明白的是，爸爸居然不假思索地答应了。我痛苦难忍，不顾一切地冲进了自己的房间。"你怎么能让他们这样对待妈妈！"我冲着爸爸哭喊，"妈妈完整地来到世上，也应该完整地离去。"

"琳达，"父亲坐在我身旁，平静地说，"一个人所能给予他人的最珍贵的东西，莫过于自己身体的一部分。很久以前，你妈妈和我就认为，如果我们死后的身体能有助于他人恢复健康，我们的死就是有意义的。"原来，他和妈妈早已决定死后捐赠器官了。

很多年过去了，我渐渐长大，有了自己的家庭。父亲也老了，身体一天不如一天。为了照顾他，我把他接来同住。父亲愉快地告诉我，他去世后要捐赠所有完好的器官，尤其是眼睛角膜。

“如果一个盲童能在我们的帮助下重见光明，并像温迪一样画出栩栩如生的马儿，那多么美妙！”我的女儿温迪自幼酷爱画马，她的作品屡屡获奖。父亲接着说：“当你们得知是我的眼睛角膜起了作用，你们会为我自豪！”

我把外公捐赠器官的心愿告诉了温迪。孩子热泪盈眶，她跑到外公身边，紧紧地拥抱他。

父亲与世长辞后，我遵从他的遗愿捐赠了他的眼睛角膜。温迪告诉我：“妈妈，我真为你、为外公所做的一切感到骄傲。”“这令你骄傲吗？”我问。“当然，你想过什么也看不见会有多么痛苦吗！我死后，也学外公将眼睛角膜捐给失明的人，让他们重见天日。”在这一刻，我真正领悟到了父亲留下的远非一副角膜！我紧紧地搂住温迪，激动的泪水夺眶而出。这次，我为自己的女儿——14 岁的温迪而骄傲。

（感念社会之恩）

生命　生命

我常常想，生命是什么呢？

夜晚，我在灯下写稿，一只飞蛾不停地在我头顶上飞来飞去，骚扰着我。趁它停下的时候，我一伸手捉住了它。只要我的手指稍一用力，它就不能动弹了。但它挣扎着，极力鼓动双翅，我感到一股生命的力量在我手中跃动，那样强烈！那样鲜明！飞蛾那种求生的欲望令我震惊，我忍不住放了它！

墙角的砖缝中掉进一粒香瓜子，过了几天，竟然冒出一截小瓜苗。那小小的种子里，包含着一种多么强的生命力啊！竟使它可以冲破坚硬的外壳，在没有阳光、没有泥土的砖缝中，不屈向上，茁壮生长，即使它仅仅只活了几天。

有一次，我用医生的听诊器，静听自己的心跳，那一声声沉稳而有规律的跳动，给我极大的震撼，这就是我的生命，单单属于我的。我可以好好地使用它，也可以白白地糟蹋它。一切全由自己决定，我必须对自己负责。

虽然生命短暂，但是，我们却可以让有限的生命体现出无限的价值。于是我下定决心，一定要珍惜生命，决不让它白白流失，使自己活得更加光彩有力。

（感念生命之恩）

【五年级上学期】

窃读记

转过街角，看见饭店的招牌，闻见炒菜的香味，听见锅勺敲打的声音，我放慢了脚步。放学后急匆匆地从学校赶到这里，目的地可不是饭店，而是紧邻它的一家书店。

我边走边想："昨天读到什么地方了？那本书放在哪里？左边第三排，不错……"走到门口，便看见书店里仍像往日一样挤满了顾客。我可以安心了。但我又担忧那本书会不会卖光了，因为一连几天都看见有人买，昨天好像只剩下一两本了。

我跨进店门，暗喜没人注意。我踮着脚尖，从大人的腋下钻过去。哟，把短发弄乱了，没关系，我总算挤到里边来了。在一排排花花绿绿的书里，我的眼睛急切地寻找，却找不到那本书。从头来，再找一遍。啊！它在这里，原来不在昨天的地方了。

急忙打开书，一页，两页，我像一匹饿狼，贪婪地读着。我很快乐，也很惧怕——这种窃读的滋味！

我害怕被书店老板发现，每当我觉得当时的环境已不适宜再读下去的时候，我会知趣地放下书走出去，再走进另一家。有时，一本书要到几家书店才能读完。

我喜欢到顾客多的书店，因为那样不会被人注意。进来看书的人虽然很多，但是像我这样常常光顾而从不购买的，恐怕没有。因此我要把自己隐藏起来。有时我会贴在一个大人的身边，仿佛我是他的小妹妹或小女儿。

最令人开心的是下雨天，越是倾盆大雨我越高兴，因为那时我便有充足的理由在书店待下去。就像在屋檐下躲雨，你总不好意思赶我走吧？我有时还要装着皱起眉头，不时望着街心，好像说："这雨，害得我回不去了。"其实，我的心里却高兴地喊着："大些！再大些！"

当饭店飘来一阵阵菜香时，我已饿得饥肠辘辘，那时我也不免要做白日梦：如果口袋里有钱该多好！去吃一碗热热的面条，回到这里时，已经有人给摆上一张沙发，坐上去舒舒服服地接着看。我的腿真酸哪，不得不交替着用一条腿支撑着，有时又靠在书柜旁，以求暂时的休息。

每当书店的日光灯忽地亮起来，我才发觉已经站在这里读了两个多钟头了。我合上书，咽了一口唾沫，好像把所有的智慧都吞下去了，然后才依依不舍地把书放回书架。

我低着头走出书店，脚站得有些麻木，我却浑身轻松。这时，我总会想起国文老师鼓励我们的话："记住，你们是吃饭长大的，也是读书长大的！"

（感念社会之恩）

梅花魂

故乡的梅花又开了。那朵朵冷艳、缕缕幽芳的梅花，总让我想起漂泊他乡、葬身异国的外祖父。

我出生在东南亚的星岛，从小和外祖父生活在一起。外祖父年轻时读了不少经、史、诗、词，又能书善画，在星岛文坛颇负盛名。我很小的时候，外祖父常常抱着我，坐在梨花木大交椅上，一遍又一遍地教我读唐诗宋词。每当读到"独在异乡为异客，每逢佳节倍思亲""春草明年绿，王孙归不归""自在飞花轻似梦，无边丝雨细如愁"之类的句子，常会有一颗两颗冰凉的泪珠落在我的腮边、手背。这时候，我会拍着手笑起来："外公哭了！外公哭了！"老人总是摇摇头，长长地叹一口气，说："莺儿，你还小呢，不懂！"

外祖父家中有不少古玩，我偶尔摆弄，老人也不甚在意。唯独书房里那一幅墨梅图，他分外爱惜，家人碰也碰不得。我五岁那年，有一回到书房玩耍，不小心在上面留了个脏手印，外祖父顿时拉下脸。有生以来，我第一次听到他训斥我妈："孩子要管教好，这清白的梅花，是玷污得的吗？"训罢，便用保险刀片轻轻刮去污迹，又用细绸子慢慢抹净。看见慈祥的外祖父大发脾气，我心里又害怕又奇怪：一枝画梅，有什么稀罕的呢？

有一天，妈妈忽然跟我说："莺儿，我们要回唐山去！"

"干吗要回去呢？"

"那儿才是我们的祖国呀！"

哦！祖国，就是那地图上像一只金鸡的地方吗？就是那拥有长江、黄河、万里长城的国土吗？我欢呼起来，小小的心充满了欢乐。

可是，我马上想起了外祖父，我亲爱的外祖父。我问妈妈："外公走吗？"

"外公年纪太大了……"

我跑进外祖父的书房，老人正躺在藤沙发上。我说："外公，您也回祖国去吧！"

想不到外祖父竟像小孩一样,"呜呜呜"地哭了起来……

离别的前一天早上,外祖父早早地起了床,把我叫到书房里,郑重地递给我一卷白杭绸包着的东西。我打开一看,原来是那幅墨梅,就说:"外公,这不是您最宝贵的画吗?"

"是啊,莺儿,你要好好保存!这梅花,是我们中国最有名的花。旁的花,大抵是春暖才开花,她却不一样,愈是寒冷,愈是风欺雪压,花开得愈精神,愈秀气。她是最有品格、最有灵魂、最有骨气的!几千年来,我们中华民族出了许多有气节的人物,他们不管历经多少磨难,不管受到怎样的欺凌,从来都是顶天立地,不肯低头折节。他们就像这梅花一样。一个中国人,无论在怎样的境遇里,总要有梅花的秉性才好!"

回国的那一天正是元旦,虽然热带是无所谓隆冬的,但腊月天气,也毕竟凉飕飕的。外祖父把我们送到码头。赤道吹来的风缭乱了老人平日梳理得整整齐齐的银发,我觉得外祖父一下子衰老了许多。

船快开了,妈妈只好狠下心来,拉着我登上大客轮。想不到泪眼蒙眬的外祖父也随着上了船,递给我一块手绢——一色雪白的细亚麻布上绣着血色的梅花。

多少年过去了,我每次看到外祖父珍藏的这幅梅花图和给我的手绢,就想到,这不只是花,而且是身在异国的华侨老人一颗眷恋祖国的心。

(感念祖国之恩)

最后一分钟

午夜。香港,
让我拉住你的手,
倾听最后一分钟的风雨归程。
听你越走越近的脚步,
听所有中国人的心跳和叩问。

最后一分钟
是旗帜的形状,
是天地间缓缓上升的红色,
是旗杆——挺直的中国人的脊梁,
是展开的,香港的土地和天空,
是万众欢腾中刹那的寂静,

是寂静中谁的微微颤抖的嘴唇，
是谁在泪水中一遍又一遍
轻轻呼喊着那个名字：
香港，香港，我们的心！

我看见，
虎门上空的最后一缕硝烟，
在百年后的最后一分钟
终于散尽；
被撕碎的历史教科书，
第 1997 页上，
那深入骨髓的伤痕，
已将血和刀光
铸进我们的灵魂。
当一纸发黄的旧条约悄然落地，
烟尘中浮现出来的
长城的脸上，黄皮肤的脸上，
是什么在缓缓地流淌——
百年的痛苦和欢乐，
都穿过这一滴泪珠，
使大海沸腾！

此刻，
是午夜，又是清晨，
所有的眼睛都是崭新的日出，
所有的礼炮都是世纪的钟声。
香港，让我紧紧拉住你的手吧，
倾听最后一分钟的风雨归程，
然后去奔跑，去拥抱，
去迎接那新鲜的
含露的、芳香的
扎根在深深大地上的

第一朵紫荆……

(感念祖国之恩)

小桥流水人家

一条清澈见底的小溪,终年潺潺地环绕着村庄。溪的两边,种着几棵垂柳,那长长的柔软的柳枝,随风飘动着。婀娜的舞姿,是那么美,那么自然。有两三枝特别长的,垂在水面上,画着粼粼的波纹。当水鸟站在它的腰上歌唱时,流水也唱和着,发出悦耳的声音。

天旱的时候,这条小溪就会干涸。村民平时靠它来灌溉田园,清洗衣物,点缀风景。有时,它只有细细的流泉,从石头缝里穿过。我和一群六七岁的小朋友,最喜欢扒开石头,寻找小鱼、小虾、小螃蟹,我们并不是捉来吃,而是养在玻璃瓶里玩儿。

一条小小的木桥,横跨在溪上。我喜欢过桥,更高兴把采来的野花丢在桥下,让流水把它们送到远方。

我的家离小桥很近,走路五六分钟就到了。沿着溪岸向东行,还有一座长石桥,那是通到茶山去的。我曾经随着采茶女上山摘过茶叶,我喜欢欣赏茶树下面紫色的野花和黄色的野菌。至今一看到茶树,脑海里立刻会浮现出当时的情景来。

我爱我的老家,那是我出生的地方。我家只有几间矮小的平房,我出生的那间卧室,光线很暗,地面潮湿,但我非常爱它。父亲的书房就在前面,我可以天天去玩。那是一座空气流通、阳光充足、有东南两面大窗的漂亮房子。清晨,可以看到太阳从后山上的树丛里钻出来。夏天,凉爽的清风从南窗里吹进来,太舒服了!更美的是,我由东窗可以望到那条小溪和小桥,还有那几株依依多情的杨柳。

故乡的居民大都姓谢。村庄有大有小,大的有五六十户人家,小的只有三四家。大家过着"日出而作""日入而息""守望相助"的太平生活。那段日子,深深地印在我的脑海中。那些美好的印象,我一辈子也不会忘记。

(感念家乡之恩)

地震中的父与子

有一年,美国洛杉矶发生大地震,30 万人在不到四分钟的时间里受到了不同程度的伤害。

在混乱中,一位年轻的父亲安顿好受伤的妻子,冲向他七岁儿子的学校。那个昔日充满孩子们欢声笑语的漂亮的三层教学楼，已变成一片废墟。

他顿时感到眼前一片漆黑，大喊："阿曼达，我的儿子！"跪在地上大哭了一阵后，他猛地想起自己常对儿子说的一句话："不论发生了什么，我总会跟你在一起！"他坚定地站起身，向那片废墟走去。

他知道儿子的教室在一层楼的左后角，便疾步走到那里。

就在他挖掘的时候，不断有孩子的父母急匆匆地赶来，看到这片废墟，他们痛哭并大喊："我的儿子！""我的女儿！"哭喊过后，便绝望地离开了。有些人上来拉住这位父亲，说："太晚了，没有希望了。"这位父亲双眼直直地看着这些好心人，问道："谁愿意帮助我？"没人给他肯定的回答，他便埋头接着挖。

消防队长挡住他："太危险了，随时可能发生大爆炸，请你离开。"

这位父亲问："你是不是来帮助我？"

警察走过来："你很难过，我能理解，可这样做，对你自己、对他人都有危险，马上回家吧。"

"你是不是来帮助我？"

人们摇头叹息着走开了，都认为这位父亲因为失去孩子过于悲痛，精神失常了。

然而这位父亲心中只有一个念头："儿子在等着我！"

他挖了 8 小时，12 小时，24 小时，36 小时，没人再来阻挡他。他满脸灰尘，双眼布满血丝，衣服破烂不堪，到处都是血迹。挖到第 38 小时，他突然听见瓦砾堆底下传出孩子的声音："爸爸，是你吗？"

是儿子的声音！父亲大喊："阿曼达！我的儿子！"

"爸爸，真的是你吗？"

"是我，是爸爸！我的儿子。"

"我告诉同学们不要害怕，说只要我爸爸活着就一定会来救我，也能救大家。因为你说过，不论发生什么，你总会和我在一起！"

"你现在怎么样？有几个孩子活着？"

"我们这里有 14 个同学，都活着，我们都在教室的墙角，房顶塌下来架成个大三角形，我们没被砸着。"

父亲大声向四周呼喊："这里有 14 个小孩，都活着！快来人！"

过路的人赶紧跑过来帮忙。

50分钟后，一个安全的出口开辟出来了。

父亲声音颤抖地说："出来吧！阿曼达。"

"不！爸爸。先让我的同学出去吧！我知道你会跟我在一起，我不怕。不论发生什么，我知道你总会跟我在一起。"

这对了不起的父与子，无比幸福地紧紧拥抱在一起。

（感念父母之恩）

慈母情深

我一直想买一本长篇小说——《青年近卫军》。书价一元多钱。

母亲还从来没有一次给过我这么多钱。我也从来没有向母亲一次要过这么多钱。

但我想有一本《青年近卫军》，想得整天失魂落魄。

我从同学家的收音机里听过几次《青年近卫军》的连续广播。那时我家的破收音机已经卖了，被我和弟弟妹妹们吃进肚子里了。

我来到母亲工作的地方，呆呆地将那些母亲扫视一遍，却没有发现我的母亲。

七八十台缝纫机发出的噪声震耳欲聋。

"你找谁？"

"找我妈！"

"你妈是谁？"

我大声说出了母亲的名字。

"那儿！"

一个老头儿朝最里边的角落一指。

我穿过一排排缝纫机，走到那个角落，看见一个极其瘦弱的脊背弯曲着，头和缝纫机挨得很近。周围几只灯泡烤着我的脸。

"妈——"

"妈——"

背直起来了，我的母亲。转过身来了，我的母亲。褐色的口罩上方，一对眼神疲惫的眼睛吃惊地望着我，我的母亲……

母亲大声问："你来干什么？"

"我……"

"有事快说，别耽误妈干活！"

"我……要钱……"

我本已不想说出“要钱”两个字，可是竟说出来了！

“要钱干什么？”

“买书……”

“多少钱？”

“一元五角……”

母亲掏衣兜，掏出一卷揉得皱皱的毛票，用龟裂的手指数着。

旁边一个女人停止踏缝纫机，向母亲探过身，喊道：“大姐，别给他！你供他们吃，供他们穿，供他们上学，还供他们看闲书哇！”接着又对着我喊：“你看你妈这是在怎么挣钱？你忍心朝你妈要钱买书哇？”

母亲却已将钱塞在我手心里了，大声对那个女人说：“我挺高兴他爱看书的！”

母亲说完，立刻又坐了下去，立刻又弯曲了背，立刻又将头俯在缝纫机板上了，立刻又陷入了忙碌……

那一天我第一次发现，母亲原来是那么瘦小！那一天我第一次觉得自己长大了，应该是个大人了。

我鼻子一酸，攥着钱跑了出去……

那天，我用那一元五角钱给母亲买了一听水果罐头。

“你这孩子，谁叫你给我买水果罐头的！不是你说买书，妈才舍不得给你这么多钱呢！”

那天母亲数落了我一顿。数落完，又给我凑足了够买《青年近卫军》的钱。我想我没有权利用那钱再买任何别的东西，无论为我自己还是为母亲。

就这样，我有了第一本长篇小说。

（感念父母之恩）

“精彩极了”和“糟糕透了”

记得七八岁的时候，我写了第一首诗。母亲一念完那首诗，眼睛亮亮，兴奋地嚷着：“巴迪，这是你写的吗？多美的诗啊！精彩极了！”她搂着我，赞扬声雨点般落在我身上。我既腼腆又得意扬扬，点头告诉她这首诗确实是我写的。她高兴得再次拥抱了我。

“妈妈，爸爸什么时候回来？”我红着脸问。我有点迫不及待，想立刻让父亲看看我写的诗。“他晚上七点钟回来。”母亲摸摸我的脑袋，笑着说。

整个下午我都怀着一种自豪感等待父亲回来。我用最漂亮的花体字把诗认认真真地重新誊写了一遍，还用彩色笔在它的周围描上了一圈花边。将近七点钟的时候，我悄悄走进饭厅，满怀信心地把它放在餐桌父亲的位置上。

七点。七点一刻。七点半。父亲还没有回来。我实在等不及了。我敬仰我的父亲。他是一家影片公司的重要人物，写过好多剧本。他一定会比母亲更加赞赏我这首精彩的诗。

快到八点钟的时候，父亲终于推门而入。他进了饭厅，目光被餐桌上的那首诗吸引住了。我紧张极了。

“这是什么？”他伸手拿起了我的诗。

“亲爱的，发生了一件奇妙的事。巴迪写了一首诗，精彩极了……”母亲上前说道。

“对不起，我自己会判断的。”父亲开始读诗。

我把头埋得低低的。诗只有十行，可我觉得他读了几个小时。

“我看这首诗糟糕透了。”父亲把诗扔回原处。

我的眼睛湿润了，头也沉重得抬不起来。

“亲爱的，我真不懂你是什么意思！”母亲嚷着，“这不是在你的公司里。巴迪还是个孩子，这是他写的第一首诗，他需要鼓励。”

“我不明白，”父亲并不退让，“难道世界上糟糕的诗还不够多么？”

我再也受不了了。我冲出饭厅，跑进自己的房间，扑到床上痛哭起来。饭厅里，父母还在为那首诗争吵着。

几年后，当我再拿起那首诗，不得不承认父亲是对的，那的确是一首相当糟糕的诗。不过母亲还是一如既往地鼓励我。因此我还一直在写作。有一次我鼓起勇气给父亲看了一篇我新写的短篇小说。“写得不怎么样，但还不是毫无希望。”根据父亲的批语，我学着进行修改，那时我还未满十二岁。

现在我已经有了很多作品，出版了一部部小说、戏剧和电影剧本。我越来越体会到我当初是多么幸运。我有个慈祥的母亲，她常常对我说：“巴迪，这是你写的吗？精彩极了！”我还有个严厉的父亲，他总是皱着眉头，说：“这个糟糕透了。”一个作家，应该说生活中的每一个人，都需要来自母亲的力量，这种爱的力量是灵感和创作源泉。但是仅有这个是不全面的，它可能会把人引入歧途。所以还需要警告的力量来平衡，需要有人时常提醒你:“小心,注意,总结,提高。”

这些年来,我少年时代听到的两种声音一直交织在我的耳际:“精彩极了”,“糟糕透了”;“精彩极了”,“糟糕透了”……它们像两股风不断地向我吹来。我谨慎地把握住我生活的小船,使它不被哪一股风刮倒。我从心底里知道,“精彩极了”也好,“糟糕透了”也好,这两个极端的断言有一个共同的出发点——那就是爱。在爱的鼓舞下,我努力地向前驶去。

(感念父母之恩)

学会看病

儿子长得比我高了。一天,我看他有点儿打蔫儿,就习惯性地摸摸他的头,在这一瞬间的触摸中,我知道他在发烧。

“你病了。”我说。

“噢,可能是病了。我还以为是睡觉少了呢。妈妈,我该吃点儿什么药?”他问。

我当过许多年医生,孩子有病,一般都是我在家里给治了,他几乎没有去过医院。这次,当我又准备在家里的储药柜里找药时,却突然怔住了。

“你长大了,你得学会看病。”我说。

“看病还用学吗?您给看看不就行了吗?”他大吃一惊。

“假如我不在家呢?”

“那我就打电话找你。”

“假如……你找不到我呢?”

“那我就……找我爸。”

这样逼问一个生病的孩子也许是一种残忍。但我知道,总有一天他必须独立面对疾病。既然我是母亲,就应该及早教会他看病。

“假如你最终也找不到你爸呢?”

“那我就忍着。反正你们早晚会回家的。”儿子说。

“有些病是不能忍的,早治一分钟是一分钟。得了病最应该做的事是上医院。”

“妈妈,您的意思是让我独自去医院看病?”他说。

“正是。”我咬着牙说,生怕自己会改变主意。

“那好吧……”他摸着脑门,不知是虚弱还是思考。

“你到街上去打车,然后到医院。先挂号,记住,要买一本病历本。然后到内科，先到分诊台，护士让你到几号诊室你就到几号，坐在门口等。查体温的时候不要把人家的体温表打碎……”我喋喋不休地指教着。

“妈妈，您不要说了，”儿子沙哑着嗓子说。

我的心立刻软了。是啊，孩子毕竟是孩子，而且是病中的孩子。我拉起他滚烫的手，说：“妈妈这就领你上医院。”他挣开我的手，说：“我不是那个意思。我是说我要去找一支笔，把您说的看病的过程记下来，我好照着办。”

儿子摇摇晃晃地走了。从他出门的那一分钟起，我就开始后悔。我想我一定是世上最狠心的母亲，在孩子有病的时候，不但不帮助他，还给他雪上加霜。我就是想锻炼他，也该领着他一道去，一路上指点指点，让他先有个印象，以后再按图索骥。这样虽说可能留不下记忆的痕迹，但来日方长，又何必在意这病中的分分秒秒呢？

时间艰涩地流动着，像沙漏坠入我忐忑不安的心房。两个小时过去了，儿子还没有回来。虽然我知道看病是件费时间的事，但我的心还是疼痛地收缩成一团。

虽然我毫无疑义地判定儿子患的只是普通感冒，如果寻找适宜锻炼看病的病种，这是最好的选择，但我还是深深地谴责自己。假如事情重来一遍，我再也不让他独自去看病了。这一刻，我只要他在我身边！

终于，走廊上响起了熟悉的脚步声，只是较平日拖沓。我开了门，倚在门上。

“我已经学会了看病。打了退烧针，现在我已经好多了。这真是件挺麻烦的事。不过，也没什么大不了的。”儿子骄傲地宣布。然后又补充说：“您让我记的那张纸，有的地方顺序不对。”

我看着他，勇气又渐渐回到心里。我知道应该不断地磨炼他，在这个过程中，也磨炼自己。

孩子，不要埋怨我在你生病时的冷漠。总有一天，你要离我远去，独自面对生活。我预先能帮助你的，就是向你口授一张路线图，它也许不那么准确，但聊胜于无。

（感念父母之恩）

难忘的一课

抗日战争胜利以后，我在台湾一家航业公司的轮船上工作。

有一次，我们的船停泊在高雄港口。我上了岸，穿过市区，向郊外走去。不记得走了多远，看到前面有一所乡村小学，白色的围墙，门外栽着一排树。

校园里很静。我走近一间教室，站在窗外，见一位年轻的台湾教师，正在教孩子们学习祖国的文字。他用粉笔在黑板上一笔一画地写着：

“我是中国人，我爱中国。”

他写得很认真，也很吃力。台湾“光复”不久，不少教师也是重新学习祖国文字的。

接着，他先用闽南语，然后又用还不太熟练的国语，一遍一遍地读。老师和孩子们都显得那么严肃认真，又那么富有感情。好像每个字、每个音，都发自他们火热而真挚的心。

我被这动人的情景吸引住了。怀着崇高的敬意，我悄悄地从后门走进教室，在最后一排空位上坐下，和孩子们一起，跟着那位教师，大声地、整齐地、一遍又一遍地朗读着：

“我是中国人，我爱中国。”

老师和孩子们发现了我，但是，好像谁也没有感到意外。从那一双双眼睛里，可以看出对我是表示欢迎的。教学继续进行着，大家朗读得更起劲了。

下课了，孩子们把我围了起来。

老师也走了过来。他热情地和我握了握手，说：“我的国语讲得不好，是初学的。你知道，在日本统治时期，我们上的都是日本人办的学校，讲国语是不准许的。”

“我觉得，你今天这一课上得好极了！你教得很有感情，孩子们学得也很有感情。”

接着，这位老师一定要领我去看一看他们的小礼堂。

说是礼堂，不过是一间比较宽敞的屋子。

这位老师指着礼堂两面墙上新画的几幅中国历代伟人像，说：“这里原来画的都是日本人，现在‘光复’了，画上了我们中国自己的伟人。”我看到上面有孔子，有诸葛亮，有郑成功，还有孙中山。看着看着，我的眼睛不觉湿润了。这是多么强烈的民族精神，多么深厚的爱国情意啊！

我紧紧地握着这位年轻的台湾教师的手，激动地重复着他刚才教给孩子们的那句话：“我是中国人，我爱中国。”还有什么别的话比这句最简单的话更能表达我此时的全部感情呢？

（感念祖国之恩）

青山处处埋忠骨

中南海,毛泽东的卧室。

写字台上,放着一封从朝鲜前线志愿军总部发来的、由司令员彭德怀拟定的电报。

主席勋鉴:

今晨,我“志司”指挥部遭敌机狂轰滥炸,洪学智、毛岸英将我送入安全地域。尔后,岸英又返回指挥部取作战图。慌中未能劝告住他,致使被敌机汽油弹击中。主席的爱子、我们“志司”的好参谋岸英同志为了人民的事业光荣殉职……

从收到这封电报起,毛泽东整整一天没说一句话,只是一支又一支地吸着烟。桌子上的饭菜已经热了几次,还是原封不动地放在那里。岸英是他最心爱的长子。当年,地下党的同志们冒着生命危险找到了岸英,把孩子送到他身边。后来岸英去苏联留学。在国外的大学毕业后,他又亲自把爱子送到农村锻炼。那一次次的分离,岸英不都平平安安回到自己的身边来了吗？这次怎么会……

“岸英！岸英!”主席用食指按着紧锁的眉头,情不自禁地喃喃着。“主席,”秘书走进来,小声说,“彭老总来电,说岸英是主席的长子,请求破格将遗体运回国。”

秘书又凑近主席,轻声说:“朝鲜金日成首相来电,向主席表示慰问,他说岸英同志是为朝鲜人民的解放事业牺牲的,也是朝鲜人民的儿子,他要求把岸英葬在朝鲜。”

主席仰起头望着天花板,强忍着心中的悲痛,目光中流露出无限的眷恋。岸英奔赴朝鲜时,他因为工作繁忙,未能见上一面,谁知竟成了永别！“儿子活着不能相见,就让我见见遗体吧!”主席想。然而,这种想法很快就被打消了。他像是自我安慰地说道:“我的儿子死了,我当然很悲痛,可是,战争嘛,总是要死人的。朝鲜战场上有我们多少优秀儿女献出了生命,他们的父母难道就不悲痛吗？他们就不想再见一见儿子的遗容吗？岸英是我的儿子,也是朝鲜人民的儿子,就尊重朝鲜人民的意愿吧。”

秘书将电报记录稿交主席签字的一瞬间,主席下意识地踌躇了一会儿,那神情分明在说,岸英难道真的不在了？父子真的不能相见了？主席黯然的目光转向窗外,右手指指写字台,示意秘书将电文稿放在上面。

第二天早上,秘书来到毛主席的卧室。毛主席已经出去了,放在枕头上的电文稿写着一行醒目的大字：青山处处埋忠骨，何须马革裹尸还。

电文稿下是被泪水打湿的枕巾。

（感念父母之恩）

【五年级下学期】

白　杨

车窗外是茫茫的大戈壁，没有山，没有水，也没有人烟。天和地的界限并不那么清晰，都是浑黄一体。

从哪儿看得出列车在前进呢？

那就是沿着铁路线的一行白杨树。每隔几秒钟，窗外就飞快地闪过一个高大挺秀的身影。

一位旅客正望着这些戈壁滩上的卫士出神。

“爸爸，”大孩子摇着他的腿，“你看那树多高！”

爸爸并没有从沉思中回过头来，倒是旁边的妹妹插嘴了：“不，那不是树，那是大伞。”

“哪有这么大的伞！”

“你看它多直！”妹妹分辩着。

“它是树，不是伞！”哥哥肯定地说。

小小的争论打断了爸爸的思路，他微笑着，慢慢地抚摸着孩子们的头，说：“这不是伞，是白杨树。”

哥哥还不满足：“为什么它这么直，长得这么大？”

爸爸的微笑消失了，脸色变得严肃起来。他想了一会儿，对儿子和小女儿说：“白杨树从来就这么直。哪儿需要它，它就在哪儿很快地生根发芽，长出粗壮的枝干。不管遇到风沙还是雨雪，不管遇到干旱还是洪水，它总是那么直，那么坚强，不软弱，也不动摇。”

爸爸只是向孩子们介绍白杨树吗？不是的，他也在表白着自己的心。而这，孩子们现在还不能理解。

他们只知道爸爸在新疆工作，妈妈也在新疆工作。他们只知道爸爸这回到奶奶家来，接他们到新疆去念小学，将来再念中学。他们只知道新疆是个很远很远的地方，要坐几天火车，还要坐几天汽车。

现在呢，孩子们多了一点知识。在通向新疆的路上，有许许多多白杨树。这儿需要它们，它们就在这儿生根了。

爸爸搂着孩子，望着窗外闪过去的白杨树，又陷入沉思。突然，他的嘴角又浮起一丝微笑，那是因为他看见火车前进方向的右面，在一棵高大的白杨树身边，几棵小树正迎着风沙成长起来。

（感念社会之恩）

再见了，亲人

大娘，停住您送别的脚步吧！为了帮我们洗补衣服，您已经几夜没合眼了。您这么大年纪，能支持得住吗？快回家休息吧！为什么摇头呢？难道您担心我们会把您这位朝鲜阿妈妮忘怀？不，永远不会。八年来，您为我们花了多少心血，给了我们多少慈母般的温暖！记得五次战役的时候，由于敌机的封锁，造成了暂时的供应困难。我们空着肚子，在阵地上跟敌人拼了三天三夜。是您带着全村妇女，顶着打糕，冒着炮火，穿过硝烟，送到阵地上来给我们吃。这真是雪中送炭啊！当时有很多同志感动得流下眼泪。在您的帮助下，我们打胜了那次阻击战。您在回去的途中，累得昏倒在路旁了。我们还记得，我们的一个伤员在您家里休养，敌机来了，您丢下自己的小孙孙，把伤员背进了防空洞；当您再回去抢救小孙孙的时候，房子已经炸平了。您为我们失去了唯一的亲人。您说，这比山还高比海还深的情谊，我们怎么能忘怀？

小金花，不要哭了，擦干眼泪，再给我们唱个《捣米谣》吧！怎么？心里难过，唱不出来？你一向是个刚强的孩子啊！那一回，侦察员老王到敌占区去侦察，被敌人抓住了，关在一所小房子里，有一个班的鬼子看守着。你妈妈知道了，带着你混进敌占区，偷偷地靠近了关着老王的那所小房子。你妈妈故意跟哨兵争吵，引出那个班的敌人。你乘机钻进屋里，解开老王身上的绳索，救出了老王。你回到村里，焦急地等待着妈妈。第二天传来噩耗，你妈妈拉响手榴弹跟敌人同归于尽了。同志们伤心地痛哭起来，你却把脚一跺，嘴角抽动着，狠狠地说："妈妈，这个仇我一定要报！"小金花，你是多么刚强呀！可是今天，跟志愿军叔叔分别的今天，你怎么落泪了呢？

大嫂，请回去吧！看，您的孩子在您的背上睡熟了。山路这样崎岖，您架着双拐，已经送了几十里。就是您一步不送，我们只要想起您的双拐，也永远不会忘怀您对我们的深情厚谊。我们清楚地记得，那是1952年的春天，金达莱花开满山野的时候，您知道我们缺少蔬菜，就挎着篮子上山挖野菜。后面山上的野菜挖光了，您又跑到前沿阵地去挖。不料敌人的一颗炮弹在您的身旁爆炸，您倒在血泊里……伤好以后，您只能靠着双拐走路了。您为我们付出了这样高的代价，难道还不足以表达您对中国人民的友谊？

再见了，亲人！再见了，亲爱的土地！

列车呀，请慢一点儿开，让我们再看一眼朝鲜的人民，让我们在这曾经洒过鲜血的土地上再停留片刻。

再见了，亲人！我们的心永远跟你们在一起。

（感念社会之恩）

金色的鱼钩

1935年秋天，红四方面军进入草地，许多同志得了肠胃病。我和两个小同志病得实在跟不上队伍了，指导员派炊事班长照顾我们，让我们走在后面。

炊事班长快四十岁了，个儿挺高，背有点儿驼，四方脸，高颧骨，脸上布满皱纹，两鬓都斑白了。因为全连数他岁数大，他对大家又特别亲，大伙都叫他“老班长”。

三个病号走不快，一天只走二十来里路。一路上，老班长带我们走一阵歇一阵。到了宿营地，他就到处去找野菜，和着青稞面给我们做饭。不到半个月，两袋青稞吃完了。饥饿威胁着我们。老班长到处找野菜，挖草根，可是光吃这些东西怎么行呢！老班长看我们一天天瘦下去，他整夜整夜地合不拢眼。其实他这些天瘦得比我们还厉害呢。

一天，他在一个水塘边给我们洗衣裳，忽然看见一条鱼跳出水面。他喜出望外地跑回来，取出一根缝衣针，烧红了，弯成了钓鱼钩。这天夜里，我们就吃到了新鲜的鱼汤。尽管没加作料，可我们觉得没有比这鱼汤更鲜美的了，端起碗来吃了个精光。

以后，老班长尽可能找有水塘的地方宿营，把我们安顿好，就带着鱼钩出去了。第二天，他总能端着热气腾腾的鲜鱼野菜汤给我们吃。我们虽然还是一天一天衰弱下去，比起光吃草根野菜来毕竟好多啦。可是老班长自己呢，我从来没见他吃过一点儿鱼。

有一次，我禁不住问他：“老班长，你怎么不吃鱼啊？”

他摸了摸嘴，好像回味似的说：“吃过了。我一起锅就吃，比你们还先吃呢。”

我不信，等他收拾完碗筷走了，就悄悄地跟着他。走近前一看，啊！

我不由得呆住了。他坐在那里捧着搪瓷碗，嚼着几根草根和我们吃剩的鱼骨头，嚼了一会儿，就皱紧眉头硬咽下去。我觉得好像有万根钢针扎着喉管，失声喊起来："老班长，你怎么……"

老班长猛抬起头，看见我目不转睛地看着他手里的搪瓷碗，就支吾着说："我，我早就吃过了。看到碗里还没吃干净，扔了怪可惜的……"

"不，我全知道了。"我打断了他的话。

老班长转身朝两个小同志睡觉的地方看了一眼，一把把我搂到身边，轻声说："小声点儿，小梁！咱们俩是党员，你既然知道了，可不要再告诉别人。"

"可是，你也要爱惜自己啊！"

"不要紧，我身体还结实。"他抬起头，望着夜色弥漫的草地。好久，才用低沉的声音说，"指导员把你们三个人交给我。他临走的时候说，'他们年轻。一路上，你是上级，是保姆，是勤务员，无论多么艰苦，也要把他们带出草地。'小梁，你看这草地，无边无涯，没个尽头。我估计，还要二十多天才能走出去。熬过这二十多天不简单啊！眼看你们的身子一天比一天衰弱，只要哪一天吃不上东西，说不定就会起不来。真有个三长两短，我怎么去向党报告呢？难道我能说'指导员，我把同志们留在草地上，我自己克服了困难出来啦'？"

"可是，你总该跟我们一起吃一点儿呀！"

"不行，太少啦。"他轻轻地摇摇头，"小梁，说真的，弄点儿吃的不容易啊！有时候等了半夜，也不见鱼上钩。为了弄一点儿鱼饵，我翻了多少草皮也找不到一条蚯蚓……还有，我的眼睛坏了，天色一暗，找野菜就得一棵一棵地摸……"

我再也忍不住了，抢着说："老班长，以后我帮你一起找。我看得见。"

"不，咱们不是早就分好工了吗？再说，你的病也不轻，不好好休息会支持不住的。"

我还坚持我的意见。老班长忽然严厉地说："小梁同志，共产党员要服从党的分配。你的任务是坚持走路，安定两个小同志的情绪，增强他们的信心！"

望着他那十分严峻的脸，我一句话也说不上来，竟扑倒在他怀里哭了。

第二天，老班长端来的鱼汤特别少，每个搪瓷碗里只有小半条猫鱼，上面漂着一丁点儿野菜。他笑着说："吃吧，就是少了点儿。唉！一条好大的鱼已经上了钩，又跑了！"

我端起搪瓷碗，觉得这个碗有千斤重，怎么也送不到嘴边。两个小同志不知道为什么，也端着碗不往嘴边送。老班长看到这情况，收敛了笑容，眉头拧成了疙瘩。他说："怎么了，吃不下？要是不吃，咱们就走不出这草地。同志们，为了革命，你们必须吃下去。小梁，你不要太脆弱！"最后这句话是严厉的，意思只有我知道。

我把碗端到嘴边，泪珠大颗大颗地落在热气腾腾的鱼汤里。我悄悄背转身，擦擦眼睛，大口大口地咽着鱼汤。老班长看着我们吃完，脸上的皱纹舒展开了，嘴边露出了一丝笑意。可是我的心里好像塞了铅块似的，沉重极了。

挨了一天又一天，渐渐接近草地的边了，我们的病却越来越重。我还能勉强挺着走路，那两个小同志连直起腰来的力气也没有了。老班长虽然瘦得只剩皮包骨头，眼睛深深地陷了下去，还一直用饱满的情绪鼓励着我们。我们就这样扶一段，搀一段，终于走到草地边上。远处，重重叠叠的山峰已经看得见了。

这天上午，老班长快活地说："同志们，咱们在这儿停一下，好好弄点儿吃的，鼓一鼓劲，一口气走出草地去。"说罢，他就拿起鱼钩找水塘去了。

我们的精神显得特别好，四处去找野菜，拾干草，好像过节似的。但是过了好久，还不见老班长回来。我们四面寻找，最后在一个水塘旁边找到了他，他已经昏迷不醒了。

我们都着慌了。过雪山的时候有过不少这样的例子，战士用惊人的毅力支持着自己的生命，但是一倒下去就再也起不来了。要挽救老班长，最好的办法是让他赶快吃些东西。我们立即分了工，我去钓鱼，剩下的一个人照料老班长，一个人生火。

我蹲在水边，心里不停地念叨："鱼啊！快些来吧！这是挽救一个革命战士的生命啊！"可是越性急，鱼越不上钩。等了好久，好容易看到漂在水面的芦秆动了一下，赶紧掣起钓竿，总算钓上来一条两三寸长的小鱼。

当我俯下身子，把鱼汤送到老班长嘴边的时候，老班长已经奄奄一息了。他微微地睁开眼睛，看见我端着的鱼汤，头一句话就说："小梁，别浪费东西了。我……我不行啦。你们吃吧！还有二十多里路，吃完了，一定要走出草地去！"

“老班长，你吃啊！我们抬也要把你抬出草地去！”我几乎要哭出来了。

“不，你们吃吧。你们一定要走出草地去！见着指导员，告诉他，我没完成党交给我的任务，没把你们照顾好。看，你们都瘦得……”

老班长用粗糙的手抚摸我的头。突然间，他的手垂了下去。

“老班长！老班长！”我们叫起来。但是老班长，他，他的眼睛慢慢地闭上了。

我们扑在老班长身上，抽噎着，很久很久。

擦干了眼泪，我把老班长留下的鱼钩小心地包起来，放在贴身的衣兜里。我想，等革命胜利以后，一定要把它送到革命烈士纪念馆去，让我们的子子孙孙都来瞻仰它。在这个长满了红锈的鱼钩上，闪烁着灿烂的金色的光芒。

（感念先烈之恩）

自己的花是让别人看的

爱美大概也算是人的天性吧。宇宙间美的东西很多，花在其中占重要的地位。爱花的民族也很多，德国在其中占重要的地位。

四五十年前我在德国留学的时候，曾多次对德国人爱花之真切感到吃惊。家家户户都在养花。他们的花不像在中国那样，养在屋子里，他们是把花都栽种在临街窗户的外面。花朵都朝外开，在屋子里只能看到花的脊梁。我曾问过我的女房东：你这样养花是给别人看的吧！她莞尔一笑，说：“正是这样！”

正是这样，也确实不错。走过任何一条街，抬头向上看，家家户户的窗子前都是花团锦簇、姹紫嫣红。许多窗子连接在一起，汇成了一个花的海洋，让我们看的人如入山阴道上，应接不暇。每一家都是这样，在屋子里的时候，自己的花是让别人看的；走在街上的时候，自己又看别人的花。人人为我，我为人人。我觉得这一种境界是颇耐人寻味的。

今天我又到了德国，刚一下火车，迎接我们的主人问我：“你离开德国这样久，有什么变化没有？”我说：“变化是有的，但是美丽并没有改变。”我说“美丽”指的东西很多，其中也包含着美丽的花。我走在街上，抬头一看，又是家家户户的窗口上都开满了鲜花。多么奇丽的景色！多么奇特的民族！我仿佛又回到了四五十年前，我做了一个花的梦，做了一个思乡的梦。

（感念社会之恩）

【六年级上册】

怀念母亲

我一生有两个母亲：一个是生我的那个母亲；一个是我的祖国母亲。我对这两个母亲怀着同样崇高的敬意和同样真挚的爱慕。

我六岁离开我的生母，到城里去住。中间曾回故乡两次，都是奔丧，只在母亲身边待了几天，仍然回到城里。在我读大学二年级的时候，母亲弃养，只活了四十多岁。我痛哭了几年，食不下咽，寝不安席。我真想随母亲于地下。我的愿望没能实现，从此我就成了没有母亲的孤儿。一个缺少母爱的孩子，是灵魂不全的人。我怀着不全的灵魂，抱终天之恨。一想到母亲，就泪流不止，数十年如一日。

后来我到德国留学，住在一座叫哥廷根的孤寂的小城，不知道为什么，母亲频来入梦。我的祖国母亲，我是第一次离开她。不知道为什么，我这个母亲也频来入梦。

为了说明当时的感情，我从初到哥廷根的日记中摘抄几段：

1935年11月16日

不久外面就黑起来了。我觉得这黄昏的时候最有意思。我不开灯，又沉默地站在窗前，看暗夜渐渐织上天空，织上对面的屋顶。一切都沉在朦胧的薄暗中。我的心往往在沉静到不能再沉静的时候，活动起来。我想到故乡，故乡的老朋友，心里有点酸酸的，有点凄凉。然而这凄凉并不同普通的凄凉一样，是甜蜜的，浓浓的，有说不出的味道，浓浓地糊在心头。

11月18日

好几天以前，房东太太就对我说，她的儿子今天回家，从学校回来，她高兴得不得了……但她的儿子一直没有回来，她有点沮丧。她又说，晚上还有一趟车，说不定他会回来的。看到她的神情，我想起自己长眠于故乡地下的母亲，真想哭！我现在才知道，古今中外的母亲都是一样的！

11月20日

我现在还真是想家，想故国，想故国里的朋友。我有时想得简直不能忍耐。

11月28日

我仰躺在沙发上，听风路过在窗外。风里夹着雨。天色阴得如黑夜。心里思潮起伏，又想到故国了。

我从初到哥廷根的日记里，引用了这几段。实际上，类似的地方还有很多，从这几段中也可见一斑了。一想到生身母亲和祖国母亲，我就心潮腾涌，留在国外的念头连影儿都没有。几个月以后，我写了篇散文，题目叫《寻梦》。开头一段是：

夜里梦到母亲，我哭着醒来。醒来再想捉住这梦的时候，梦却早不知道飞到什么地方去了。

下面描绘在梦里见到母亲的情景。最后一段是：

天哪！连一个清清楚楚的梦都不给我吗？我怅望灰天，在泪光里，幻出母亲的面影。

我在国内的时候，只怀念，也只有可能怀念一个母亲。到国外以后，在我的怀念中增添了祖国母亲。这种怀念，在初到哥廷根的时候异常强烈。以后也没有断过。对这两位母亲的怀念，一直伴随着我度过了在欧洲的十一年。

(感念祖国之恩)

穷　人

渔夫的妻子桑娜坐在火炉旁补一张破帆。屋外寒风呼啸，汹涌澎湃的海浪拍击着海岸，激起一阵阵浪花。海上正起着风暴，外面又黑又冷，这间渔家的小屋里却温暖而舒适。地扫得干干净净，炉子里的火还没有熄，食具在搁板上闪闪发亮。挂着白色帐子的床上，五个孩子正在海风呼啸声中安静地睡着。丈夫清早驾着小船出海，这时候还没有回来。桑娜听着波涛的轰鸣和狂风的怒吼，感到心惊肉跳。

古老的钟发哑地敲了十下，十一下……始终不见丈夫回来。桑娜沉思：丈夫不顾惜身体，冒着寒冷和风暴出去打鱼，她自己也从早到晚地干活，还只能勉强填饱肚子。孩子们没有鞋穿，不论冬夏都光着脚跑来跑去；吃的是黑面包，菜只有鱼。不过，感谢上帝，孩子们都还健康。没什么可抱怨的。桑娜倾听着风暴的声音，“他现在在哪儿？上帝啊，保佑他，救救他，开开恩吧！”她一面自言自语，一面在胸前画着十字。

睡觉还早。桑娜站起身来，把一块很厚的围巾包在头上，提着马灯走出门去。她想看看灯塔上的灯是不是亮着，丈夫的小船能不能望见。海面上什么也看不见。风掀起她的围巾，卷着被刮断的什么东西敲打着邻居小屋的门。桑娜想起了傍晚就想去探望的那个生病的女邻居。“没有一个人照顾她啊！”桑娜一边想一边敲了敲门。她侧着耳朵听，没有人答应。

“寡妇的日子真困难啊!”桑娜站在门口想,“孩子虽然不算多——只有两个,可是全靠她一个人张罗,如今又加上病。唉,寡妇的日子真难过啊! 进去看看吧!”

桑娜一次又一次地敲门,仍旧没有人答应。

“喂,西蒙!”桑娜喊了一声,心想,莫不是出什么事了? 她猛地推开门。

屋子里没有生炉子,又潮湿又阴冷。桑娜举起马灯,想看看病人在什么地方。首先投入眼帘的是对着门的一张床,床上仰面躺着她的女邻居。她一动不动。桑娜把马灯举得更近一些,不错,是西蒙。她头往后仰着,冰冷发青的脸上显出死的宁静,一只苍白僵硬的手像要抓住什么似的,从稻草铺上垂下来。就在这死去的母亲旁边,睡着两个很小的孩子,都是卷头发,圆脸蛋,身上盖着旧衣服,蜷缩着身子,两个浅黄头发的小脑袋紧紧地靠在一起。显然,母亲在临死的时候,拿自己的衣服盖在他们身上,还用旧头巾包住他们的小脚。孩子的呼吸均匀而平静,他们睡得正香甜。

桑娜用头巾裹住睡着的孩子,把他们抱回家里。她的心跳得很厉害,自己也不知道为什么要这样做,但是觉得非这样做不可。她把这两个熟睡的孩子放在床上,让他们同自己的孩子睡在一起,又连忙把帐子拉好。

桑娜脸色苍白,神情激动。她忐忑不安地想:“他会说什么呢? 这是闹着玩的吗? 自己的五个孩子已经够他受的了……是他来啦? ……不,还没来! ……为什么把他们抱过来啊? ……他会揍我的! 那也活该,我自作自受……揍我一顿也好!”

门吱嘎一声,仿佛有人进来了。桑娜一惊,从椅子上站起来。

“不,没有人! 上帝,我为什么要这样做? ……如今叫我怎么对他说呢? ……”桑娜沉思着,久久地坐在床前。

门突然开了,一股清新的海风冲进屋子。魁梧黧黑的渔夫拖着湿淋淋的被撕破了的渔网,一边走进来,一边说:“嗨,我回来啦,桑娜!”

“哦,是你!”桑娜站起来,不敢抬起眼睛看他。

“瞧,这样的夜晚! 真可怕!”

“是啊,是啊,天气坏透了! 哦,鱼打得怎么样?”

“糟糕,真糟糕! 什么也没有打到,还把网给撕破了。倒霉,倒霉! 天气可真厉害! 我简直记不起几时有过这样的夜晚了,还谈得上什么打鱼!

谢谢上帝，总算活着回来啦。……我不在，你在家里做些什么呢？”

渔夫说着，把网拖进屋里，坐在炉子旁边。

“我？”桑娜脸色发白，说，“我嘛……缝缝补补……风吼得这么凶，真叫人害怕。我可替你担心呢！”

“是啊，是啊，”丈夫喃喃地说，“这天气真是活见鬼！可是有什么办法呢！”

两个人沉默了一阵。

“你知道吗？”桑娜说，“咱们的邻居西蒙死了。”

“哦？什么时候？”

“我也不知道，大概是昨天。唉！她死得好惨哪！两个孩子都在她身边，睡着了。他们那么小……一个还不会说话，另一个刚会爬……”桑娜沉默了。

渔夫皱起眉，他的脸变得严肃，忧虑。“嗯，是个问题！”他搔搔后脑勺说，“嗯，你看怎么办？得把他们抱来，同死人呆在一起怎么行！哦，我们，我们总能熬过去的！快去！别等他们醒来。”

但桑娜坐着一动不动。

“你怎么啦？不愿意吗？你怎么啦，桑娜？”

“你瞧，他们在这里啦。”桑娜拉开了帐子。

（感念社会之恩）

别饿坏了那匹马

我上小学五年级那年，学校不远处的书摊是我放学后流连忘返的地方。可是更多的时候，身无分文的我只能装作选书的样子，偷看几则小故事，然后溜之大吉。

守候书摊的是一位坐在轮椅上的残疾青年。偷看书的时候，羞愧不已的我根本不敢回头去看他那张瘦削的脸。当我第二天上学经过书摊，看见他依然宽厚地向我一笑时，我忐忑不安的心才得以平静。

如果没有他每日早上这宽厚的一笑，我就不会继续白看他的书，也就不会有那刻骨铭心的两个耳光。

当时我正在读《红岩》这部小说，江姐忍受酷刑时那十指连心的疼痛直锥我的心。我泪流不止。偶然抬头拭泪时，我瞥见轮椅上的他正定定地看着我。“坐下慢慢读吧！”他说着指了指身旁的一只小凳子。

当时我完全忘记了白看书的尴尬，正要坐下的一瞬间，突然身后有人揪住了我的衣领。我张皇地回过头来,看到了父亲怒目圆睁的脸。然后,父亲的两巴掌不由分说地抽在我脸上。

“别打孩子!”年轻人竭力想从轮椅上挣扎起来阻止我父亲,“孩子看书又不是坏事。”

“我不反对他看书。”父亲说话变得嗫嚅,“是,是为其他事……”说罢,父亲夺过我手里的书,匆匆地翻了一下,还给那年轻人,拽着我走了。

我回头去看愣在轮椅上的他和他手里的那本书,书页中分明多了几张毛票。

晚上,父亲对我说:“打你不为别的事。都像你这样白看书,人家怎么过日子?搬运队的马车夫需要马草,你可以扯马草换钱。”

从此,每天清早我就去山坡上扯马草,上学前卖给那些马车夫。攥着马草换来的毛票,我立即奔向书摊,泰然地坐下来 从容地读着一本又一本的书。

可是马草并不那么好卖。卖不出马草的日子,我就强制自己不去书摊。

有一次,我背着马草四处寻找买主,经过书摊时,坐在轮椅上的他叫住了我:“怎么不来看书了?”我抖抖手里的马草,无奈地摇摇头。

他先是一愣,继而眼睛一亮,笑着对我说:“过来,让我看看你的马草。”他认真地看过马草后,冲里屋叫道:“碧云,你出来一下!”

闻声走出一个姑娘,可能是他的妹妹吧。

“碧云,咱们家的那匹马正缺马草,收下这孩子的马草。”他盯着姑娘茫然的眼睛,命令道:“听见没有?快把马草提进去!”

姑娘接过我的马草,提进了里屋。

这天傍晚,我离开书摊时,他叮嘱我:“以后,马草就卖给我。别饿坏了那匹马,行吗?”“没问题!”我巴不得有这样的好事。

以后每天,当我背着马草来到书摊时,他便冲里屋叫道:“碧云,快把马草提进去,别饿坏了那匹马。”

有一天,我一如既往地背着马草走向他的书摊。一如往日,他冲着里屋叫道:“碧云,快出来提马草!”接着喊了数声,可碧云迟迟没有出来。“是不是有事出去了?”他疑惑地自语道。

“我自己提进去。”说着,我就往他身后的木板房走去。

“别别别……”他急了,“碧云!碧云!”他用双手拼命地摇着轮椅,想挡住我的路,"你放下！等碧云来拿！"

"没事,别饿坏了那匹马。"我没有听他的劝阻,提着马草推开了那扇吱呀作响的门。

"回来!"他在身后吼道,"那马会踢伤你的!"

可是迟了！我已经走进他家的后院,看见了一堆枯蔫焦黄的马草——这些日子来我卖给他的所有的马草！那匹马呢？那匹香甜地吃着我的马草的马呢？

我扭头冲了出来,直想哭。"对不起,"他拍着我的肩头,轻声说道,"我知道你希望真的有那么一匹马。没事的,你看书吧。"

我点了点头,使劲忍着,没让眼泪掉下来。

(感念社会之恩)

老人与海鸥

那是一个普通的冬日。我和朋友相约来到翠湖时,海鸥正飞得热闹。

在喂海鸥的人群中很容易认出那位老人。他背已经驼了,穿一身褪色的过时布衣,背一个褪色的蓝布包,连装鸟食的大塑料袋也用得褪了色。朋友告诉我,这位老人每天步行二十余里,从城郊赶到翠湖,只为了给海鸥送餐,跟海鸥相伴。

人少的地方,是他喂海鸥的领地。老人把饼干丁很小心地放在湖边的围栏上,退开一步,撮起嘴向鸥群呼唤。立刻便有一群海鸥应声而来,几下就扫得干干净净。老人顺着栏杆边走边放,海鸥依他的节奏起起落落,排成一片翻飞的白色,飞成一篇有声有色的乐谱。

在海鸥的鸣叫声里,老人抑扬顿挫地唱着什么。侧耳细听,原来是亲昵得变了调的地方话——"独脚""灰头""红嘴""老沙""公主"……

"您给海鸥取了名?"我忍不住问。

老人回头看了我一眼,依然俯身向着海鸥:"当然,哪个都有个名儿。"

"您认得出它们?"相同的白色翅膀在阳光下飞快闪过,我怀疑老人能否看得清。

"你看你看！那个脚上有环的是老沙!"老人得意地指给我看,他忽然对着水面大喊了一声:"独脚！老沙！起来一下!"

水面上应声跃起两只海鸥,向老人飞来。一只海鸥脚上果然闪着金属的光,另一只飞过来在老人手上啄食。它只有一只脚,停落时不得不扇动翅膀保持平衡。看来它就是独脚,老人边给它喂食边对它亲昵地说着话。

谈起海鸥，老人的眼睛立刻生动起来。

“海鸥最重情义，心细着呢。前年有一只海鸥，飞离昆明前一天，连连在我帽子上歇落了五次，我以为它是跟我闹着玩，后来才晓得它是跟我告别。它去年没有来，今年也没有来……海鸥是吉祥鸟、幸福鸟！古人说‘白鸥飞处带诗来’，十多年前，海鸥一来，我就知道咱们的福气来了。你看它们那小模样！啧啧……”海鸥听见老人唤，马上飞了过来，把他团团围住，引得路人都驻足观看。

太阳偏西，老人的塑料袋空了。“时候不早了，再过一会儿它们就要回去啦。听说它们歇在滇池里，可惜我去不了。”老人望着高空盘旋的鸥群，眼睛里带着企盼。

朋友告诉我，十多年了，一到冬天，老人每天必来，和海鸥就像亲人一样。

没想到十多天后，忽然有人告诉我们：老人去世了。

听到这个消息，我们仿佛又看见老人和海鸥在翠湖边相依相随……我们把老人最后一次喂海鸥的照片放大，带到了翠湖边。意想不到的事情发生了——一群海鸥突然飞来，围着老人的遗像翻飞盘旋，连声鸣叫，叫声和姿势与平时大不一样，像是发生了什么大事。我们非常惊异，急忙从老人的照片旁退开，为海鸥们让出了一片空地。

海鸥们急速扇动翅膀，轮流飞到老人遗像前的空中，像是前来瞻仰遗容的亲属。照片上的老人默默地注视着周围盘旋翻飞的海鸥们，注视着与他相伴了多少个冬天的“儿女”们……过了一会儿，海鸥纷纷落地，竟在老人遗像前后站成了两行。它们肃立不动，像是为老人守灵的白翼天使。

当我们不得不去收起遗像的时候，海鸥们像炸了营似的朝遗像扑过来。它们大声鸣叫着，翅膀扑得那样近，我们好不容易才从这片飞动的白色旋涡中脱出身来。

……

在为老人举行的葬礼上，我们抬着那幅遗像缓缓向灵堂走去。老人背着那个蓝布包，撮着嘴，好像还在呼唤着海鸥们。他的心里，一定是飞翔的鸥群。

（感念人与动物真情）

【六年级下册】

十六年前的回忆

1927年4月28日，我永远忘不了那一天。那是父亲的被难日，离现在已经十六年了。

那年春天，父亲每天夜里回来得很晚。每天早晨，不知道什么时候他又出去了。有时候他留在家里，埋头整理书籍和文件。我蹲在旁边，看他把书和有字的纸片投到火炉里去。

我奇怪地问他："爹，为什么要烧掉呢？怪可惜的。"

待了一会儿，父亲才回答："不要了就烧掉。你小孩子家知道什么！"

父亲是很慈祥的，从来没骂过我们，更没打过我们。我总爱向父亲问许多幼稚可笑的问题。他不论多忙，对我的问题总是很感兴趣，总是耐心地讲给我听。这一次不知道为什么，父亲竟这样含糊地回答我。

后来听母亲说，军阀张作霖要派人来检查。为了避免党组织被破坏，父亲只好把一些书籍和文件烧掉。才过了两天，果然出事了。工友阎振三一早上街买东西，直到夜里还不见回来。第二天，父亲才知道他被抓到警察厅里去了。我们心里都很不安，为这位工友着急。

局势越来越严重，父亲的工作也越来越紧张。他的朋友劝他离开北京，母亲也几次劝他。父亲坚决地对母亲说："不是常对你说吗？我是不能轻易离开北京的。你要知道现在是什么时候，这里的工作多么重要。我哪能离开呢？"母亲只好不再说什么了。

可怕的一天果然来了。4月6日的早晨，妹妹换上了新夹衣，母亲带她到儿童娱乐场去散步了。父亲在里间屋里写字，我坐在外间的长木椅上看报。短短的一段新闻还没看完，就听见啪，啪……几声尖锐的枪声，接着是一阵纷乱的喊叫。

"什么？爹！"我瞪着眼睛问父亲。

"没有什么，不要怕。星儿，跟我到外面看看去。"

父亲不慌不忙地从抽屉里取出一支闪亮的小手枪，就向外走。我紧跟在他身后，走出院子，暂时躲在一间僻静的小屋里。

一会儿，外面传来一阵沉重的皮鞋声。我的心剧烈地跳动起来，用恐怖的眼光瞅了瞅父亲。

"不要放走一个！"窗外一声粗暴的吼声。穿灰制服和长筒皮靴的宪兵，穿便衣的侦探，穿黑制服的警察，一拥而入，挤满了这间小屋子。他们像一群魔鬼似的，把我们包围起来。他们每人拿着一把手枪，枪口对着父亲和我。在军警中间，我发现了前几天被捕的工友阎振三。他的胳膊上拴着绳子，被一个肥胖的便衣侦探拉着。

那个满脸横肉的便衣侦探指着父亲问阎振三："你认识他吗？"

阎振三摇了摇头。他那披散的长头发中间露出一张苍白的脸，显然是受过苦刑了。

"哼！你不认识？我可认识他。"侦探冷笑着，又吩咐他手下的那一伙，"看好，别让他自杀，先把手枪夺过来！"

他们夺下了父亲的手枪，把父亲全身搜了一遍。父亲保持着他那惯有的严峻态度，没有向他们讲任何道理。因为他明白，对他们是没有道理可讲的。残暴的匪徒把父亲绑起来，拖走了。我也被他们带走了。在高高的砖墙围起来的警察厅的院子里，我看见母亲和妹妹也都被带来了。我们被关在女拘留所里。

十几天过去了，我们始终没看见父亲。有一天，我们正在吃中饭，手里的窝窝头还没啃完，听见警察喊我们母女的名字，说是提审。

在法庭上，我们跟父亲见了面。父亲仍旧穿着他那件灰布旧棉袍，可是没戴眼镜。我看到了他那乱蓬蓬的长头发下面的平静而慈祥的脸。

"爹！"我忍不住喊出声来。母亲哭了，妹妹也跟着哭起来了。

"不许乱喊！"法官拿起惊堂木重重地在桌子上拍了一下。

父亲瞅了瞅我们，没对我们说一句话。他脸上的表情非常安定，非常沉着。他的心被一种伟大的力量占据着。这个力量就是他平日对我们讲的——他对于革命事业的信心。

"这是我的妻子。"他指着母亲说。接着他又指了一下我和妹妹，"这是我的两个女孩子。"

"她是你最大的孩子吗？"法官指着我问父亲。

"是的，我是最大的。"我怕父亲说出哥哥来，就这样抢着说了。我不知道当时哪里来的机智和勇敢。

"不要多嘴！"法官怒气冲冲的，又拿起他面前那块木板狠狠地拍了几下。

父亲立刻就会意了，接着说："是的，她是我最大的孩子。我的妻子是个乡下人。我的孩子年纪都还小，她们什么也不懂。一切都跟她们没有关系。"父亲说完了这段话，又望了望我们。

法官命令把我们押下去。我们就这样跟父亲见了一面,匆匆分别了。想不到这竟是我们最后的一次见面。

28日黄昏,警察叫我们收拾行李出拘留所。

我们回到家里,天已经全黑了。第二天,舅老爷到街上去买报。他是从街上哭着回来的,手里无力地握着一份报。我看到报上用头号字登着"李大钊等昨已执行绞刑",立刻感到眼前蒙了一团云雾,昏倒在床上了。母亲伤心过度,昏过去三次,每次都是刚刚叫醒又昏过去了。

过了好半天,母亲醒过来了,她低声问我:"昨天是几号?记住,昨天是你爹被害的日子。"

我又哭了,从地上捡起那张报纸,咬紧牙,又勉强看了一遍。我低声对母亲说:"妈,昨天是4月28日。"母亲微微点了一下头。

(感念父母之恩)

为人民服务

我们的共产党和共产党所领导的八路军、新四军,是革命的队伍。我们这个队伍完全是为着解放人民的,是彻底地为人民的利益工作的。张思德同志就是我们这个队伍中的一个同志。

人总是要死的,但死的意义有不同。中国古时候有个文学家叫做司马迁的说过:人固有一死,或重于泰山,或轻于鸿毛。为人民利益而死,就比泰山还重;替法西斯卖力,替剥削人民和压迫人民的人去死,就比鸿毛还轻。张思德同志是为人民利益而死的,他的死是比泰山还要重的。

因为我们是为人民服务的,所以,我们如果有缺点,就不怕别人批评指出。不管是什么人,谁向我们指出都行。只要你说得对,我们就改正。你说的办法对人民有好处,我们就照你的办。"精兵简政"这一条意见,就是党外人士李鼎铭先生提出来的;他提得好,对人民有好处,我们就采用了。只要我们为人民的利益坚持好的,为人民的利益改正错的,我们这个队伍就一定会兴旺起来。

我们都是来自五湖四海,为了一个共同的革命目标,走到一起来了。我们还要和全国大多数人民走这一条路。我们今天已经领导着有九千一百万人口的根据地,但是还不够,还要更大些,才能取得全民族的解放。我们的同志在困难的时候,要看到成绩,要看到光明,要提高我们的勇气。中国人民正在受难,我们有责任解救他们,我们要努力奋斗。要奋斗就会有牺牲,死人的事是经常发生的。但是我们想到人民的利益,想到大多数人民的痛苦，我们为人民而死，就是死得其所。不过，我们应当尽量地减少那些不必要的牺牲。我们的干部要关心每一个战士，一切革命队伍的人都要互相关心，互相爱护，互相帮助。

今后我们的队伍里，不管死了谁，不管是炊事员，是战士，只要他是做过一些有益的工作的，我们都要给他送葬，开追悼会。这要成为一个制度。这个方法也要介绍到老百姓那里去。村上的人死了，开个追悼会。用这样的方法，寄托我们的哀思，使整个人民团结起来。

(感念社会之恩)

一夜的工作

周总理在第一次"文代"大会上作了报告。《人民文学》杂志要发表这个报告，由我把记录稿作了整理，送给总理审阅。

一天，总理办公室通知我到中南海政务院。我走进总理的办公室。那是一间高大的宫殿式的房子，室内陈设极其简单，一个不大的写字台，两张小转椅，一盏台灯，如此而已。总理见了我，指着写字台上一尺来高的一叠文件，说："我今晚上要批这些文件。你们送来的稿子，我放在最后。你到隔壁值班室去睡一觉，到时候叫你。"

我就到值班室去睡了。不知到了什么时候，值班室的同志把我叫醒。他对我："总理叫你去。"

我立刻起来，揉揉矇眬的睡眼，走进总理的办公室。总理招呼我坐在他的写字台对面，要我陪他审阅我整理的记录稿，其实是备咨询的意思。他一句一句地审阅，看完一句就用笔在那一句后面画上一个小圆圈。他不是浏览一遍就算了，而是一边看一边思索，有时停笔想一想，有时问我一两句。夜很静，经过相当长时间总理才审阅完，把稿子交给了我。

这时候，值班室的同志送来两杯热腾腾的绿茶，一小碟花生米，放在写字台上。总理让我跟他一起喝茶，吃花生米。花生米并不多，可以数得清颗数，好像并没有因为多了一个人而增加了分量。喝了一会儿茶，就听见公鸡喔喔喔地叫明了。总理站起来对我说："我要去休息了。上午睡一觉，下午还要参加活动。你也回去睡觉吧。"

我也站起来，没留意把小转椅的上部带歪了。总理过来把转椅扶正，就走到里面去了。

在回来的路上，我不断地想着，不断地对自己说："这就是我们的总理。我看见了他一夜的工作。他是多么劳苦，多么简朴！"

在以后的日子里，我经常这样想，我想高声对全世界说，好像全世界都能听见我的声音："看啊，这就是我们中华人民共和国的总理。我看见了他一夜的工作。他每个夜晚都是这样工作的。你们看见过这样的总理吗？"

（感念领袖之恩）

卖火柴的小女孩

天冷极了，下着雪，又快黑了。这是一年的最后一天——大年夜。在这又冷又黑的晚上，一个乖巧的小女孩，赤着脚在街上走着。她从家里出来的时候还穿着一双拖鞋，但是有什么用呢？那是一双很大的拖鞋——那么大，一向是她妈妈穿的。她穿过马路的时候，两辆马车飞快地冲过来，吓得她把鞋都跑掉了。一只怎么也找不着，另一只叫一个男孩捡起来拿着跑了。他说，将来他有了孩子可以拿它当摇篮。

小女孩只好赤着脚走，一双小脚冻得红一块青一块的。她的旧围裙里兜着许多火柴，手里还拿着一把。这一整天，谁也没买过她一根火柴，谁也没给过她一个硬币。

可怜的小女孩！她又冷又饿，哆哆嗦嗦地向前走。雪花落在她的金黄的长头发上，那头发打成卷儿披在肩上，看上去很美丽，不过她没注意这些。每个窗子里都透出灯光来，街上飘着一股烤鹅的香味，因为这是大年夜——她可忘不了这个。

她在一座房子的墙角里坐下来，蜷着腿缩成一团。她觉得更冷了。她不敢回家，因为她没卖掉一根火柴，没挣到一个钱，爸爸一定会打她的。再说，家里跟街上一样冷。他们头上只有个房顶，虽然最大的裂缝已经用草和破布堵住了，风还是可以灌进来。

她的一双小手几乎冻僵了。啊，哪怕一根小小的火柴，对她也是有好处的！她敢从成把的火柴里抽出一根，在墙上擦燃了，来暖和暖和自己的小手吗？她终于抽出了一根。哧！火柴燃起来了，冒出火焰来了！她把小手拢在火焰上。多么温暖多么明亮的火焰啊，简直像一支小小的蜡烛。这是一道奇异的火光！小女孩觉得自己好像坐在一个大火炉前面，火炉装着闪亮的铜脚和铜把手，烧得旺旺的，暖烘烘的，多么舒服啊！哎，这是怎么回事呢？她刚把脚伸出去，想让脚也暖和一下，火柴灭了，火炉不见了。她坐在那儿，手里只有一根烧过了的火柴梗。

她又擦了一根。火柴燃起来了，发出亮光来了。亮光落在墙上，那儿忽然变得像薄纱那么透明,她可以一直看到屋里。桌上铺着雪白的台布,摆着精致的盘子和碗,肚子里填满了苹果和梅子的烤鹅正冒着香气。更妙的是这只鹅从盘子里跳下来,背上插着刀和叉,摇摇摆摆地在地板上走着,一直向这个穷苦的小女孩走来。这时候,火柴灭了,她面前只有一堵又厚又冷的墙。

她又擦着了一根火柴。这一回,她坐在美丽的圣诞树下。这棵圣诞树,比她去年圣诞节透过富商家的玻璃门看到的还要大,还要美。翠绿的树枝上点着几千支明晃晃的蜡烛,许多幅美丽的彩色画片,跟挂在商店橱窗里的一个样,在向她眨眼睛。小女孩向画片伸出手去。这时候,火柴又灭了。只见圣诞树上的烛光越升越高,最后成了在天空中闪烁的星星。有一颗星星落下来了,在天空中划出了一道细长的红光。

"有一个什么人快要死了。"小女孩说。唯一疼她的奶奶活着的时候告诉过她:一颗星星落下来,就有一个灵魂要到上帝那儿去了。

她在墙上又擦着了一根火柴。这一回,火柴把周围全照亮了。奶奶出现在亮光里,是那么温和,那么慈爱。"奶奶!"小女孩叫起来,"啊!请把我带走吧!我知道,火柴一灭,您就会不见的,像那暖和的火炉,喷香的烤鹅,美丽的圣诞树一个样,就会不见的!"

她赶紧擦着了一大把火柴,要把奶奶留住。一大把火柴发出强烈的光,照得跟白天一样明亮。奶奶从来没有像现在这样高大,这样美丽。奶奶把小女孩抱起来,搂在怀里。她们俩在光明和快乐中飞走了,越飞越高,飞到那没有寒冷,没有饥饿,也没有痛苦的地方去了。

第二天清晨,这个小女孩坐在墙角里,两腮通红,嘴上带着微笑。她死了,在旧年的大年夜冻死了。新年的太阳升起来了,照在她小小的尸体上。小女孩坐在那儿,手里还捏着一把烧过了的火柴梗。

"她想给自己暖和一下……"人们说。谁也不知道她曾经看到过多么美丽的东西,她曾经多么幸福,跟着她奶奶一起走向新年的幸福中去。

(感念社会之恩)

我最好的老师

怀特森先生是我六年级时的科学课老师。他是一个很有个性的人,教学方法独特,常常有出人意料的举动。记得第一天上课,他给我们讲授的是一种名叫"猫猬兽"的动物。他说这种动物一般在夜间活动,因为不能适应自然条件的变化而绝种了。他一面侃侃而谈,一面让我们传看一个颅骨。我们全都认真做了笔记，然后是随堂检测。

当他把卷子发下来的时候，我惊得目瞪口呆，因为在我写下每一个答案后面，竟然都被画上了一个刺眼的红叉叉。我得的是零分！可这不公平，因为每一道题都是根据我的课堂笔记回答的。而且，吃惊的并不是我一人，我们班上的所有同学都得了零分。

“很简单，”怀特森先生解释说，“关于猫猬兽的一切，都是我故意编造出来的。这种动物从来就没有存在过。因此，你们记在笔记本上的，全部都是错误信息。难道你们根据错误的信息得出的错误答案，还应该得分不成？”

不用说，我们全都气炸了。这算什么测验？怀特森算哪门子老师？

怀特森先生似乎根本不理会我们的心情。他说，每一个人都应该具有独立思考和判断事实真伪的能力，同时也应该具有怀疑的能力。他告诉我们，当时他让我们传看的只是一个普普通通的猫的头盖骨，并且，就在那堂课上他还提醒过我们：到目前为止，世界上从来没发现这种动物的痕迹——那么这个头盖骨是从哪儿来的呢？当时我们中间居然没有一个提出疑问。“其实我的破绽还有很多。其中包括猫猬兽这个古怪的名字，你们却都深信不疑。”为此他特别强调，本次测验的零分记录都将写进每个人的成绩报告单。同时，他希望我们从这个零分中吸取教训，不要让自己的脑子睡大觉，一旦发现问题，就应该立刻指出来。

从此，科学课对于我们来说就成了一种“冒险”。怀特森先生总是想方设法让我们来接受他的挑战。有时，为了驳倒他的一个貌似正确的“论点”，我们常常会在课后花好几个小时甚至几天的时间去思考和论证。然而，正是在一个个饶有趣味又充满刺激的过程中，我们逐渐增长了见识，也逐渐懂得了如何去接近真理。

这是一种终身受益的教训。怀特森先生让我还有我的同学明白了一个重要的道理：不要迷信书本，也不要迷信权威。

当然，并不是所有的人都能够理解怀特森先生的做法。有一次，我把怀特森先生的方法介绍给一位朋友。他听后吓坏了，说：“他怎么能够这样来糊弄你们呢？”我立刻看着那位朋友的眼睛，并告诉他：“不，你的看法错了。”

（感念师长之恩）

附录Ⅲ　小学生课外感恩教育资源(代表性文本)

一、感恩名言警句

一日为师,终身为父。

谁言寸草心,报得三春晖。

滴水之恩当涌泉相报。

吃水不忘挖井人,前人栽树后人乘凉。

知恩图报,善莫大焉。

羊有跪乳之恩,鸦有反哺之义。

投之以桃,报之以李。

父恩比山高,母恩比海深。

一饭之恩,当永世不忘。

不当家,不知柴米贵,不养儿,不知报母恩。

感恩是精神上的一种宝藏。(洛克)

没有感恩就没有真正的美德。(卢梭)

人世间最美丽的情景是出现在当我们怀念到母亲的时候。(莫泊桑)

做人就像蜡烛一样,有一分热,发一分光,给人以光明,给人以温暖。(萧楚女)

生活需要一颗感恩的心来创造,一颗感恩的心需要生活来滋养。(王符)

感谢命运,感谢人民,感谢思想,感谢一切我要感谢的人。(鲁迅)

人家帮我,永志不忘;我帮人家,莫记心上。(华罗庚)

不管一个人取得多么值得骄傲的成绩,都应该饮水思源,应该记住是自己的老师为他们的成长播下了最初的种子。(居里夫人)

二、感恩国学经典之《弟子规》（节选）

总 叙

弟子规 圣人训 首孝弟 次谨信
泛爱众 而亲仁 有余力 则学文

入则孝

父母呼 应勿缓 父母命 行勿懒
父母教 须敬听 父母责 须顺承
冬则温 夏则清 晨则省 昏则定
出必告 反必面 居有常 业无变
事虽小 勿擅为 苟擅为 子道亏
物虽小 勿私藏 苟私藏 亲心伤
亲所好 力为具 亲所恶 谨为去
身有伤 贻亲忧 德有伤 贻亲羞
亲爱我 孝何难 亲憎我 孝方贤
亲有过 谏使更 怡吾色 柔吾声
谏不入 悦复谏 号泣随 挞无怨
亲有疾 药先尝 昼夜侍 不离床
丧三年 常悲咽 居处变 酒肉绝
丧尽礼 祭尽诚 事死者 如事生

出则弟

兄道友 弟道恭 兄弟睦 孝在中
财物轻 怨何生 言语忍 忿自泯
或饮食 或坐走 长者先 幼者后
长呼人 即代叫 人不在 己即到
称尊长 勿呼名 对尊长 勿见能
路遇长 疾趋揖 长无言 退恭立
骑下马 乘下车 过犹待 百步余
长者立 幼勿坐 长者坐 命乃坐
尊长前 声要低 低不闻 却非宜
进必趋 退必迟 问起对 视勿移

事诸父　如事父　事诸兄　如事兄

泛爱众

凡是人　皆须爱　天同覆　地同载
行高者　名自高　人所重　非貌高
才大者　望自大　人所服　非言大
己有能　勿自私　人所能　勿轻訾
勿谄富　勿骄贫　勿厌故　勿喜新
人不闲　勿事搅　人不安　勿话扰
人有短　切莫揭　人有私　切莫说
道人善　即是善　人知之　愈思勉
扬人恶　即是恶　疾之甚　祸且作
善相劝　德皆建　过不规　道两亏
凡取与　贵分晓　与宜多　取宜少
将加人　先问己　己不欲　即速已
恩欲报　怨欲忘　报怨短　报恩长
待婢仆　身贵端　虽贵端　慈而宽
势服人　心不然　理服人　方无言

亲　仁

同是人　类不齐　流俗众　仁者希
果仁者　人多畏　言不讳　色不媚
能亲仁　无限好　德日进　过日少
不亲仁　无限害　小人进　百事坏

三、感恩儿童诗精选之“妈妈是大树”系列

导读：

不同国家不同民族的语言，有一个词的发音是差不多的，那就是——妈妈。

人类的嘴唇所能发出的最甜美的字眼，就是——妈妈。

呱呱坠地时，我们在寻找妈妈；牙牙学语时，我们最想叫妈妈；我们快乐、悲伤、成功、沮丧、幸福、痛苦时，想得最多的是妈妈；几乎每一个能写诗的诗人，都写过——妈妈。

今天起，向大家推荐一组写“妈妈”的诗。中国诗人笔下忙碌的妈妈，智利诗人眼中无私的妈妈，意大利诗人记忆中默默奉献的妈妈。希望，我们可以通过朗声而读这些真挚的诗歌，拥抱我们的妈妈。

梦　中

梦中，
我把小手伸出来，
让它透透气。
梦中，
我把小脚踢出来，
让它散散步。
梦中，
我把小屁股钻出来，
让它乘乘凉。
梦中，
我一个喷嚏，
吓得妈妈跳了起来，
惊醒了。
看着我的睡相，
妈妈心疼得把我的小手、小脚、小屁股，
一个一个藏进暖融融的被窝，
于是，
香甜的梦又开始了。

【和你一起读】

你读到哪一句的时候忍不住笑了？是不是“小屁股”钻出被窝的那一句？呵，不用笑，其实你自己也做过这样的事！

你读到哪一句的时候心里暖洋洋的？是不是妈妈把“小屁股”藏进被窝的哪一句？呵，不用羡慕，其实你的妈妈也经常做这样的事。

妈妈是大树

巴斯通吉［意大利］

妈妈是大树
会把树上的东西全部给我

不论怎么吵怎么闹
她每次都会给
不只是果实
还有花和叶
为了我们她被脱得光溜溜
最后还会把树干也给我
妈妈是大树

【和你一起读】

关于妈妈，有很多比喻——太阳、大地、泉水。意大利诗人巴斯通吉的比喻很特别：第一句，诗人就告诉我们“妈妈是大树”；最后一句，诗人又强调“妈妈是大树”。

妈妈真的就跟大树一样，给我们花朵，给我们树叶，给我们果实，最后把树干也给了我们，慢慢读着，也就慢慢记住：一辈子心里想着孩子的就是妈妈。

有的人，因为父母的贫穷感到难过、感到羞耻。不要难过，不应羞耻。妈妈无论贫穷还是富有，心都一样，爱也一样。因为“妈妈像大树”。

妈妈和太阳

屠再华

我闻到了，
太阳的香气。
妈妈晒过的被褥，
晚上一打开来，
就有一股浓浓的
太阳香！
妈妈洗干净的衣服，
早晨一打开来，
就有一股浓浓的
太阳香！
太阳的香气，
香得默默无闻。
妈妈不是太阳，

可她也有一股
浓浓的太阳香……

【和你一起读】

短短的诗里，我们几次读到妈妈，妈妈在晒被褥，妈妈在洗衣服，妈妈在默默无闻地忙碌。

短短的诗里，我们几次闻到太阳香，晒过的被褥上，干净的衣服里，还有妈妈的身上。

被褥里的太阳香，我们都喜欢，妈妈身上的太阳香，你闻到过吗？

爱 抚

米斯特拉尔[智利]

妈妈，妈妈，吻吻我吧，
我要更多地吻你，
直吻得
你看不见别的东西……

蜜蜂钻进百合里，
花儿不觉得它鼓动双翼。
当你把儿子藏起，
同样听不见他的呼吸……
我不停地注视着你，
一点也没有倦意，
你眼里出现一个孩子，
他长得多么美丽……

你看到的一切
宛如一座池塘；
但只有你的儿子
映在秋波上。

你给我的眼睛，
我要尽情地使用，

永远注视着你
无论在山谷，海洋，天空……

【和你一起读】

知道吗，爱抚的时候，人会变得特别温柔。
细细地读，读出诗里的温柔。
读着读着，你会发现，
母子俩，眼睛里只有对方。
母子俩，眼睛追逐对方。
母子俩，用眼睛爱抚着对方。

纸船——寄母亲

冰　心

我从不肯妄弃了一张纸，
总是留着——留着，
叠成一只一只很小的船儿，
从舟上抛下在海里。
有的被天风吹卷到舟中的窗里，
有的被海浪打湿，沾在船头上。
我仍是不灰心的每天的叠着，
总希望有一只能流到我要它到的地方去。
母亲，倘若你梦中看见一只很小的白船儿，
不要惊讶它无端入梦。
这是你至爱的女儿含着泪叠的，
万水千山，求它载着她的爱和悲哀归去。

【和你一起读】

这首诗，对你来说，可能有些难懂。
这是一个离开家的女儿写的。

这个女儿一直在不停地折纸船，纸船太小了，小得有些可怜，一下子就被天风卷走，一下子就被海浪吞没。

但是这个女儿相信纸船能穿越千山和万水，驶向远方，驶向它该去的地方……那是她的故乡，那里有一位母亲。

四、感恩小故事

黄香温席

东汉时的黄香,是历史上公认的"孝亲"的典范。黄香小时候,家境困难,10岁失去母亲,父亲多病。闷热的夏天,他在睡前用扇子赶打蚊子,扇凉父亲睡觉的床和枕头,以便让父亲早一点入睡;寒冷的冬夜,他先钻进冰冷的被窝,用自己的身体暖热被窝后才让父亲睡下;冬天,他穿不起棉袄,为了不让父亲伤心,他从不叫冷,表现出欢呼雀跃的样子,努力在家中造成一种欢乐的气氛,好让父亲宽心,早日康复。

一饭千金

帮助汉高祖打天下的大将韩信,在未得志时,境况很是困苦。那时候,他时常往城下钓鱼,希望碰着好运气,便可以解决生计。但是,这究竟不是可靠的办法,因此,时常要饿着肚子。幸而在他时常钓鱼的地方,有很多漂母(清洗丝棉絮或旧衣布的老婆婆)在河边做工。其中有一个漂母,很同情韩信的遭遇,便不断地救济他,给他饭吃。韩信在艰难困苦中,得到那位勤劳刻苦仅能勉强糊口的漂母的恩惠,很是感激她。便对她说,将来必定要重重地报答她。那漂母听了韩信的话,很是不高兴,表示并不希望韩信将来报答她的。后来,韩信替汉王立了不少功劳,被封为楚王。他想起从前曾受过漂母的恩惠,便命从人送酒菜给她吃,更送给她黄金一千两来答谢她。

这句成语就是出于这个故事。它的意思是说:受人的恩惠,切莫忘记。虽然所受的恩惠很是微小,但在困难时,即使一点点帮助也是很可贵的。到我们有能力时,应该重重地报答施惠的人才是。我们运用这成语时,必须透彻地了解它的含义:第一,真心诚意地乐于助人的人,是永远不会想别人报答他的;第二,最难能可贵的是在自己也十分困难的情形下,出于友爱、同情而去帮助别人,这样的帮助,在别人看来,确是"一饭"值"千金"的。

失窃后

美国的罗斯福总统就常怀感恩之心。据说有一次家里失盗，被偷去了许多东西，一位朋友闻讯后，忙写信安慰他。罗斯福在回信中写道："亲爱的朋友，谢谢你来信安慰我，我现在很好，感谢上帝：因为第一，贼偷去的是我的东西，而没有伤害我的生命；第二，贼只偷去我部分东西，而不是全部；第三，最值得庆幸的是，做贼的是他，而不是我。"对任何一个人来说，失盗绝对是不幸的事，而罗斯福却找出了感恩的三条理由。

子路借米

子路，春秋末鲁国人。在孔子的弟子中以政事著称。尤其以勇敢闻名。但子路小的时候家里很穷，长年靠吃粗粮、野菜等度日。

有一次，年老的父母想吃米饭，可是家里一点米也没有，怎么办？子路想到要是翻过几道山到亲戚家借点米，不就可以满足父母的这点要求了吗？

于是，小小的子路翻山越岭走了十几里路，从亲戚家背回了一小袋米。看到父母吃上了香喷喷的米饭，子路忘记了疲劳。邻居们都夸子路是一个勇敢、孝顺的好孩子。

珍惜拥有

感恩节期间，有位先生垂头丧气地来到教堂，坐在牧师面前，他对牧师诉苦："都说感恩节要对上帝献上自己的感谢之心，如今我一无所有，失业已经大半年了，工作找了10多次，也没人用我，我没什么可感谢的了！"牧师问他："你真的一无所有吗？上帝是仁慈的，神依然爱你，你没觉得？好，这样吧，我给你一张纸，一支笔，我提问，你把自己的回答记录下来，好么？"

牧师问他："你有太太么？"

他回答："我有太太，她不因我的困苦而离开我，她还爱着我。相比之下，我的愧疚也更深了。"

牧师问他："你有孩子么？"

他回答："我有孩子，有5位可爱的孩子，虽然我不能让他们吃最好的，受最好的教育，但孩子们很争气。"

牧师问他:"你胃口好么?"

他回答:"呵,我的胃口好极了,由于没什么钱,我不能最大限度地满足我的胃口,常常只吃7成饱。"

牧师问他:"你睡眠好么?"

他回答:"睡眠? 呵呵,我的睡眠棒极了,一碰到枕头就睡熟了。"

牧师问他:"你有朋友么?"

他回答:"我有朋友,因为我失业了,他们不时地给予我帮助! 而我无法回报他们。"

牧师问他:"你的视力如何?"

他回答:"我的视力好极了,我能够清晰看见很远地方的物体。"

于是他的纸上就记录下这么6条:我有好太太;我有5位好孩子;我有好胃口;我有好睡眠;我有好朋友;我有好视力。

牧师听他读了一遍以上的6条,说:"祝贺你! 感谢我们的上帝,他是何等地保佑你,赐福给你! 你回去吧,记住要感恩!"

后来他带着感谢神的心,精神也振奋不少,他找到了一份很好的工作。

五、感恩美文

(一)感恩祖国

海上英魂

1894年8月,由于日本侵略中国和朝鲜,中日甲午战争爆发。

9月16日,我国北洋舰队护送运兵船至鸭绿江的大东沟(今辽宁东沟)。第二天上午,舰队士兵操练完毕,正准备吃午饭。突然,西南海面出现一团烟雾。烟雾越来越大,只见一支舰队正疾驶而来。我军估计是日军舰队。霎时,警笛齐鸣,士兵们迅速进入临战状态。中午11时左右,舰队指挥、海军提督丁汝昌发出命令:"各舰立即起锚出海!"12时50分,北洋舰队在黄海海面与日本舰队相遇,双方展开激烈战斗。

日本舰队军舰多,航速快,火炮强。他们依仗这些优势,妄想一举歼灭我军舰队。北洋舰队面对强敌,毫不示弱。各舰官兵同仇敌忾,奋勇杀敌。一时间黄海海面战火熊熊,硝烟弥漫,喊杀声、炮轰声响彻云霄。

战斗打响后，我军“致远”舰管带邓世昌指挥战舰，冒着密集的炮火，纵横海面，频频发炮，屡中敌舰。突然，邓世昌发现以主力舰“吉野”为首的日军四艘快速战舰逼近“定远”舰。“定远”舰是北洋舰队的旗舰，是我军整个舰队的指挥中心。邓世昌立即指挥“致远”舰开足马力，快速行进到“定远”舰之前，拦住敌军“吉野”舰，保护“定远”舰。“致远”舰虽因此陷于四艘敌舰的包围之中，但仍左冲右突，顽强迎战。不久，舰上本来就配备不足的炮弹打完了，邓世昌又命令用步枪射击。经过近一个小时的激战，“致远”舰弹痕累累，舰身倾斜，即将沉没。这时，日军“吉野”舰驶近“致远”舰。邓世昌怒视“吉野”舰，对大副说：“敌军舰队全仗‘吉野’横行，如果撞沉‘吉野’，我军一定能取得胜利。”他慷慨激昂地向全舰官兵宣布：“我们为国作战，早已把生死置之度外。现在‘致远’舰伤弹尽，无力再战。我决定以我伤残之舰撞沉‘吉野’，与‘吉野’同归于尽。”全舰官兵齐声高呼：“撞沉‘吉野’！撞沉‘吉野’！”邓世昌登上驾驶台，双手紧握舵轮，开足马力向“吉野”舰猛冲过去。

敌军舰队发现“致远”舰向“吉野”舰猛冲，立即集中火力，轰击“致远”舰。“致远”舰的甲板上起火了，但它并没有停止前进，而是像一条火龙乘风破浪，继续冲向“吉野”舰。“吉野”舰上的敌军见此情景，惊恐万状，纷纷跳水逃命。敌军舰长也吓得目瞪口呆，魂飞魄散。但“致远”舰这时不幸被敌军鱼雷击中，锅炉爆炸，舰上燃起熊熊大火。“致远”舰渐渐沉入水中。

邓世昌落水之后，仍不停地大喊杀敌。他平日饲养的爱犬游到他的身边，用嘴衔他的手臂和辫子，想救起主人；有个随从还把一只救生圈扔给邓世昌，但是他都拒绝了。邓世昌决心实践自己的誓言：“与军舰共存亡！”他沉没在汹涌的波涛之中，壮烈牺牲了。全舰二百多名将士，除十六人获救外，其余全部壮烈牺牲。

中日甲午战争，由于敌强我弱，更由于清政府的腐败无能，虽然北洋舰队将士与敌军进行了顽强战斗，重创多艘敌舰，但最终还是没有挽回失败的结局。然而，邓世昌率领爱国将士顽强作战、宁死不屈的精神，深深地感动着全国人民。人们永远怀念这位舍身报国的民族英雄。

虎门销烟

1839 年 6 月 3 日，天刚蒙蒙亮，广州城就沸腾起来了。城门旁张贴着一张大布告，人们纷纷前来围观。有的人大声宣读着：“钦差大臣林则徐，遵皇上御旨，于6月3日在虎门海滩将收缴的洋人鸦片当众销毁，沿海居民和在广州的外国人，可前往观瞻……"老年人边听边点头，笑盈盈地捋着胡须。青年人兴奋地挥着拳头，赞不绝口。顽皮的孩子们在人群里钻来钻去，高兴地叫喊着："烧洋鬼子的大烟了，快到虎门滩去看呀！"

成群结队的百姓，穿着节日盛装，敲锣打鼓，起劲地舞着狮子和龙灯；孩子们用竹竿挑着一挂挂鞭炮，劈里啪啦，震耳欲聋。浩浩荡荡的人流，向虎门海滩涌去。

前往虎门海滩的群众，经过英国洋馆。那里，过去英国人趾高气扬，不可一世。可今天，洋馆却死一般寂静，几个在窗口向外探望的英国商人，见人海如潮，喊声震天，吓得赶忙把头缩了回去。

虎门离广州城约有一百多里地，人们冒着6月的骄阳，经过长途跋涉，前来观看。虎门海滩人山人海，水泄不通。

虎门海滩高处，挖了两个15丈见方的销烟池，池子前面有一个涵洞，直通大海，后面有一个水沟，往里灌水。池子周围搭了几个高台，林则徐、邓廷桢、关天培等文武官员，在高台上监督销烟。

销烟民夫先把池子灌上水，然后把一包包海盐倒入池内，再把烟土切成四瓣扔进水里。等烟土泡透后，再把一担担生石灰倒进池子里。不一会儿，池子像开了锅似的，黑色的鸦片在池子里翻来滚去，一团团白色烟雾从池子里往上蒸腾，弥漫了整个虎门海滩。围观的群众欢呼跳跃。在雷鸣般的欢呼声中，通向大海的涵洞被打开了，销毁的鸦片被咆哮的海水卷走了。

许多外国商人看到这惊天动地的场面，都非常震惊，便恭恭敬敬地走到林则徐的台前，摘下帽子，躬身弯腰，表示敬畏。林则徐浩然正气地对他们说："现在你们都看到了，天朝严令禁烟。希望你们回去以后，转告各国商人，从此要专做正当生意，千万不要违犯天朝禁令。走私鸦片，自投罗网。"商人们洗耳恭听，连声称是。

两万多箱鸦片，23天才全部销毁。这一壮举，大长了中国人民的志气，大灭了外国侵略者的威风。

我不能忘记祖国

宋庆龄十五岁那年，被父母送到美国留学，进了佐治亚州梅肯市的威斯里安女子学院。

她是一个文静而喜欢思考的女孩子，学习非常勤奋。有一天，班里要讨论历史方面的问题，她广泛收集资料，认真思索，做了充分的准备。

讨论的时候，一位美国学生站起来说："我认为，历史的发展是难以估计的，你们看，那些所谓的文明古国，特别是亚洲的中国，都被历史淘汰了。人类的希望在美洲，在我们这里……"

坐在第一排的宋庆龄不以为然地摇了摇头，紧锁着双眉，耐心地听完了这位同学的发言。

班长微笑着对宋庆龄说："宋庆龄同学，请你讲讲吧！"热闹的教室里一下子安静下来。

宋庆龄虽然有些激动，但仍然温文尔雅地站起来，声调柔和地说：

"历史确实是在不断变化着的，但它永远属于亿万大众。拥有五千年文明的中国，没有被淘汰，也不可能被淘汰。有人说她像一头沉睡的狮子，但她决不会永远沉睡下去。有多少仁人志士正在为她的振兴进行着艰苦卓绝的斗争啊！有一天，东方睡狮的吼声必将震惊全世界！因为她有广阔的土地，有勤劳的人民，有悠久的历史，有富饶的物产，有优良的传统……"

哗——教室里响起了热烈的掌声。大家交口称赞："说得好，有道理！"

"这些有力的句子，漂亮极了……"

一次，有一位同学问她："亲爱的宋庆龄，我们女孩子年纪轻轻的，应该无忧无虑地尽情享乐，你为什么总是想着祖国啊、大众啊？你不觉得这是自寻烦恼吗？"

宋庆龄听了，眨了眨那宝石般明亮的大眼睛，抿着嘴笑了笑，说："我自己觉得非常愉快。我不能忘记祖国，我对祖国的未来充满了希望！一个人，如果真的忘记了祖国，那人生该是多么没有趣味呀！"

我站在祖国地图前

当我站立在世界地图面前，凝视着那雄鸡状的土地时，心里真有种说不出的感觉，这是一块美丽富饶的土地，是一块充满希望的土地，因为这是我们的祖国——中国。祖国母亲有着九百六十万平方千米的土地；拥有十三亿中华儿女；蕴藏着丰富的宝藏；分布着高山、河流、湖泊、盆地、平原……

当我降临在这个世界时，很庆幸自己就是一个黑头发、黄皮肤的中国人。从牙牙学语开始就学会了自己的母语——汉语，学会书写自己的方块文字……当我上学后，学会了国歌，认识了国徽、国旗；知道了我们的祖国有着五十六个民族；知道了长江、黄河；知道了万里长城……

凝视着那雄鸡状的土地，我的眼前仿佛出现了 1949 年 10 月 1 日，伟大领袖毛泽东主席在天安门城楼亲手升起第一面五星红旗的动人情景，耳旁仿佛响起了："中华人民共和国成立了，中国人民从此站起来了！"那气壮山河的声音震撼了全国，震撼了全世界，开创了中国历史的新纪元。

凝视着那雄鸡状的土地，我仿佛看到了革命先烈为了全中国的解放，为了祖国妈妈美好的明天，抛头颅、洒热血、英勇奋战……是啊，祖国战胜了多少苦难，才得到今天的解放，我们怎能不珍惜今天的幸福生活？又怎能辜负先烈们对我们的殷切希望呢？

凝视着那雄鸡状的土地，我仿佛看到了伟大的祖国像顶天立地的巨人傲立于世界的东方。祖国建设欣欣向荣，蒸蒸日上，令世人瞩目。袁隆平的一粒种子魔法般的改变了世界；三峡水利枢纽工程高峡出平湖；杨利伟乘坐飞船"神五"进入太空，实现了中华民族的飞天梦想，遨游太空的载人航天飞船在短短五年中，从"神五"到"神七"实现了飞速发展，从轨道仓到太空漫步，当五星红旗第一次在太空飘扬的时候，作为一个中国人我感到无比自豪。

2008 年 8 月 8 日，是每个中国人民永远铭记的时刻，在北京鸟巢体育馆上空绽放了一朵又一朵灿烂的烟花，那是祖国妈妈笑了。因为在这一次的奥运会开幕式上，将中国上下五千年的文化展现给了全世界的人民，全球亿万人都在为中国鼓掌，为中国喝彩加油。在十六天的盛会里，中国的奥运健儿一次又一次夺魁，激昂的国歌响彻云霄，鲜艳的五星红旗徐徐上升的画面深深烙在了每个人的脑海中。中国人不再是"东亚病夫"了，中国进步了，强大了。

我作为一名少先队员，望着胸前的红领巾，暗暗下决心：努力学习，练好身体，一定要成为祖国的栋梁之才。

站在祖国地图前，我看到了历史。

站在祖国地图前，我看到了今天。

站在祖国地图前，我还看到了即将由我们创造的未来。

(二)感恩亲情

爱如茉莉

那是一个飘浮着橘黄色光影的美丽黄昏,我从一本缠绵悱恻、荡气回肠的爱情小说中抬起酸胀的眼睛,不禁对着一旁修剪茉莉花枝的母亲冲口说:“妈妈,你爱爸爸吗?”妈妈先是一愣,继而微红了脸,嗔怪道:“死丫头,问些什么莫名其妙的问题!”我见从妈妈口中诱不出什么秘密,便改变了问话的方式:“妈,那你说真爱像什么?”

妈妈寻思了一会儿,随手指着那株平淡无奇的茉莉花,说:“就像茉莉吧。”

我差点笑出声来,但一看到妈妈一本正经的眼睛,赶忙把很是轻视的一句话“这也叫爱”咽了回去。

此后不久,在爸爸出差归来的前一个晚上,妈妈得急病住进了医院。第二天早晨,妈妈用虚弱的声音对我说:“映儿,本来我答应你爸爸今天包饺子给他吃,现在看来不行了,你呆会儿就买点现成的饺子煮给你爸吃。记住,要等他吃完了再告诉他我进了医院,不然他会吃不下肚的。”然而爸爸没有吃我买的饺子,也没听我花尽心思编的谎话,他直奔到医院。此后,他每天都去医院。

一个清新的早晨,我按照爸爸特别的叮嘱,剪了一大把茉莉花带到医院去。当我推开病房的门,不禁被跳入眼帘的情景惊住了:妈妈睡在床上,嘴角挂着恬静的微笑;爸爸坐在床前的椅子上,一只手紧握着妈妈的手,头伏在床沿边睡着了。初升的阳光从窗外悄悄地探了进来,轻轻柔柔地笼罩着他们。一切都是那么静谧美好、一切都浸润在生命的芬芳与光泽里。似乎是我惊醒了爸爸。他睡眼矇胧地抬起头,轻轻放下妈妈的手,然后蹑手蹑脚地走到门边,把我拉了出去。

望着爸爸憔悴的脸和布满血丝的眼睛,我不禁心疼地问:

“爸,你怎么不在陪床上睡?”

爸爸边打哈欠边说:“我夜里睡得沉,你妈妈有事又不肯叫醒我。这样睡,她一动我就惊醒了。”

爸爸去买早点,我悄悄溜进病房,把一大束茉莉花松松散散地插进空罐头瓶里,一股清香顿时弥漫开来。我开心地想:妈妈在这花香中欣欣然睁开双眼该多有诗意啊,转念又笑自己简直已是不可救药的“耍”浪漫。

笑着回头，却触到妈妈一双清醒含笑的眸子：

“映儿，来帮我揉揉胳膊和腿。”

“妈，你怎么啦?”我好生奇怪。

“你爸爸伏到床边睡着了。我怕惊动他不敢动。不知不觉，手脚都麻木了。”

这么简简单单、平平淡淡的一句话，却使我静静地流下泪来。泪眼曚昽中，那丛丛簇簇的茉莉更加洁白、纯净。它送来缕缕幽香，袅袅娜娜地钻到我们的心中，而且萦萦不去。

哦，爱如茉莉，爱如茉莉。

花瓣飘香

我家门前有一丛月季，上面开满了红艳艳的花朵。

一天清晨，我看到有个小女孩俯在花前，从花丛中小心地摘了一片带露水的花瓣，双手捧着，然后飞快地穿过田野，跑远了。

几天后的一个清晨，我又见到了那个小女孩在摘花瓣，就叫住了她。她拿着花瓣，有些不知所措，惶恐地望着我。

“为什么只摘花瓣呢?”我轻轻地问。

她低着头不好意思地说：“我舍不得把整朵花都摘了……”

“摘花瓣做什么呀?”

小女孩说：“妈妈生病了，我摘片花瓣送给她。花瓣摸上去像绒布一样，闻起来有淡淡的清香，妈妈会高兴的。”

“你爸爸呢?”

“爸爸在南沙当解放军。他常常来信叫我听妈妈的话，不要惹妈妈生气。”小女孩眼眶里闪动着泪花。

真是个懂事的好孩子。

第二天早晨，我从集市上买了两盆带着露水的月季花，一盆送给了小女孩，另一盆放在我母亲的阳台上。

心中那盏灯

在我八岁那年的春节，我执意要父亲给我做一个灯笼。因为在乡下的老家，孩子们有提着灯笼走街串巷熬年夜的习俗。在我们看来，那就是一种过年的乐趣和享受。

父亲说：“行。”

我说：“我不要纸糊的。”父亲很纳闷：“不要纸糊的，要啥样的?”我说：

“要亮的。”其实，我是想要有玻璃罩的那种。腊月二十五那天，我去东山坡上的大军家，大军拿出他的灯笼给我看。他的灯笼真漂亮，木质的底座上，是四块玻璃拼制成的菱形灯罩，上边似乎还隐约勾画了些细碎的小花。我知道，父亲是农民，没钱买灯笼。但我还是想，父亲会给我做一个，只要能透出亮就行。

父亲说：“行。”

年三十的早上，我醒得很早，正当我迷迷糊糊地想再睡会儿时，突然被一阵“沙沙沙沙”的声音吸引了过去。我努力睁开眼睛，只见父亲在离炕沿很远的地方，一只手托着块东西，另一只手在里边打磨着。我发现父亲正在打磨一块冰，姿势很像洗碗。父亲每打磨一阵后，就停下来在衣襟上擦擦手，再把双手捂在自己的脖子上暖和一会儿。

我说：“爹，你干啥呢？”

父亲说：“醒了？天还早呢，再睡一会儿吧。”

我又说：“爹，你干啥呢？”

父亲把脸扭过来，有点尴尬地说：“我也想给你做个玻璃灯笼，可哪有玻璃呢？后来我就寻思着给你做个冰灯吧。这不，冰冻了一晚上，我正给你做着呢！”

父亲笑了笑，说完，又拿起了那块冰，洗碗似的打磨起来。

父亲又一次把手放在自己的脖子上取暖。我说：“爹，你冷不冷？来这儿暖和暖和吧！”随即，我撩起了盖在身上的被子。

父亲急忙走过来，帮我掖好被子，连连说：“我不冷，我不冷，小心别冻着你……”

听了父亲的话，看着他那冻得发红的双手，豆大的泪珠从我的眼里滚了出来。父亲刚才给我掖被子的时候，我分明感到，他的手真凉啊！

那一年春节，我提着父亲做的灯笼，和小伙伴们玩儿得很痛快。伙伴们都夸我的冰灯好。没过几天，冰灯就化了。但是，我的心里却一直珍藏着那盏冰灯，那是一盏最美的灯。

（三）感念师恩

程门立雪

杨时是宋朝的大学问家。他很爱学习，也非常尊敬老师。

相传，有一次，他和一个同学在读书时争论起来。为了尽快弄清问题，他们就冒着鹅毛大雪，专门去请教程颐老师。

他们走到程老师家门口，看见程老师坐在椅子上睡着了。杨时悄悄地对同学说："程老师正在休息，咱们在这儿等一会儿吧！"他们就一声不响地站在门口，一边默默地背书，一边静静地等候着。

过了很久，程老师醒来，发现两个学生站在大雪纷飞的门外，就急忙把他们拉进屋里，心疼地说："外边雪这么大，你们为什么不进屋呢？"

杨时望着程老师慈祥的面容，诚恳地说："老师，您正在休息，我们怎么能惊动您呢！"

难忘的八个字

随着年龄的增长，我发觉自己的长相越来越与众不同。我一跨进校门，同学们就开始嘲笑我。我心里很清楚，对别人来说我的模样令人厌恶：一个小女孩，有着一副畸形难看的嘴唇，弯曲的鼻子，倾斜的牙齿，说起话来还结巴。我越来越敢肯定：除了家里人以外，没人会喜欢我，更没人会疼爱我。

二年级时，我进了伦纳德老师的班级。伦纳德老师胖胖的，很美，也很可爱。她有着金光闪闪的头发和一双黑黑的、笑眯眯的眼睛。每个孩子都喜欢她、敬慕她。但是，没有一个人比我更爱她。因为这里有个很不一般的故事。

我们低年级同学每年都有耳语测验。孩子们依次走到教室的门边，用右手捂着右边耳朵，然后老师在她的讲台上轻轻说一句话，再由那个孩子把话复述出来。可我的左耳先天失聪，几乎听不见任何声音，我不愿把这事说出来，因为同学们会更加嘲笑我。

不过我有办法对付这种耳语测验，早在幼儿园做游戏时，我就发现没人看你是否真正捂住了耳朵，他们只注意你重复的话对不对。所以每次我都假装用手盖紧耳朵。这次，和往常一样，我又是最后一个。每个孩子都兴高采烈，因为他们的耳语测验做得挺好。我想：老师会说什么呢？以前，老师一般总是说："天是蓝色的"，或者"你有没有一双新鞋"，等等。

终于轮到我了，我把左耳对着伦纳德老师，同时用右手紧紧捂住了右耳。然后，悄悄地把右手抬起一点儿，这样就可以听清老师的话了。

我等待着……伦纳德老师说了八个字，这八个字仿佛是一束温暖的阳光直射我的心田，这八个字抚慰了我受伤的、幼小的心灵，改变了我对人生的看法，令我终生难忘。

这位胖胖的、很美、很可爱的老师轻轻说道:“我愿你是我的女儿!”

师恩难忘

那年正月新春,我不满6周岁,便到邻近的乡村小学去读书。

这个小学设在一座庙内,只有一位老师,教四个年级。当时学生少,四个年级才一个班。老师姓田,17岁就开始教书了。他口才、文笔都很好。

开学头一天,我们排队进入教室。田老师先给二年级和四年级同学上课,叫三年级学兄把着一年级学弟的手描红。描红纸上是一首小诗:

一去二三里,烟村四五家,亭台六七座,八九十枝花。

田老师给一年级上课了。他先把这首诗念一遍,又连起来讲一遍,然后,编出一段故事,娓娓动听地讲起来。我还记得故事的大意是这样的:

一个小孩子,牵着妈妈的衣襟儿去姥姥家,一口气走了二三里。路过一个小村子,只有四五户人家,正在做午饭,家家冒炊烟。娘儿俩走累了,看见路边有六七座亭子,就走进一座亭子里去歇歇脚。亭子外边,花开得很茂盛,小孩子伸出小手指念叨着:“……八枝,九枝,十枝”,他越看越喜欢,想折下一枝来。妈妈拦住了他,说:“你折一枝,他折一枝,后面歇脚的人就看不到花儿了”。后来,这儿的花越开越多,数也数不过来,变成了一座大花园。

我听得入了迷,恍如身临其境。田老师的声音戛然而止,我却仍在发呆,直到三年级的大学兄捅了我一下,我才惊醒。

那时候的语文叫国语。田老师每讲一课,都要编一个引人入胜的故事。我在田老师那里学习四年,听了上千个故事,这些故事有如春雨点点,滋润着我。

有一年我回家乡去,在村边遇到了老师,他拄着拐杖正在散步。我仍然像40年前的小学生那样,恭恭敬敬地向他行礼。谈起往事,我深深感谢老师在我那幼小的心田里,播下文学的种子。

十年树木,百年树人。老师的教诲之恩,我终生难忘!

最后的姿势

5月12日,和平常一样,谭千秋老师六点多就起床了。他给小女儿洗漱穿戴好,带着她出去散步,然后早早地赶到学校上班。天空阴沉沉的。

下午两点多,谭老师在教室上课。这堂课上,他给学生们讲“人生的价值”。“人生的价值是什么？是大公无私，是为他人着想，是为集体着想，是为国家着想……”忽然，课桌摇晃起来！地震！他意识到情况不妙，来不及多想，就大声喊道：“大家快跑，什么也不要拿！快……”

同学们迅速冲出教室，往操场跑去。楼房摇晃得越来越厉害了，并伴随着刺耳的吱吱声，外面阵阵尘埃腾空而起，但是那短暂的几秒钟，哪里容得了所有的学生能跑出去？在教学楼即将坍塌的瞬间，还有四位同学冲不出去了！谭老师立即将他们拉到课桌底下，双手撑在课桌上，用自己的身体护住了四个学生。地动山摇，碎裂的砖块，水泥板重重砸下来，楼房塌陷了……

13 日 22 点十二分，当人们搬走压在谭老师身上的最后一块水泥板时，在场的人都震撼了。“我们发现他的时候，他双臂张开趴在课桌上，后脑被楼板砸的深凹下去，血肉模糊，身下死死的护着四个学生。四个学生都还活着!”第一个发现谭老师的救援人员眼含热泪地说。谭老师誓死护卫学生的形象让他永生难忘！“地震时，眼看教室要倒，谭老师飞身扑到我们身上。”获救的同学这样回忆。一位老师说：“如果要快速逃离现场，论条件，老师离门口最近，最有可能离开。但在生死攸关的一刻，谭老师把生的希望留给了学生。”

在同学们眼里，谭老师讲课绘声绘色，不仅妙语连珠，而且很有幽默感。然而同学们再也听不到谭老师的声音了，讲台上再也见不到那个充满活力的身影了。张开双臂，护住学生成了他生命中最后的姿势！

谭千秋，一位普通的老师，他用自己 51 岁的宝贵生命诠释了爱与责任的师德灵魂。人们赞颂他：“英雄不死，精神千秋!”

（四）感恩自然

白桦林的低语

在东北的大兴安岭，生长着许多红松、白桦……一片就是几十里地，数也数不清，简直就像一片茫茫的林海。

这几年，因为气候很凉爽，所以森林的失火率很低，再加上林业工人的精心照料，才使这厚厚的绿毯越来越厚。

目之所及，哪里都是绿的，那么多种绿颜色呀，可能只有画家才能调出这么多种绿颜色来。

白桦林的林群就在眼帘下，你看，那银白的树干，灰绿的树冠，翠绿的叶子，好似一位美丽的姑娘穿着银白的裙裾，灰绿的衣裳，还戴着翠绿的帽子呢！

我见过许多树木，比如银杏、柏树、柳树等等，但是，白桦树比这些树要有特点。因为风一吹，白桦树就会摇曳自己的手臂，发出“沙沙”的响声，仿佛在和我倾诉衷肠，荡涤在我心灵深处。那小溪的潺潺流水，伴着“沙沙”声，更像是在开一场别开生面的森林音乐会。

远处的山岭更是山峦起伏，加上白桦银白的身躯，不正像是大海的波浪吗？这使你隐隐约约的也能听见大海翻腾、巨浪拍打沙滩的声音。

这片白桦林应该还在向大自然展示自己的才华，还在向那些可敬的林业工人和守卫边疆的战士们，诉说自己的故事。

流动的画

呜——
火车开啦！
妈妈说：“快看哪，
窗外有一幅流动的画！”
啊，真的！
小河弯弯曲曲，
山腰飘着白纱。
汽车往来穿梭，
路边开满鲜花。
水库好似明镜，
山坡点点人家……
我连忙打开画板，
边吃橘子边画。
正要把橘皮扔出窗外，
我忽然看见——
“哦，妈妈，我知道啦！
窗外是祖国的画，
千万不能弄脏它！”
妈妈听了点头，
微笑浮上脸颊，
“祖国的画中，

还有个懂事的娃娃！”

锡林郭勒大草原

内蒙古锡林郭勒草原是广阔而又美丽的。

蓝天下面，满眼绿色，一直铺向远方。平原上、山岭上、深谷里，覆盖着青青的野草，最深的地方可以没过十来岁的孩子，能让他们在里面捉迷藏。高低不平的草滩上，嵌着一洼洼清亮的湖水，水面映出太阳的七彩光芒，就像神话故事里的宝镜一样。草丛中开满了各种各样的野花。鲜红的山丹丹花，粉红的牵牛花，宝石蓝的铃铛花，散发着阵阵清香。

草原不仅美丽，还是个欢腾的世界。

矫健的雄鹰在自由地飞翔，百灵鸟在欢快地歌唱。成群的牛羊安闲地嚼着青草。小马驹蹦蹦跳跳地撒[sā]欢儿，跟着马群从这边跑到那边。偶尔还会看到成群的黄羊，它们跑起来快极了，像一阵风。一碧千里的草原上，还散落着一个个圆顶的蒙古包。牧民骑在高高的马背上，神气地挥舞着鞭子，放声歌唱：“蓝蓝的天上白云飘，白云下面马儿跑……”

（五）感恩同伴

蚂蚁的救助

夏日的一个午后，我给阳台上的几盆花木浇水。在浇石榴时，发现有几只黄蚂蚁浮在水面上挣扎着。我知道，蚂蚁虽不会游泳，但它们是生命力极强的小生灵。我没有对它们实施救援，因为花盆中的水很快就会渗下去，蚂蚁们就可以着陆了。

不一会儿，水没有了。几只蚂蚁在湿漉漉的泥土上又恢复了正常活动，但有两只不幸的黄蚂蚁被湿泥埋住了半截身子，正努力挣扎着向外爬，可又爬不出来。我想，我应该救助一下这两个落难者了。我必须找一样细小的工具，不然，用手指或稍微粗点儿的小棍儿，都有可能将救助变成杀生。

但是，当我从室内取了一枚大头针走出来时，一件意想不到的事情发生了：两只被埋的蚂蚁同时被另外两只同伴救助着——那两只来救助的黄蚂蚁正在用力向外拉它们的同伴。我放弃了与这两只黄蚂蚁争功的机会，静静地观察着这个令人感动的故事。

一只蚂蚁先被同伴救了出来。另一只在同伴的奋力救助下，也从泥土中挣出了身子。它们小心翼翼地向四周试探了一番，便迅速逃离了。

奇怪的是，有一只黄蚂蚁却没有离开，而是在救助现场继续衔咬泥土，似乎下面还埋着什么东西。我想看个究竟，就没有打扰它。不久，我看到有一对小小的触角晃动着露了出来，原来下面还有一个落难的同伴。这次我必须要帮助它们了，因为这场“水灾”是我造成的，我在这些小生灵面前是负有责任的，甚至可以说是罪过。我极其小心地用针尖挑开泥土，使这只小蚂蚁露了出来。黄蚂蚁看到同伴后，立即上前去亲吻触抚，并试图将它衔走。这时，被救助的蚂蚁已经恢复过来，与黄蚂蚁互相用触角碰了一下，便一起离开了。

我不是昆虫学家，不知道蚂蚁的救助行为是一种偶然还是出自本能。但我觉得在这一点上，它们确实表现出了一种我们人类所应该具有的道德品质。

生命的药方

德诺十岁那年因为输血不幸染上了艾滋病，伙伴们全都躲着他，只有大他四岁的艾迪依旧像从前一样跟他玩耍。离德诺家的后院不远，有一条通往大海的小河，河边开满了五颜六色的花朵，艾迪告诉德诺，把这些花草熬成汤，说不定能治他的病。

德诺喝了艾迪煮的汤身体并不见好转，谁也不知道他还能活多久。艾迪的妈妈再也不让艾迪去找德诺了，她怕一家人都染上这可怕的病毒。但这并不能阻止两个孩子的友情。一个偶然的机会，艾迪在杂志上看见一则消息，说新奥尔良的费医生找到了能治疗艾滋病的植物，这让他兴奋不已。于是，在一个月明星稀的夜晚，他带着德诺，悄悄地踏上了去新奥尔良的路。

他们沿着那条小河出发了。艾迪用木板和轮胎做了一只很结实的船。他们躺在小船上，听见流水哗哗的声响，看见满眼闪烁的星星，艾迪告诉德诺，到了新奥尔良，找到费医生，他就可以像别人一样快乐生活了。

不知走了多远的路，船破进水了，孩子们不得不改搭顺路汽车。为了省钱，他们晚上就睡在随身带的帐篷里。德诺的咳嗽多起来，从家里带的药也快吃完了。这天夜里，德诺冷得直发颤，他用微弱的声音告诉艾迪，他梦见二百亿年前的宇宙了，星星的光是那么暗、那么黑，他一个人待在那里，找不到回来的路。艾迪把自己的球鞋塞到德诺的手上：“以后睡觉，就抱着我的鞋，想想艾迪的臭鞋在你手上，艾迪肯定就在附近。”

孩子们身上的钱差不多用完了，可离新奥尔良还有三天三夜的路。

德诺的身体越来越弱，艾迪不得不放弃了计划，带着德诺又回到家乡。不久，德诺就住进了医院。艾迪依旧常常去病房看他。两个好朋友在一起时病房便充满了快乐。他们有时还会合伙玩装死游戏吓医院的护士，看见护士们上当的样子，两个人都会忍不住地大笑。艾迪给那家杂志写了信，希望他们能帮忙找到费医生，结果却杳无音信。

秋天的一个下午，德诺的妈妈上街去买东西了，艾迪在病房陪着德诺，夕阳照着德诺瘦弱苍白的脸，艾迪问他想不想再玩装死的游戏，德诺点点头。然而这回，德诺却没有在医生为他摸脉时忽然睁眼笑起来，他真的死了。

那天，艾迪陪着德诺的妈妈回家。两人一路无语，直到分手的时候，艾迪才抽泣着说："我很难过，没能为德诺找到治病的药。"

德诺的妈妈泪如泉涌，"不，艾迪，你找到了，"她紧紧地搂着艾迪，"德诺一生最大的病其实是孤独，而你给了他快乐，给了他友情，他一直为有你这个朋友而满足……"

三天后，德诺静静地躺在了长满青草的地下，双手抱着艾迪穿过的那只球鞋。

(六)感恩社会

爱之链

在一条乡间公路上，乔依开着那辆破汽车慢慢地颠簸着往前走。已是黄昏了，伴随着寒风，雪花纷纷扬扬地飘落下来。飞舞的雪花钻进破旧的汽车，他不禁打了几个寒战。这条路上几乎看不见汽车，更没有人影。乔依工作的工厂在前不久倒闭了，他的心里很是凄凉。

前面的路边上好像有什么，乔依定睛一看，是一辆车。走近时，乔依才发现车旁还有一位身材矮小的老妇人，她满脸皱纹，在冷风中微微发抖。看见脸上带着微笑的乔依，她反倒紧张地闭上了眼睛。

乔依很理解她的感受，赶紧安慰她说："请别害怕，夫人，您怎么不呆在车里？里面暖和些。对了，我叫乔依。"

原来她的车胎瘪了，乔依让她坐进车里，自己爬进她的车底下找一块地方放置千斤顶。他的脚腕被蹭破了，因为他没穿袜子。为了干活方便，他摘下了破手套，两只手冻得几乎没有知觉。他喘着粗气，清水鼻涕也流下来了，呼出的一点点热气才使脸没被冻僵。他的手蹭破了，也顾不上擦流出的血。当他干完活时，两只手上沾满了油污，衣服也更脏了。

乔依扣上那车的后备箱时，老妇人摇下车窗，满脸感激地告诉他说，她在这个荒无人烟的地方已经等了一个多小时了，她又冷又怕，几乎完全绝望了。老妇人一边打开钱包一边问："我该给你多少钱？"

乔依愣住了，他从没想到他应该得到钱的回报。他以前在困难的时候也常常得到别人的帮助，所以他从来就认为帮助有困难的人是一件天经地义的事，他一直就是这么做的。

乔依笑着对老妇人说："如果您遇上一个需要帮助的人，就请您给他一点帮助吧。"

乔依看着老妇人的车开走以后，才启动了自己的破汽车。

老妇人沿着山路开了几公里，来到了一个小餐馆，她打算吃点东西，然后回家。

餐馆里面十分破旧，光线昏暗。店主是一位年轻的女人，她热情地送上一条雪白的毛巾，让老妇人擦干头发上的雪水。老妇人感到心里很舒服。她发现这位女店主的脸上虽然带着甜甜的微笑，可掩盖不住她极度的疲劳。更重要的是，她怀孕至少有8个月了。尽管如此，她还是忙来忙去地为老妇人端茶送饭。老妇人突然想起了乔依。

老妇人用完餐，付了钱。当女店主把找回的钱交给她时，发现她已经不在了。只见餐桌上有一个小纸包，打开纸包，里面装着一些钱。餐桌上还留有一张纸条，上面写着："在我困难的时候，有人帮助了我。现在我也想帮帮你。"女店主不禁潸然泪下。

她关上店门，走进里屋，发现丈夫不知什么时候已经倒在床上睡着了。她不忍心叫醒他。他为了找工作，已经快急疯了。她轻轻地亲吻着丈夫那粗糙的脸额，喃喃地说："一切都会好起来的，亲爱的，乔依……"

救命骨髓

飞机从白云里钻出来，降落在成都双流机场。几个从飞机上下来的人刚走到出口，一对手捧鲜花焦急等候的中年夫妇，就扑通一声跪在他们面前，声泪俱下地说："谢谢你们，谢谢你们，我们的孩子有希望了！"

刚从飞机上下来的是台湾慈济骨髓捐赠中心的专家。他们连忙扶起那对夫妇，在场的人无不为之动容。

事情还得从头说起。那对夫妇是四川乐山人，他俩有个聪明活泼的儿子，已经十六岁了，正在读高中一年级。几个月前，这个平时看上去很健康的儿子突然无缘无故感到疲倦,之后经常出现这种情况。父母发现后,就带他到医院检查。

“你儿子患的是白血病。”“白血病!”医生的话如同晴天霹雳,震得他俩几乎晕倒。“大夫,求您一定要救救他,我们就这一个孩子啊!”他俩苦苦哀求着。

“要救你们的儿子,没有别的办法,只有移植健康人的骨髓。”医生说。可是,骨髓移植谈何容易!医疗费用高且不说,要找到可以匹配的骨髓更难,据说,十多万个人中才可能有一个符合的。那时,在我国内地还没有像样的骨髓库,哪里去找条件符合的捐献者呢?

医院的专家们思来想去,认为在台湾慈济骨髓捐赠中心有可能找到可以匹配的骨髓。小患者的病情不断恶化,多耽误一天,就多一分危险。医院连忙向慈济骨髓捐赠中心求救。为了一位普通少年的生命,两岸医疗界迅速开始了密切的合作。

经过半年多的辛勤努力,慈济骨髓捐赠中心在筛选了十几万个对象后,终于找到了一个理想的供髓者——台湾花莲市一位二十多岁身体健康的小伙子。为了对岸骨肉同胞的生命,当天上午8时30分,这个年轻人把自己滚烫的骨髓捐献了出来。时间就是生命。慈济骨髓捐赠中心立即派专家提着那只装有救命骨髓的小箱子,火速从花莲飞到台北,又马不停蹄地从台北转机到香港,从香港飞往成都。

终于,这饱含着两岸同胞爱心的救命骨髓准时送到了手术台前。台湾同胞的骨髓植入了内地白血病少年患者的身体。少年得救了。两岸骨肉同胞用爱心架起了一座跨越海峡的生命桥。

学会合作

我们任何人在这个世界上都不是孤立存在的,都要和周围的人发生各种各样的关系。你是学生,就要和同学一起学习,一起游戏,共同完成学业;你是工人,就要和同事一起做工,共同完成工厂的生产任务;你是军人,就要和战友一起生活,一起训练,共同保卫我们的祖国……总之,不论你从事什么职业,也不论你在何时何地,都离不开与别人的合作。

什么是合作呢?顾名思义,合作就是互相配合,共同把事情做好。世界上有许多事情,只有通过人与人之间的相互合作才能完成。一个人学会了与别人合作,也就获得了打开成功之门的钥匙。所以,人们常说:小合作有小成就,大合作有大成就,不合作就很难有什么成就。这是非常宝贵的人生道理，我们应该牢牢记住。

怎样才能卓有成效地合作呢？你一定在音乐厅或电视里看到过交响乐团的演奏吧，这可算得上是人与人合作的典范了。你瞧，指挥家轻轻一扬手里的指挥棒，悠扬的乐曲便从乐师的嘴唇边、指缝里倾泻出来，流向天宇，也流进人们的心田。是什么力量使上百位乐师，数十种不同的乐器合作得这样完美和谐？我想，这主要依靠高度统一的团体目标和为了实现这个目标每个人必须具有的协作精神。

这里还有一个小故事，也能说明这个问题。一位外国的教育家邀请中国的几个小学生做了一个小实验。一个小口瓶里，放着七个穿线的彩球，线的一端露出瓶子。这只瓶子代表一幢房子，彩球代表屋里的人。房子突然起火了，只有在规定的时间内逃出来的人才有可能生存。他请学生各拉一根线，听到哨声便以最快的速度将球从瓶中提出。实验即将开始，所有的目光都集中在瓶口上。哨声响了，七个孩子一个接着一个，依次从瓶子里取出了自己的彩球，总共才用了3秒钟！在场的人情不自禁地鼓起掌来。这位外国专家连声说："真了不起！真了不起！我在许多地方做过这个实验，从未成功，至多逃出一两个人，多数情况是几个彩球同时卡在了瓶口。我从你们身上看到了一种可贵的合作精神。"

可见，成功的合作不仅要有统一的目标，要尽力做好分内的事情，而且还要心中想着别人，心中想着集体，有自我牺牲的精神。

同学们，现代社会是一个充满竞争的社会，但同时也是一个更加需要合作的社会。作为一个现代人，只有学会与别人合作，才能取得更大的成功。

（七）感恩生活

番茄太阳

那年，我来到了这座城市，临时租住在一栋灰色的旧楼房里，生活很艰难，心情灰暗无比。

附近一个小型菜市场，一对年轻夫妻带着个女孩儿守着摊位。那女孩5岁左右，是个盲童。每次从菜场经过都能看到那家人，夫妻俩忙碌，女孩安静地坐着，说话声音细细柔柔，特别爱笑。

我去菜场差不多总是中午，这时摊上没什么人，那位年轻的父亲拉着小女孩的手，在面前各种蔬菜上来回抚摸，耐心地说："这是黄瓜，长长的，皮上有刺;豆角呢,扁扁的,光滑点;番茄很好看,圆圆的……”小女孩一面用手摸,一面咯咯地笑,妈妈也在旁边笑。

每次看到这一幕,我的心就觉得温暖起来。

时间久了,就和这家人熟了。小女孩叫明明,生下来眼睛就看不见。听亲戚说城里大医院可以换角膜,让孩子复明,父母就带着孩子到城里来了。

如果不是盲童,明明挺漂亮的:乌黑的头发,象牙色的皮肤,精致的眉和下巴,笑起来像个天使。看着她,让人隐隐心疼。

有一次,明明突然问我:“阿姨,你是用双拐走路的吗?”我一愣,这聪明的孩子,她一定听出了我拐杖的声音。

接连下了几场雨,终于晴了。阳光很好,碧空如洗,树叶绿得发亮,明明的妈妈感叹道:“天气真好啊!”

“是啊! 太阳总算出来了。”我说。

明明好奇地问:“阿姨,太阳是什么样的?”

我想了想:“太阳有热度,很大很圆。早晨和傍晚是红色的……”我忽然想到明明根本不可能知道颜色,就住了口,不知道该怎么说下去。

明明的爸爸挑了一个大大的番茄放在明明手上,说:“太阳就是这样的,你摸摸看。”

明明一面用手摸一面笑:“真的吗? 太阳像番茄吗? 那我就叫它番茄太阳。”明明咯咯的笑声银铃样清脆,一串一串地追着人走。

日子过得很快,明明像小屋里的光线,带给我许多快乐。她问我许多奇怪的问题,比如天上的云怎么飘的,雨什么形状……我耐心地回答着她,看着她的笑脸,觉得那就是最美的“番茄太阳”。

有一天我去买菜,明明的妈妈高兴地告诉我,他们要走了,有人为明明捐献了眼角膜,医生说复明的机会很大。

要走的时候,明明轻轻地拉住了我的袖子说:“阿姨,你过来,我和你说句话。”我弯下腰,她附在我的耳边轻声说:“阿姨,妈妈说我的眼睛是好心人给我的,等我好了,等我长大了,我把我的腿给你,好不好?”她的小嘴呼出的温热气息拂过我的面颊,我的泪哗地一下子流了下来。

那个正午我坐在窗口,看城市满街的车来车往,眼前总浮现出明明天使般的笑脸。如同一轮红红的“番茄太阳”一直挂在我的心中,温暖着我的心。

山村的早晨

小溪带走夜的鼾声，
露珠打湿美的黎明；
山村从甜梦中醒来，
晨风给她揉着眼睛。
缤纷的彩蝶舞姿轻盈，
采花的蜂儿歌声嘤嘤；
欢快的小河舒展着腰肢，
轻巧的炊烟袅袅地上升。
早晨像个刚醒的女孩儿，
美丽、宁静、睡眼惺忪；
噢，大自然是多才的画家，
描绘出这幅水墨丹青。
小牧童走进画里来了，
赶着羊儿，洒下一路歌声；
挤奶的妈妈走进画里来了，
喜悦在奶桶里流动……
汲水的姐姐走进画里来了，
拖着美丽的彩裙；
梳妆的小妹走进画里来了，
小河捧起一块明镜。
打太极拳的爷爷走进画里来了，
垂柳在向他深深地鞠躬；
长跑的哥哥跑进画里来了，
这是山村的马拉松。
迟起的太阳刚一露面，
圆圆的脸蛋羞得通红；
上学的孩子可不想迟到，
山路上，闪过他们的身影……

（八）感恩动物

飞吧，海鸥

友人住的小楼，面临大海。波光水色映进窗来，楼里弥漫着海洋的气息。

窗台上，常常飞来一只小海鸥，浑身雪一样的羽毛，翼尖一抹灰黑，一对光闪闪的小眼睛，偏着脑袋瞧人，那神情又机灵又乖巧。它经常在窗台上跳跃、歇脚。有这个活跃的小生命在窗前，是令人高兴的，仿佛触摸到了生命的欢愉。友人非常喜欢它，我也是。

友人和这只小海鸥结下了友情，常常为它留一勺清清的淡水，一盘青色的鲜虾，任它自由来去。他有时还把小海鸥托在手心上喂食。那小海鸥呢，也仿佛和他有着一种默契，当他埋头工作的时候，就在窗台上用嘴巴梳理着自己的羽毛，用光闪闪的小眼睛瞧着他。

海鸥悄悄飞来，又悄悄飞去，飞到很高很高的蓝天上。友人工作累了的时候，常常倚窗眺望，望着那海鸥在透明的天空中悠悠回旋，时而直插波心，时而和海浪嬉戏。

“它飞得多自在呀！”友人微微地笑着说。

有时，小海鸥飞得太高了，他就会用手掌挡住阳光，眯着眼睛寻觅它的踪影。这时，从高远的天空中，传来了海鸥的鸣叫。

“它并没有受到伤害，还在飞呢！”友人无比兴奋地说。

有一次，海鸥飞越海峡，飞到很远很远的地方去了。于是我猜测，这次它大概不会回来了。

“它会回来的！”友人斩钉截铁地说。

可是，海峡中的巨浪和天上的乌云仿佛纠缠在一起了，漆黑如墨，声势逼人。小海鸥的翅膀是柔弱的，无论是被浪尖攫住，还是被乌云缠住，都十分危险。友人什么也没说，但从他霍然而起，绕室徘徊中，我知道他在担心。

在漫长的期待中，漆黑如墨的阴云里，一道白色的亮光一闪，小海鸥飞回来了。

它又落在窗台上，跳跃着，用顽皮的眼光打量着我们。我不知它经历了什么：是风雨的侵袭，是雷电的恫吓，还是恶浪的阻拦？

“你为什么不把它留在笼子里呢？免得它再经受危险了！”我对友

人说。

“它属于大海!”他平静地回答。

海豚救人

海豚是人类的好朋友,被人们称为见义勇为的海上救生员。

1966年,韩国一艘渔船在太平洋海面上捕鱼时不幸沉没,十六名船员中有六名当即丧生。其余十名船员在水中游了近十个小时,一个个累得筋疲力尽。就在他们求生无望之际,一群海豚匆匆赶来,围在他们周围,好像是来营救他们的。这十名船员喜出望外,抓住海豚的胸鳍就往海豚背上爬。不料,海豚却把身子往下沉,自动游到他们下面,然后把身子往上一抬,就把他们驮在背上了。就这样,海豚们驮着十名船员,一直游了四十多海里,然后猛地一使劲,把他们安全地甩到了海岸上。

1972年9月,南非一位二十三岁的姑娘伊瓦诺所乘的船,在离海岸四十公里处的海面上不幸被海浪打翻了,她拼命往岸边游。这时,一头鲨鱼向她游来,她甚至已经清楚地看见鲨鱼狰狞的面目了,不由得闭上了眼睛,呼吸都快停止了。就在这时,有两只海豚出现在她身边,把鲨鱼赶跑了,还护送她到靠近港口的安全地带。

1992年,一艘印尼货轮正在大西洋航行,有两名船员不小心掉入海中。这时候,一群海豚赶来,它们围成一个圆圈,把落水的一个船员托出水面,直到被救起为止。另一名船员正在水中挣扎,突然感到腰间被撞了一下,原来也是一只海豚。这只海豚一直陪伴着他,与他并肩游泳,直到他游到船边。

海豚为什么会有救人于死难的崇高精神呢?人们一直感到不可思议。近几年,在人们对海豚进行认真研究后,这个谜才被解开。说来其实很简单,海豚救人的美德,来源于海豚对其子女的“照料天性”。

原来,海豚是用肺呼吸的哺乳动物,它们在游泳时可以潜入水里,但每隔一段时间就得把头露出海面呼吸。否则,就会被水淹死。因此,对刚刚出世的小海豚来说,最重要的事,就是尽快浮上水面进行呼吸。在一般情况下,小海豚自己能够顺利到达水面,但若遇到意外,就需要海豚母亲的照料。她用吻轻轻地把小海豚托起来,或用牙齿叼住小海豚的胸鳍,使它露出水面,直到小海豚能够自己呼吸为止。

这种照料行为是海豚及所有鲸类的本能。海豚最初的动机可能仅仅是为了救援自己的幼豚,后来逐渐变成一种习以为常的天性,救助的对象已不限于自己的子女。凡在水中不积极运动的物体都会引起它们的注意，并主动前去救助。科学家做过许多试验，结果证明海豚对于面前漂过的任何物体，不论是救生圈还是大木板，都会主动上前救助。

此外，对年幼海豚进行照料的并不限于它的亲生母亲，别的雌海豚也乐于这样做，它们往往相互配合，一起救助海豚的晚辈。有时，它们一起把幼海豚夹在中间，置于它们的共同保护之下。这就难怪海豚救人往往是集体行动了。

生命的壮歌

【蚁国英雄】

有一天，由于游客的不慎，使临河的一片草丛起火了。顺着风势走着的火舌活像一根红色的项链，开始围向一个小小的丘陵。这时，一位明眼的巴西向导忽然叫道："一群蚂蚁被火包围了！"我们顺着他指点的方向看去，可不是，被火舌缩小的包围圈里已是黑压压的一片。"这群可怜的蚂蚁肯定要葬身火海了。"我心里惋惜地想着。火神肆虐的热浪中夹杂着蚂蚁被焚烧而发出的焦臭气味。可万万没有想到，这区区弱者并没有束手待毙，竟开始迅速地扭成一团，突然向着河岸的方向突围。蚁团在火舌舐动的草丛间越来越迅速地滚动着，并不断发出外层蚂蚁被烧焦后爆裂的声响，但是蚁团却不见缩小。显然，这外层被灼焦的蚁国英雄们至死也不松动分毫，肝胆俱裂也不放弃自己的岗位。一会儿，蚁团冲进了河流里，随着向对岸的滚动，河面上升腾起一层薄薄的烟雾……

【生命桥】

有一个狩猎队，把一群羚羊赶到了悬崖边，准备全部活捉。几分钟以后，羚羊群分成了两类：老羚羊为一类，年轻羚羊为一群。一只老羚羊走出羊群，朝年轻羚羊群叫了一声，一只年轻羚羊应声跟老羚羊走到了悬崖边。年轻羚羊后退了几步，突然奔跑着向悬崖对面跳过去，随即老羚羊紧跟后面也飞跃出去，只是老羚羊跃起的高度要低一些。

当年轻羚羊在空中向下坠时，奇迹出现了：老羚羊的身子刚好出现在年轻羚羊的蹄下，而年轻羚羊在老羚羊的背上猛蹬一下，下坠的身体又突然升高并轻巧地落在了对面的悬崖边，而老羚羊就像一只断翅的鸟，笔直地坠入了山涧。

试跳成功！紧接着，一对对羚羊凌空腾起，没有拥挤，没有争夺，秩序井然，快速飞跃。顿时，山涧上空划出一道道令人眼花缭乱的弧线，那弧线是一座以老羚羊的死亡作桥墩的生命桥。那情景是何等地神圣。猎人们个个惊得目瞪口呆，不由自主地放下了猎枪。

六、代表性文本

母亲撒的8个谎

1.儿时，小男孩家很穷，吃饭时，饭常常不够吃，母亲就把自己碗里的饭分给孩子吃。母亲说，孩子们，快吃吧，我不饿！——母亲撒的第一个谎

2.男孩长身体的时候，勤劳的母亲常用周日休息时间去县郊农村河沟里捞些鱼来给孩子们补钙。鱼很好吃，鱼汤也很鲜。孩子们吃鱼的时候，母亲就在一旁啃鱼骨头，用舌头舔鱼骨头上的肉渍。男孩心疼，就把自己碗里的鱼夹到母亲碗里，请母亲吃鱼。母亲不吃，母亲又用筷子把鱼夹回男孩的碗里。母亲说，孩子，快吃吧，我不爱吃鱼！——母亲撒的第二个谎

3.上初中了，为了缴够男孩和哥姐的学费，当缝纫工的母亲就去居委会领些火柴盒拿回家来，晚上糊了挣点分分钱补点家用。有个冬天，男孩半夜醒来，看到母亲还弓着身子在油灯下糊火柴盒。男孩说，母亲，睡了吧，明早您还要上班呢。母亲笑笑，说，孩子，快睡吧，我不困！——母亲撒的第三个谎

4.高考那年，母亲请了假天天站在考点门口为参加高考的男孩助阵。时逢盛夏，烈日当头，固执的母亲在烈日下一站就是几个小时。考试结束的铃声响了，母亲迎上去递过一杯用罐头瓶泡好的浓茶叮嘱孩子喝了，茶亦浓，情更浓。望着母亲干裂的嘴唇和满头的汗珠，男孩将手中的罐头瓶反递过去请母亲喝。母亲说，孩子，快喝吧，我不渴！——母亲撒的第四个谎

5.父亲病逝之后，母亲又当爹又当娘，靠着自己在缝纫社里那点微薄收入含辛茹苦拉扯着几个孩子，供他们念书，日子过得苦不堪言。胡同路口电线杆下修表的李叔叔知道后，大事小事就找岔过来打个帮手，搬搬煤，挑挑水，送些钱粮来帮补男孩的家里。人非草木，孰能无情。左邻右舍对此看在眼里，记在心里，都劝母亲再嫁，何必苦了自己。然而母亲多年来却守身如玉，始终不嫁，别人再劝，母亲也断然不听，母亲说，我不

爱！——母亲撒的第五个谎

6.男孩和她的哥姐大学毕业参加工作后，下了岗的母亲就在附近农贸市场摆了个小摊维持生活。身在外地工作的孩子们知道后就常常寄钱回来补贴母亲，母亲坚决不要，并将钱退了回去。母亲说，我有钱！——母亲撒的第六个谎

7.男孩留校任教两年，后又考取了美国一所名牌大学的博士生，毕业后留在美国一家科研机构工作，待遇相当丰厚。条件好了，身在异国的男孩想把母亲接来享享清福却被老人回绝了。母亲说，我不习惯！——母亲撒的第七个谎

8.晚年，母亲患了重病，住进了医院，远在大西洋彼岸的男孩乘飞机赶回来时，术后的母亲已是奄奄一息了。母亲老了，望着被病魔折磨得死去活来的母亲，男孩悲痛欲绝，潸然泪下。母亲却说，孩子，别哭，我不疼。——母亲撒的最后一个谎

她/他

当你1岁的时候，她/他喂你并给你洗澡，而作为报答，你整晚哭着。

当你3岁的时候，她/他怜爱地为你做菜，而作为报答，你把一盘她/他做的菜扔在地上。

当你4岁的时候，她/他给你买下彩色笔，而作为报答，你涂满了墙与饭桌。

当你5岁的时候，她/他给你买了既漂亮又贵的衣服，而作为报答，你穿上后到附近的泥坑去玩。

当你7岁的时候，她/他给你买了球，而作为报答，你把球投掷到邻居的窗户里。

当你9岁的时候，她/他付了很多钱给你辅导钢琴，而作为报答，你常常旷课并且从不练习。

当你11岁的时候，她/他送你和朋友去电影院，而你要她/他坐到另一排去。

当你13岁的时候，她/他建议你去剪头发，而你说她/他不懂什么是现在的时髦发型。

当你14岁的时候，她/他付了你一个月的野营费，而你没有给她/他打一个电话。

当你15岁的时候，她/他回家想拥抱你一下，而你把门插起来。

当你17岁的时候，她/他在等着一个重要的电话。

当你18岁的时候，她/他为你高中毕业感动得流下眼泪，而你跟朋友聚会到天明。

当你19岁的时候，她/他付了你的大学学费又送你到学校的第一天，你要求她/他在离校门口较远的地方下车，怕被朋友看见会丢脸。

当你20岁的时候，她/他问你："你整天去哪里？"而你回答："我不想像你一样。"

当你23岁的时候，她/他给你买家具让你布置你的新家，而你对朋友说她/他买的家具真是糟糕。

当你30岁的时候，她/他对怎样照顾婴儿提出劝告，而你说："妈/爸，现在时代已不同了。"

当你50岁的时候，她/他常患病，需要你的看护，你反而在读一本关于父母在孩子家寄身的书。

朋友，人世间最难报的就是父母恩，愿我们都能：以反哺之心奉敬父母，以感恩之心孝顺父母。

后 记

感恩，我是一条幸福的河

感恩，2008年9月，我业务上的第一位启蒙老师——永康市教师进修学校的胡秋萍老师安排我参加一次名师送教下乡活动。我上了一堂五年级语文课《地震中的父与子》。课文讲述的是美国洛杉矶大地震时，一位父亲经过近39个小时的挖掘，终于救出了儿子的感人故事。文章刻画了一位伟大的父亲形象。课快结束时，我设计了这样一个问题：在大灾大难面前不抛弃、不放弃是一种爱，生活中的点点滴滴也是一种爱，你能说说平时所感受到的父母之爱吗？当时课已达到了高潮，我满以为问题抛得恰到火候。结果，课堂上响应者寥寥无几。课后，我百思不得其解：问题到底出在哪儿？我们的孩子为什么对生活中的父母之爱"熟视无睹"？

问题＝课题？问题＝课题！

当时，我们永康教科所的所长也恰巧在场。我们的所长姓高，个子很高，水平也很高。课后，他一语点出了症结所在：儿童感恩意识的严重缺失。的确，当前，大多数孩子都是独生子女，溺爱现象严重，导致孩子们自私自利，只知被爱，不知回报。无独有偶，2008年10月，一个月内发生了一连数起学生杀害教师的案件，引起了社会的极大反响。（2008年10月4日，山西朔州23岁的教师郝旭东被学生李某捅死在教室；10月21日，浙江缙云31岁的女教师潘伟仙被学生丁某掐死在家访途中；10月29日，中国政法大学43岁的教授程春明被本校一学生砍死在教室里……）这让我们想起了许多类似的恶性事件：徐力事件、刘海洋的硫酸泼熊事件、马加爵事件等等。我们不得不思考——我们的孩子到底怎么了？我们的孩子为什么会如此的残酷和冷漠？感恩意识的缺失已经引发了一场社会性的道德危机！

难道,我们中国人从来不知道感恩吗?不!"滴水之恩,涌泉相报"历来是我们中华民族的优良传统。传承我们中华民族的美德,应当是每一个教育者的重大责任!

难道,我们的学校教育中,从来没有感恩教育的内容吗?不是的!传统德育中也有感恩教育的内容。但是,当前全国各地学校开展感恩教育形式、内容比较单一、枯燥,走过场的现象非常普遍。作为一线教师,能不能利用自己的学科优势,开辟一条长期、持续、有效的感恩教育途径呢?

带着这一问题,我拨通了高所长的电话。当时,高所长刚动完手术,病床上高所长的一段话我至今仍记忆犹新。他说:"教学是根基,科研是翅膀。一个优秀的教师要善于把教育教学中遇到的问题变成课题,通过研究去解决,最终又将研究成果服务于教学。现在,问题已经产生了,那我们要学会梳理和提炼。第一,学生感恩意识不是天生的,感恩意识的培养需要教育的点拨。第二,中小学阶段是儿童道德品质形成的重要阶段。在这一阶段,除了品德课、国旗下的讲话等有限的学校常规德育形式之外,在语文学科教育中渗透感恩教育应该是一种长期、持续、有效的方式。第三,语文教材中蕴藏着许多类似于《地震中的父与子》这样的感恩教育素材,如果能综合开发和利用语文课内外的教学资源,搭建一个有效的情感体验式教学平台,就可以让学生在语文教学互动、多样、开放、灵动的教学过程中获得充分、必要的情感体验,从而促进学生感恩意识的形成。"就这样,课题《基于语文情感体验式教学的儿童感恩教育的实践研究》就在一位基层教科所长的病床前提炼出来了。

开题=借力?开题=借力!

课题得到了我们永康市教育局田中朝局长、我们学校童伟民校长、李朝威副校长、校领导班子,还有楼英姿、李巧飞等许多伙伴们的认同。于是,我们很快形成了一个团队。课题应该从哪几方面着手开展研究?我们自己琢磨的研究思路对不对?我们应该如何检测我们的研究成果?一个个问题让研究陷入了困顿当中。这个时候,一个好消息从天而降,我们这个课题被列为省重点课题,市教科所将聘请省内专家对本年度省级立项课题进行统一开题。真是天助我也!在开题论证会上,我们有了一次宝贵的机会与省教科院朱永祥院长、浙江大学刘力教授、曹立仁教授等专家面对面，"借力"专家的集体智慧，我们遭遇的瓶颈迎刃而解。在专家的指导下，我们尝试从三方面进行突破：文以载道，创新感恩教育的有效途径；情之所动，突破感恩意识形成的瓶颈；导之以行，推动感恩品质的自觉形成。

课堂=阵地？课堂=阵地！

有了研究思路以后，课堂就成了我们的主阵地。我们从现行小学语文教材的感恩教育主题研究、语文情感体验式感恩教育模式的构建与操作实施、课外感恩教育资源的开发与整合等三方面着手进行研究，并将课题研究取得的最新成果及时地运用于日常教学。忘不了我的语文情感体验式感恩教育课题研究课《最后一分钟》参加赛课，我的恩师张化万、卢雁红亲自到我的学校来指导，我的师傅虞大明老师，我的学姐陆虹和钟铃，永康市的小学语文教研员林爱娟、应向红、胡关贤，还有我的伙伴们一次次地帮我磨课；忘不了，为了进一步完善我的课题研究课《最后一分钟》、《慈母情深》、《地震中的父与子》，我的恩师汪潮、王崧舟、虞大明等毫无保留地贡献自己的智慧，钱正权老师写了一封长信提出了中肯的建议；忘不了，2012 年 9 月，接到省教育厅通知赴青海支教前，为了让语文体验式感恩教育成果恩泽于高原上的老师和孩子们，汪潮教授又亲自到我的学校听我的两堂课题研究课试教，为我"把脉"、"开方"。

成长=成果？成长=成果！

一点点改变，改变就不止一点点了。在研究过程中，我和我的孩子们、伙伴们都在发生着变化。2008 年以来，我先后被评为浙江省教改之星金奖、金华市名师、金华市教坛新秀等，10 余篇教学论文在《小学语文教学》、《教学月刊》、《语文教学与研究》、《文学教育》等刊物上发表，30 余篇论文在国家级、省市级获奖，30 多篇学生作文在省市级获奖或在杂志报纸上发表。列举这些荣誉和数字，并不是沾沾自喜。有的只是欣慰——因为感恩教育成就了我的学校，成就了我的整个团队，成就了我的孩子们，也成就了我。

结题＝结束？结题≠结束！

课题在省教科院副院长王健敏、省小学语文教研员滕春友、省教科规划办主任盛阳荣、金华市基教处处长吴惠强、金华市教科所长金跃芳、金华市小学语文教研员毛玉文、金华市教科规划办主任叶鑫军、永康市教科所长高宪、东阳市教科所长沈兵等许多省、地、市教科院、教研室、教科所专家的指导与帮助下，顺利结题，并获得了省教科研成果一等奖。结题、获奖是否就是圆满的句号？我的恩师浙江外国语学院副院长骆伯巍教授的一番话引起了我的深入思考："获奖只是副产品，教育科研的目的是为了更好的教学，为了更好地服务于孩子！"

于是，为了让更多的孩子享受感恩教育的恩泽，我将语文体验式感恩教育的研究成果在全省教科研会议、省"领雁工程"培训、省地市各级教科研成果推广会中进行介绍，同时，在省教育厅"百人千场"名师送教、安徽省教育厅小学语文新课改观摩、浙江省教育厅专家团青海支教等活动中，执教课题研究观摩课。希望通过这一简单易行、方便有效的儿童感恩教育方式，让每一个学龄儿童都可以成为感恩教育的受益者，让每一个语文老师都可以成为感恩教育的播种人，让每一所学校都可以拥有感恩教育特色德育体系。

写作＝反思？写作＝反思！

2011 年年底，成果获得了浙江省人民政府基础教育成果一等奖。来自哈尔滨、绍兴、宁波、丽水等全国各地的许多老师通过各种方式与我联系，希望能够借鉴研究成果，学着一起致力于儿童感恩教育。一次次用快件、邮件传递研究成果之后，我在想，何不将成果梳理成书？一方面可以让更多的老师和孩子们受益，一方面可以在梳理的过程中进一步反思和改进，推动研究的进一步深入。于是，2011 年寒假，我开始着手写作我的第一本"书"。

从来没有写过"书"的我，在搭建书的框架时，就遇到了困难。幸亏得到了我的硕士生导师——陕西师范大学教育学院书记、博士生导师栗宏武教授和浙江外国语学院汪潮教授的帮助。在书的写作、修改过程中，得到了张化万、汪潮、葛银铨等几位恩师的悉心指导(张化万、汪潮两位恩师还亲自为本书写了序),得到了永康市副市长戴翀、永康市教育局长田中朝、永康市实验学校校长童伟民、我的父母、我的先生以及我的孩子的大力支持,倪君健、柳建涛、程毓秀、王瑜巧、胡旭茹、李巧飞、赵鲜艳、应君丽等老师为本书的校对付出了大量的时间和精力,在此一并感谢!

静川,是一条幸福的河。感恩我深爱的学生们,感恩我深爱的学校,感恩这些年来一直给予我无私帮助、关怀、指导的所有人……

行文至此,天已渐晓,今日即为植树节。愿这棵感恩的小树能伴着春风茁壮成长!

倪静川

于静心斋

2013 年 3 月 12 日凌晨